CHRISTOPHER J. H. WRIGHT
Y JONATHAN LAMB

La
VERSATILIDAD DE LA
Biblia

PARA ESTUDIAR, ENSEÑAR Y PREDICAR

AJITH FERNANDO
CATALINA PADILLA
STEVE EVANS
EMILY ONYANGO
ANTHONY Y KING LANG LOKE

Ediciones PUMA

La versatilidad de la Biblia
Para estudiar, enseñar y predicar
Christopher J. H. Wright y Jonathan Lamb

Título original: Understandign and Using the Bible
Society for Promoting Christian Knowledge
36 Causton Street London SW1P 4ST
© 2009 Christopher J. H. Wright y Jonathan Lamb

© 2015 Centro de Investigaciones y Publicaciones (CENIP) – Ediciones Puma

Hecho el Depósito Legal en la Biblioteca Nacional del Perú N° 2015-04873
ISBN N° 978-612-4252-05-1

Primera edición en español, versión impresa: agosto 2015

Categoría: Estudios generales - Estudios de la Biblia

Editado por:
© 2015 Centro de Investigaciones y Publicaciones (CENIP) – Ediciones Puma
Av. 28 de Julio 314, Int. G, Jesús María, Lima
Telf./Fax: (511) 423–2772
Apartado postal: 11-168, Lima - Perú
E-mail: administracion@edicionespuma.org
ventas@edicionespuma.org
Web: www.edicionespuma.org
Ediciones Puma es un programa del Centro de Investigaciones y Publicaciones (CENIP)

Traducción: Adriana Powell
Diseño de carátula: Henrique Martins Carvalho
Diagramación: Hansel J. Huaynate Ventocilla

A menos que se indique otra versión, las citas bíblicas han sido tomadas de la Nueva
Versión Internacional (NVI).
Otras traducciones citadas son: Reina–Valera 60 (RVR 60), Reina–Valera 95 (RVR 95),
Palabra de Dios para todos (PDT), Nueva Traducción Viviente (NTV).

Contenido

Parte 1
Comprender la Biblia

Parte 2
Usar la Biblia

Colaboradores

Christopher J. H. Wright

Es director internacional de Langham Partnership International, un conjunto de ministerios fundados por John Stott para trabajar junto a las iglesias locales en el mundo de los Dos Tercios con el propósito de alentar la predicación bíblica, la literatura cristiana y la educación teológica. El reverendo doctor Wright vivió en la India con su esposa, Liz, y enseñó en el Union Bible Seminary en Pune, entre 1983 y 1988, después de lo cual se desempeñó como director y decano académico en All Nations Christian College, en Inglaterra. Es autor de numerosos libros, entre ellos *Old Testament Ethics for the People of God (Viviendo como pueblo de Dios: la relevancia de la ética del Antiguo Testamento), The Mission of God (La Misión de Dios: descubriendo el gran mensaje de la Biblia), Conociendo a Jesús a través del Antiguo Testamento: redescubriendo las raíces de nuestra fe,* y *The God I Don't Understand (El Dios que no entiendo: Reflexiones y preguntas difíciles acerca de la fe).* Vive en Londres e integra el equipo de liderazgo en la iglesia All Souls, Langham Place.

Jonathan Lamb

Es director de Langham Predicación (Langham Preaching), en Langham Partnership International, y viaja a muchos lugares del mundo procurando alentar el interés en la predicación bíblica. Fue secretario general asociado y secretario regional para Europa y Eurasia en la Comunidad Internacional de Estudiantes Evangélicos. Es presidente de Keswick Ministries y autor de varios libros, entre los más recientes: *Integrity: Leading with God Watching (Integridad: liderando bajo la mirada de Dios)* y *From Why to Worship: A Study*

Guide to the Book of Habakkuk (Sobre cómo adorar: una guía de estudio del libro de Habacuc). Vive en Oxford, Inglaterra.

Steve Evans

Nació en los Estados Unidos; se graduó como licenciado en Biblia y en Periodismo en Howard Payne University, en Brownwood, Texas. Hizo estudios de posgrado en el Seminario Teológico Southestern Baptist Theological Seminary en Fort Worth, Texas, y en la actualidad hace estudios de posgrado en la universidad estatal de East Tennessee. Steve es especialista en comunicación oral y transcultural; lleva a cabo investigaciones y asesoramiento, mayormente en Asia y África. Está casado y son padres de tres hijos adultos.

Ajith Fernando

Es director nacional de Juventud para Cristo en Sri Lanka, disertante invitado en el Colombo Theological Seminary y líder de una iglesia metodista que ministra entre los pobres en la ciudad. Es autor de trece libros, y estos han sido traducidos a catorce idiomas. Por medio del ministerio escrito procura presentar material bíblica y teológicamente fundamentado a partir de la experiencia en los ámbitos ministeriales de base.

Anthony Loke

Es decano académico en el Seminari Theoloji Malaysia; ofrece cursos sobre el Antiguo Testamento. **King Lang Loke** trabaja en un jardín maternal cristiano, y tiene título de licenciada en teología y en educación cristiana. Tienen dos hijos adolescentes.

Emily Onyango

Es pastora ordenada en la Iglesia Anglicana de Kenia. Trabajó durante muchos años en educación teológica, capacitando a los clérigos ordenados y empoderando a los líderes laicos en la iglesia, particularmente a evangelistas y a mujeres líderes. Es conferenciante *senior* en St. Paul's University, Limuru, Kenia, especializada en misiones y en el cristianismo africano, y ha publicado artículos sobre la pobreza y su erradicación, y sobre la crianza a cargo de un solo progenitor. En la actualidad, Emily es decana a cargo de los estudiantes en St. Paul's University, donde se ocupa especialmente de la atención espiritual de los alumnos y de su desenvolvimiento social.

Catalina Padilla

Nació en Filadelfia, Estados Unidos. Se graduó en Wheaton College y obtuvo la licenciatura en Estudio de la Biblia y en Griego del Nuevo Testamento. Se desempeñó como capellán en un instituto reformatorio y como secretaria itinerante de IVCF (InterVarsity Christian Fellowship), hasta su casamiento con René Padilla, cuando adoptó a América Latina como su región de residencia. Juntos sirvieron muchos años en IFES (CIEE) y en la Fundación Kairos, a la vez que Catalina enseñaba a tiempo parcial en un seminario bíblico.

Prólogo

Todos los que han contribuido a esta Guía de estudio comparten la convicción de que la Biblia es crucial para la vida y la salud de la iglesia. Los editores compartimos un ministerio en LPI fundado en tres convicciones, articuladas originalmente por su fundador, John Stott: Dios quiere que su iglesia crezca en madurez (no solo en número); quiere que la iglesia crezca por medio de la Palabra de Dios; y que la Palabra de Dios llegue al pueblo de Dios a través del ministerio de quienes la predican y la enseñan con claridad, fidelidad y relevancia. Por eso, cuando SPCK nos invitó a contribuir a la serie de GIE con la obra *Comprender y usar la Biblia*, nuestro corazón se animó con la visión. Si aquellas convicciones son auténticas, entonces la pregunta lógica es ¿cómo podemos ayudar a las personas a manejar mejor la Biblia en su estudio personal y a usarla de manera más eficaz en su ministerio? Oramos para que este libro ofrezca una modesta ayuda en esa dirección.

Estamos agradecidos a los colaboradores de otros lugares del mundo, quienes, como sabemos, usan la Biblia en sus ámbitos particulares de ministerio en una variedad de maneras. Por cierto, habrá muchas más personas a quienes podríamos haber pedido su colaboración, de muchos otros contextos y que usan la Biblia con diferentes métodos. Somos muy conscientes de la limitación en la selección de temas y escritores que hemos tenido que hacer para mantener el libro en la extensión asignada. Sin embargo, tenemos la esperanza de que estos ejemplos de uso creativo de la Biblia en unos pocos contextos, escritos a partir de la experiencia de hombres y mujeres que viven y trabajan en cada uno de los continentes, estimulará a los lectores a reflexionar sobre la manera en que pueden lograr que la Biblia establezca un compromiso más eficaz en su contexto cultural, al alimentar a la iglesia y al compartir el evangelio con sus prójimos.

Estamos agradecidos a Dios y a todos aquellos que nos han ayudado a lo largo de nuestra marcha al estudiar, enseñar, y predicar la Biblia, y al escribir libros a partir de ella. Estos incluyen a nuestros padres piadosos, a familias que nos apoyan, generaciones de alumnos en distintos continentes, miembros de iglesia, oradores de congresos, predicadores en formación, lectores, *bloggers,* estudiantes en las aulas y niños en torno a la mesa del comedor. Por sobre todo, ofrecemos nuestra gratitud, amor y honra a nuestro ya mencionado hermano John Stott, cuya vida dedicada a la predicación fiel de la Biblia, ha sido una inspiración y un modelo para nosotros y miles de personas en todo el mundo.

Introducción

El título del libro que está por estudiar debería dejar en claro cuál es el tema que trata. Nos gustaría considerar que la **Parte Uno** del libro es motivacional, en tanto que la **Parte Dos** es inspiradora.

En la **Parte Uno,** queremos alentar al lector a tomar en serio a la Biblia en todo el uso que haga de ella. Como cristianos —ya sea estudiantes, pastores, líderes laicos o simplemente creyentes "comunes"—, deberíamos tomar en serio la Biblia por lo que declara ser y por lo que la iglesia a lo largo de los siglos ha declarado que es: la Palabra de Dios. En el capítulo 1 reflexionaremos acerca de alguna de las dimensiones e implicancias de esa confesión.

Pero también debemos tomar en serio el hecho de que la Biblia nos llega en las palabras de escritores humanos. Eso implica tomar en cuenta los contextos en los cuales Dios habló por medio de seres humanos en este ámbito histórico, cultural y social particular. Significa usar herramientas de exégesis simples y adecuadas para descubrir qué quisieron decir aquellos escritores y editores humanos cuando produjeron los textos que ahora tenemos reunidos en nuestra Biblia. Ése será nuestro enfoque en el capítulo 2.

En tercer lugar, es responsable considerar a la Biblia como un todo. La Biblia no es simplemente una colección de enseñanzas a manera de misceláneas que pudiéramos mezclar y combinar en forma aleatoria. Se nos presenta con una estructura y un argumento global y claro: una historia universal que tiene un comienzo, un desarrollo y un final. Nos llega como un "canon", es decir, una colección autorizada de literatura que cumple un rol de autoridad orientadora en la comunidad de fe. Nos llega como lo que el apóstol Pablo describió como "todo el consejo de Dios". Por ello, debemos tomarla a la manera de un todo, de forma que pueda gobernar nuestra manera de pensar sobre todos los asuntos de la vida. La Biblia como un todo debe modelar nuestra cosmovisión. El capítulo 3 se ocupa de lo que esto significa.

Habiendo establecido estas bases en la **Parte Uno,** presentaremos en la **Parte Dos** algunos ejemplos acerca de cómo la Biblia puede ser y es usada creativamente en diferentes lugares del mundo. La lista de temas que encontrará en el *Índice temático* no es exhaustiva. Pero tenemos la esperanza de que estos capítulos no sólo ofrezcan guía práctica en algunas áreas clave, sino que también lo inspiren a pensar en otras maneras en las cuales puede usar la Biblia con buenos resultados, respetando plenamente su condición *dada* como la palabra de revelación que Dios confió a su pueblo, y a la vez experimentando creativamente con múltiples maneras de lograr que su relevancia y su desafío sean oídos y sentidos en nuestras diferentes culturas.

En este momento podría ser útil definir que este libro no es una Introducción a la Biblia. No pensaremos acerca del trasfondo de la Biblia, su historia, la fecha y autoría de sus diversos documentos, o los diferentes métodos de estudio crítico que se le han aplicado.

Prestaremos atención a algunos principios importantes que debemos tener presente cuando leemos, estudiamos, predicamos o enseñamos la Biblia; sin embargo, este no es un libro sobre **hermenéutica.** No consideraremos las muchas teorías sobre la manera en que la gente encuentra el significado en los textos ni el modo en que tales teorías afectan nuestra lectura y comprensión de la Biblia.

Este libro tampoco se ocupa de la **homilética** práctica. No reflexionaremos concretamente sobre el arte y la disciplina de predicar. En cambio, sí incluiremos reflexiones sobre la manera en que podemos construir puentes entre el estudio de la Biblia y su prédica. Es probable que todos hayamos tenido la experiencia de prédicas de la Biblia que consideramos malas o inadecuadas, y hasta peligrosamente engañosas. ¿Cómo podemos hacer algo mejor?

Parte 1

Comprender la Biblia

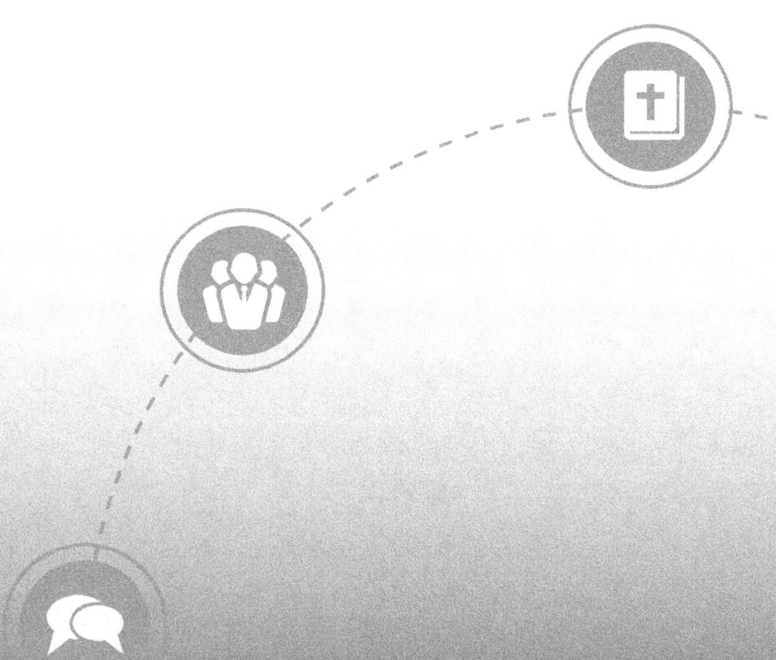

Introducción

El punto de partida correcto

A lo largo de los siglos, la fe cristiana se ha fundado en la Biblia. Por supuesto, no *adoramos* la Biblia. Adoramos al *Dios* que se ha revelado en estas Sagradas Escrituras. Adoramos a Dios en la unidad trinitaria de Padre, Hijo y Espíritu Santo. Nuestra adoración está enfocada en la Persona de Dios, no en las páginas del libro impreso. Sin embargo, conocemos a Dios el Padre por medio de este libro, con la ayuda del Espíritu Santo y en compañía con el resto del pueblo de Dios, la iglesia. En especial, por medio de este libro conocemos al Señor Jesucristo. Lo que nos define como cristianos es nuestra fe en Cristo como nuestro Salvador y nuestra confesión de Jesucristo como Señor. Necesitamos recordar que esta es nuestra principal convicción e identidad, la que modela todo lo que creemos, incluyendo lo que creemos sobre la propia Biblia. Éste es el punto de partida correcto.

Por supuesto, creer en la Biblia y creer en Jesucristo son cuestiones estrechamente ligadas. En un sentido, son dependientes una de la otra. Conocemos a Jesús por el testimonio bíblico acerca de Él, y creemos y entendemos la Biblia porque Jesucristo mismo reconoció que su identidad y su misión estaban modeladas por las Escrituras, a las cuales Él consideraba como la palabra autoritativa de Dios el Padre. Nuestra convicción sobre la Biblia y nuestra convicción sobre Jesús también están estrechamente vinculadas entre sí, pero la convicción primaria es nuestra sumisión a Jesucristo como Señor y Maestro.

La doble autoría de las Escrituras

Nosotros llamamos a la Biblia "la Palabra de Dios" y, a su vez, la Biblia llama a Jesús *la Palabra* (Jn 1.1). Es verdad que no podemos simplemente equiparar a ambos. Uno es un libro, el otro es la persona viviente de Dios encarnada en la vida humana. A pesar de ello, hay por lo menos una comparación provechosa que podemos hacer entre la persona de Cristo y la naturaleza de la Biblia.

Sabemos y creemos que Jesús no era *en parte* humano y *en parte* divino; el credo de la iglesia afirma que Jesús era, a la vez, *plenamente* humano y *plenamente* divino. Por lo tanto, necesitamos entender cuidadosamente el significado de su plena humanidad y su plena deidad. Muchos de los problemas en la historia inicial de la iglesia fueron causados por personas que negaban o pasaban por alto uno u otro aspecto de la naturaleza de Jescristo. Algunos enfatizaban su deidad e ignoraban la importancia de que Jesús fuera un ser humano real en todo el sentido en que nosotros lo somos, excepto que sin pecado. Otros, incluso hoy en día, enfatizan la humanidad de Jescristo pero niegan que haya sido y es verdaderamente Dios. Cualquiera de estas dos posiciones se encuentra alejada de la verdad.

De manera similar al caso anterior, la Biblia no es *en parte* la Palabra de Dios y *en parte* palabras de seres humanos, sino es *plenamente ambas.* Podemos llamar a esto la "doble autoría" de las Escrituras. La Biblia nos llega enteramente como Palabra de Dios. Es decir, los cristianos creemos que lo que tenemos en la Santa Biblia es lo que Dios quería decirnos; Dios mismo es el autor fundamental tras el texto que leemos. Pero, la Biblia, también nos llega escrita por muchos seres humanos diferentes los cuales intervinieron [...] *muchas veces y de muchas maneras* (Heb 1.1). Este es un libro plenamente humano. Cada palabra que leemos en ella fue pensada, pronunciada, escrita, editada, recogida, copiada, y compilada por seres humanos como nosotros, que vivieron en su propia época y lugar en la historia y la cultura. Cuando manejamos la Biblia es importante que asignemos todo el peso a cada una de esas dimensiones.

Las "cinco miradas"
para comprender y usar la Biblia

Mientras lee las notas que siguen, observe la figura 1. Éste es un esquema sencillo para aproximarnos a la tarea de comprender y aplicar la Biblia; fue ideado por Andrew Reid en Melbourne, Australia, y usado aquí con permiso. Mientras leemos y estudiamos la Biblia, tenemos que mirar en cinco direcciones. Necesitamos mirar hacia arriba, hacia abajo, hacia atrás, hacia adelante y hacia aquí mismo.

1. **Debido a que la Biblia es la Palabra de Dios**, debemos leerla con reverencia y humildad, a veces incluso de rodillas en adoración (no a la Biblia, sino al Dios que nos habla por medio de ella). La leemos para conocerlo mejor, amarlo más y obedecerlo más cabalmente.

   En el mundo hay millones de fotografías. Yo llevo conmigo una fotografía de mi esposa. ¡La amo y la miro con frecuencia, y a veces hasta beso o le hablo a la fotografía! Para mí no se compara con ninguna otra fotografía, no porque sea mágica, sino simplemente porque me "habla" acerca de mi esposa. La foto en sí misma es un poco vieja y está algo deteriorada (¡igual que mi Biblia!), pero la amo porque amo a la persona de la cual me habla.

   De manera semejante, hay millones de libros en el mundo, pero para nosotros la Biblia no se compara con ningún otro libro. En ella Dios se reveló a sí mismo en la historia, y todavía nos habla en un encuentro personal. La amamos porque lo amamos a él. Por lo tanto, lo primero que debemos hacer cuando nos acercamos a estudiar la Biblia o nos preparamos para predicarla o enseñarla, es **mirar hacia arriba.** Mirar hacia Dios en oración y en fe, confiando en que por ser la Palabra de Dios, Él hablará por medio de ella tanto a nosotros como a aquellos a quienes se la prediquemos o enseñemos. Necesitamos creer en nuestra *doctrina de las Escrituras* en cuanto a lo que la Biblia dice acerca de sí misma. Necesitamos recibirla de parte de Dios como Palabra de Dios. Por lo tanto, el Paso 1 es **mirar hacia arriba.** Lo invito a creer y a recibir la Biblia de parte de Dios con fe y gratitud.

Hablar de la Biblia como Palabra de Dios significa aceptarla como Escritura, y en consecuencia afirmar varias cosas que los cristianos creemos sobre ella. Consideraremos los aspectos más importantes de la doctrina de las Escrituras en el capítulo 1.

2. **Debido a que la Biblia contiene palabras de seres humanos**, la leemos con cuidado y la estudiamos usando nuestra inteligencia y los métodos adecuados de investigación para descubrir qué quisieron decir los escritores originales. Averiguamos todo lo que podemos acerca de aquellos escritores, de su situación histórica y cultural, los idiomas en los que escribieron, y los lectores para quienes escribieron originalmente. Damos por sentado que tenían la intención de comunicar algo por medio de sus palabras, y estudiamos cuidadosamente para comprender de qué se trataba. Eran seres humanos como nosotros, con intereses, preocupaciones, pasiones y proyectos particulares. Tenían un mensaje y lo escribieron en una gran variedad de géneros y estilos literarios: prosa, poesía, narrativa, canciones, etc. En consecuencia, aplicamos a la Biblia el mismo método de acercamiento que aplicaríamos a cualquier colección de textos, esforzándonos por llegar lo más cerca posible al significado de las palabras que leemos, prestando atención a todas las dimensiones humanas del texto en su primer contexto histórico, cultural, literario y social.

Lo segundo que hacemos, en consecuencia, es **mirar hacia abajo**. Mire hacia el texto y estúdielo con detenimiento. Debemos averiguar todo lo que podamos sobre aquellos escritores, su situación histórica y cultural, los idiomas en los que escribieron y los lectores a quienes escribieron inicialmente. Ésta es la tarea de *exégesis,* que significa "explicar" o "interpretar". Quizás parezca un trabajo arduo, pero es muy necesario. Cuanto más claramente podamos entender lo que los escritores quisieron decir mediante las palabras que escribieron, tanto más claramente entenderemos lo que Dios quiere decirnos ahora por medio de esas palabras.

El Paso 2, entonces, es **mirar hacia abajo**. Haga la dura tarea de estudiar la Biblia en toda su diversidad, contexto y riqueza humana. De eso nos ocuparemos en el capítulo 2.

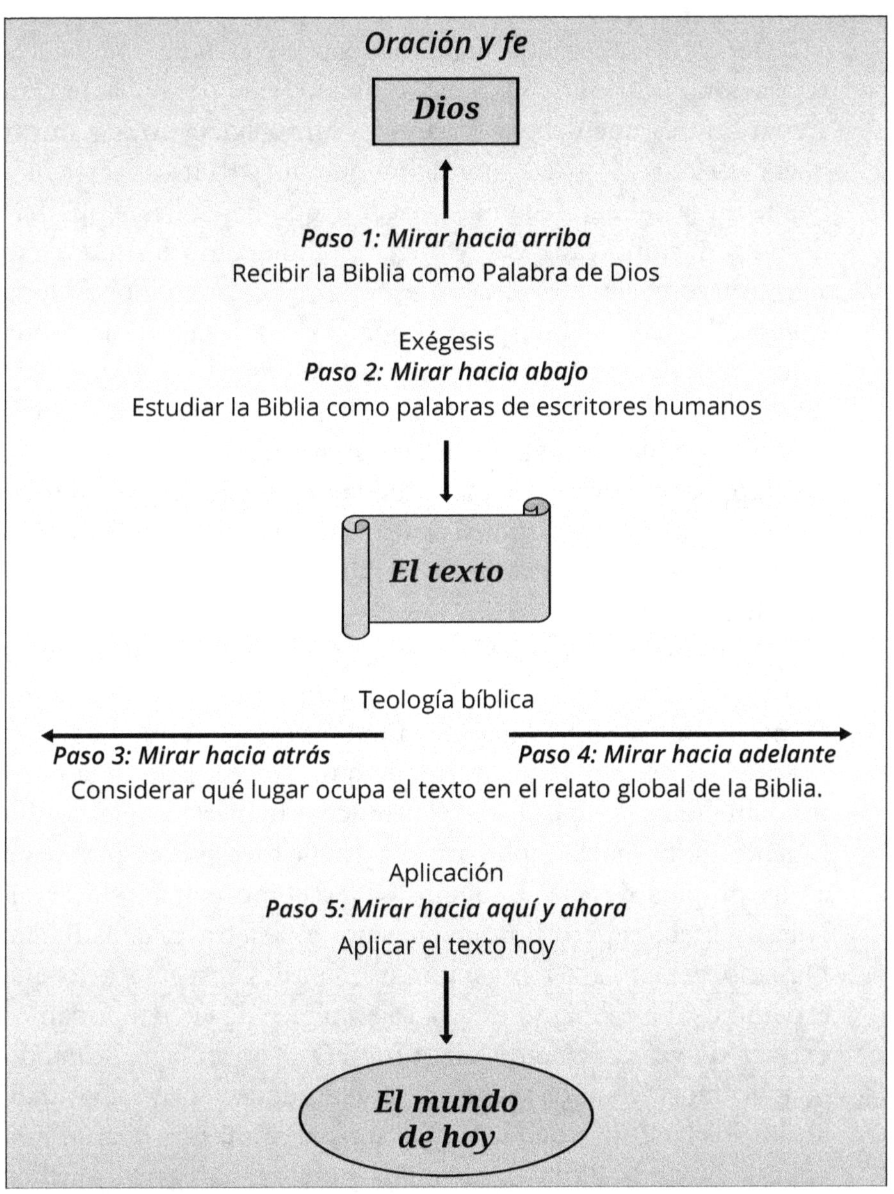

Figura 1: Cinco miradas: un modelo para estudiar la Biblia
Fuente: Gentileza de Andrew Reid, Ridley College, Melbourne.

3 y 4 Debido a que Dios nos ha dado la Biblia como un todo, debemos interpretar los textos particulares a la luz del relato completo. No debemos tomar textos al azar y tratar de que todos signifiquen lo mismo.

Debemos saber qué lugar ocupan en el flujo total de la revelación *histórica* de Dios en la Biblia, de modo que la tercera y cuarta tarea que debemos hacer es **mirar hacia atrás** y **mirar hacia adelante**. Desde la ubicación que nuestro texto particular ocupa en la Biblia, debemos observar qué hay antes y qué hay después, y cómo cabe el texto en la Biblia como un todo. Eso significa considerar el pasaje desde la perspectiva global de la *teología bíblica*. Al interpretar cada texto a la luz de la Biblia como un todo, también podremos ver la contribución que cada texto particular hace al mensaje global de las Escrituras. En el capítulo 3 exploraremos lo que esto significa.

5 **Debido a que Dios todavía nos habla por medio de su Palabra,** debemos aplicarla a nosotros mismos, a la iglesia y al mundo que nos rodea. Estudiamos la Biblia no solo para *entenderla,* sino también para *usarla.*

De modo que la quinta cosa que hacemos es **mirar hacia aquí**, y ver de qué manera podemos construir un puente desde el mundo de la Biblia hacia el mundo de hoy, ya que debemos mostrar su relevancia y autoridad aquí y ahora. Ésta es la tarea fundamental de la *aplicación.* Hay muchas maneras por las cuales la gente aplica mal la Biblia o abusa de ella torciéndola conforme a sus propios deseos. Debemos saber cómo evitar este error. Nuestra meta es permitir que Dios nos guíe a través de la Biblia, pero no debemos ser ingenuos e infantiles respecto a lo que esperamos. La Biblia no es una caja mágica de la cual podamos extraer de vez en cuando una promesa o un milagro. Cuando la aplicamos debemos manejarla con cuidado y con integridad. Todos los capítulos de la Parte 2 son relevantes en cuanto a la aplicación de la Biblia, y sin duda podrían agregarse muchos más. Éstos son solo ejemplos del uso de la Biblia, y tenemos la esperanza de que usted pueda ampliarlos creativamente.

¡Cinco miradas! Quizás parezca un recurso muy simple, pero puede ser útil para recordar, tan útil como los cinco dedos de la mano. Al acercarnos a cualquier texto bíblico, sea para estudiarlo, aplicarlo, enseñarlo o predicarlo: mire hacia arriba, mire hacia abajo, mire hacia atrás, mire hacia adelante, mire hacia aquí mismo. Comencemos a trabajar en cada una de estas miradas en los próximos capítulos de la Parte 1.

Capítulo 1

Comprender la Biblia como la Palabra de Dios

Christopher J. H. Wright

En primer lugar consideremos algunas de las implicancias de nuestra convicción cristiana de que la Biblia es la Palabra de Dios. Luego, en el capítulo 2 nos ocuparemos del modo de acercarnos a interpretar la Biblia como producto de escritores humanos. Por supuesto, hay muchos aspectos de las Escrituras como libro humano que requieren nuestra atención: el trasfondo histórico en diferentes lugares, las preguntas sobre autoría y fechado, los procesos de edición, los variados énfasis teológicos y las diversas tradiciones. Por el momento no tomaremos en cuenta estas cuestiones. Nuestro punto de partida es la creencia medular que la tradición cristiana ha mantenido consecuentemente acerca de la Biblia, a saber, que nos llega como Palabra de Dios.

La costumbre de algunas iglesias es reconocer esto en la lectura pública de pasajes bíblicos que se hace durante el servicio. A veces, al concluir la lectura, el lector dice "Palabra de Dios", y la congregación responde "Te alabamos, Señor".

Esta doctrina cristiana sobre las Escrituras implica una *premisa* fundamental acerca de Dios, y de ella derivan varias *implicancias* importantes acerca de la Biblia.

Primero, veamos la *premisa*: declarar que la Biblia es la Palabra de Dios implica que Dios habló en el pasado y continúa hablando hoy a través de lo que habló entonces. Es decir que cuando hacemos la afirmación cristiana básica de que la Biblia es la Palabra de Dios, estamos sentando una premisa anterior de que Dios es un comunicador. *En el principio ya existía la Palabra* (RVC), dijo Juan, expresando esta fundamental convicción acerca de Él. Dios *puede* hablar a los seres humanos (no es meramente un poder impersonal ni un principio abstracto y trascendente); Dios *habló* a los seres humanos, y ellos han sido capaces de ponerlo por escrito, de manera que por medio de estos escritos Dios *continúa hablando* a los humanos. El Dios sobre el cual leemos en la Biblia es un Dios que se comunica, tanto en el pasado como en el presente.

Veamos ahora las *implicancias*: si creemos que la Biblia es la Palabra de Dios, entonces tendremos que tomar en cuenta su inspiración, veracidad, unidad, claridad y autoridad. O, para explicar un poco más estas cinco palabras abstractas:

* **Inspiración:** Dios habló de manera que pudiera registrarse en lenguaje humano.
* **Veracidad:** Dios habló de una manera confiable.
* **Unidad:** Dios habló de manera coherente.
* **Claridad:** Dios habló a fin de ser comprendido.
* **Autoridad:** Dios habló a fin de ser obedecido.

Entender estas dimensiones de la Biblia debería motivarnos más aún a tomarla en serio y a usarla con eficacia.

La inspiración de la Biblia

*Dios habló de manera que pudiera registrarse
en lenguaje humano.*

La doctrina cristiana se refiere a la Biblia como "la Palabra inspirada de Dios". Hay dos versículos clave que expresan esta convicción sobre las Escrituras: 2 Timoteo 3.15–17 y 2 Pedro 1.20–21.

Pablo le recordó a Timoteo la manera en la que había sido criado en las Escrituras hebreas (lo que ahora llamamos el Antiguo Testamento):

> *Desde tu niñez conoces las Sagradas Escrituras, que pueden darte la sabiduría necesaria para la salvación mediante la fe en Cristo Jesús. Toda la Escritura es inspirada por Dios y útil*

> *para enseñar, para reprender, para corregir y para instruir en la justicia, a fin de que el siervo de Dios esté enteramente capacitado para toda buena obra* (2Ti 3.15–17).

La expresión "inspirada por Dios" es la palabra *theopneustos* en el original griego. Se traduce como 'inspirada', pero esa palabra sugiere 'respirar en', en tanto que la palabra usada por Pablo significa 'emitida' o 'enviada'. El aliento es el medio por el cual hablamos. La gente solo puede oír nuestras palabras cuando usamos el aliento para pronunciarla, de modo que esta metáfora de Pablo significa que las palabras de la Escritura son el habla enviada por Dios. Son lo que Dios quiso decir. Lo que dicen los textos de la Biblia es lo que Dios decidió decir; algo así como el aliento de su boca formando palabras que se proponía fueran escuchadas.

Estos versículos no solo declaran la fuente y la autoridad de la Biblia (vienen de Dios, Él las emitió). También afirman su relevancia permanente (es "útil" hoy para nosotros para todos los propósitos que Pablo enumera).

Este texto se usa a menudo como una parte importante de la doctrina sobre la Biblia. Pero no debería constituirse en una mera declaración doctrinal, algo a lo que nuestra fe da un consentimiento solamente intelectual. Debe convertirse en un principio orientador de nuestra hermenéutica. Es decir, cuando leemos cualquier pasaje de la Biblia debemos recordar que nos llega como el "aliento" de Dios, y que Él se propone que nos sea "útil" en todos los sentidos que Pablo menciona, como una guía ética y formativa. No tiene sentido declarar abiertamente *Toda la Escritura es un mensaje enviado por Dios, y es útil* […] (PDT), a menos que lo "inscribamos" conscientemente sobre cualquier texto de la Biblia que estemos estudiando y tengamos intención de aplicar o de predicar: *Esta Escritura es inspirada por Dios y útil* […].

> *Ante todo, tengan muy presente que ninguna profecía de la Escritura surge de la interpretación particular de nadie. Porque la profecía no ha tenido su origen en la voluntad humana, sino que los profetas hablaron de parte de Dios, impulsados por el Espíritu Santo* (2P 1.20–21).

Observe aquí la fuente última de las Escrituras: no se *originan* en la voluntad ni en la mente humana, sino en el propósito de Dios. Observe también la misma afirmación de *doble autoría* a la que ya nos hemos referido. "Los profetas hablaron". Fueron seres humanos quienes hablaron y escribieron, pero lo hicieron "de parte de Dios", por medio del poder de su Espíritu Santo. Hablar y escribir son acciones enteramente humanas que implican intención, inteligencia, ideas, elección de palabras, destrezas, y herramientas. Todo esto forma parte de la autoría humana de nuestros textos; podemos declararlo sin vacilar. Los textos de la Biblia son en todo sentido producto de mentes y manos humanas. Pero detrás de ello están el propósito y la mente de Dios. Como dijimos, para entender y usar la Biblia es importante sostener juntas estas dos afirmaciones complementarias.

Podemos formular, entonces, una definición sencilla y básica de lo que queremos decir por "inspiración de la Biblia". Significa que:

* Lo que la Escritura dice es lo que Dios quiso o permitió que fuera registrado.
* Lo que la Escritura procura afirmar es lo que Dios quiere afirmar.

"Inspiración" es sencillamente una declaración acerca de la relación entre la voluntad de Dios y el producto final (las palabras que leemos en la Biblia). Este texto de la Biblia es lo que Dios quiso que tuviéramos. Por supuesto, hablando con precisión, esta "emisión" divina se aplica al texto original en los idiomas originales (hebreo, arameo y griego). Aun así, queda claro desde los tiempos bíblicos (por ejemplo, Neh 8.7–8) que Dios quería que su palabra fuera traducida a todos los idiomas en los que pudiera ser entendida por la persona común. En ese sentido, la perspectiva cristiana sobre la Biblia difiere radicalmente de la insistencia musulmana en que solo la forma árabe original del Corán es verdaderamente Palabra de Dios.

Sin embargo, debemos ser cuidadosos de no entender en esta declaración más de lo que dice, ni usar nuestra doctrina sobre la inspiración como un falso apoyo de nuestras teorías particulares sobre lo que dice la Biblia. Éstas son algunas advertencias que vale la pena recordar:

1. Sostener que Dios inspiró el texto de la Biblia no nos dice nada acerca de los procesos sicológicos o espirituales implicados en la autoría humana. Algunos de los escritores en la Biblia estaban decididamente conscientes de que hablaban o escribían en forma directa las palabras que Dios les daba (p. ej., Jer 1.7, Ez 2.7, Jn 7.16, 1Co 2.9–13). Pero con frecuencia es posible que no hayan tenido conciencia de que sus palabras terminarían formando parte de las Escrituras. No tenían que "sentirse inspirados" a fin de que lo que escribieran estuviera realmente inspirado, es decir, emitido por Dios. En el sentido bíblico el concepto de inspiración se aplica a los escritos (al producto), no a los escritores por sí mismos.

2. Afirmar que Dios inspiró el texto de la Biblia no nos dice nada sobre la historia literaria (composición, edición, colección, etc.) de los documentos que finalmente integraron el canon de las Escrituras. Es evidente que los documentos que ahora tenemos en nuestra Biblia han sido reunidos y editados, y algunos de los escritores se refieren a las fuentes documentales que usaron. Detrás del canon con el que ahora contamos, hay un extenso proceso histórico. Decir que las Escrituras están inspiradas por Dios no niega que haya tenido lugar ese proceso. Tampoco da explicaciones acerca de cómo ocurrió, ni durante cuánto tiempo ni quién participó. Ésas son cuestiones críticas cuya respuesta debemos procurar usando la mejor investigación y las mejores herramientas disponibles. No importa qué descubramos sobre la historia subyacente al texto que disponemos; es ese texto final al que llamamos "Escrituras" y a lo que Pablo se refería cuando dijo que era "inspirada".

3. Hablar de la inspiración de la Biblia *no* implica "dictado mecánico" (o cualquier otra teoría sobre el *mecanismo* de inspiración). No reduce a los escritores humanos a un aparato para grabar. La inspiración verbal no restringe ni anula la personalidad, el estilo individual, los pensamientos y la creatividad de los escritores humanos. Cuando comparamos los libros de la Biblia entre sí, es evidente que sus escritores eran individuos diferentes, que tenían su propia manera de pensar, sentir y escribir. No eran clones ni autómatas. Oseas se expresó a partir del profundo sufrimiento

personal de un matrimonio roto. Sus palabras eran a la vez de él y de Dios. Lucas llevó a cabo su meticulosa investigación histórica y eligió una estructura para su obra en dos volúmenes, y elaboró relatos y discursos en su personal estilo griego culto. Pablo respondió a problemas apremiantes y muy concretos en las jóvenes iglesias; a veces escribe con ira, otras con frustración o con tierna preocupación. Las emociones y las palabras le pertenecen a él, aunque a la vez tiene la firme convicción de que habla y escribe palabras de parte de Dios, y también Pedro puede referirse a los escritos de Pablo como auténticas Escrituras (2P 3.15–16).

4. La inspiración verbal no significa que *"todo lo que* el texto dice, Dios lo dice"*. Con frecuencia, la Biblia registra palabras que no son en sí mismas verdaderas; por ejemplo, los amigos de Job estaban equivocados en lo que dijeron acerca de Job. Jeremías acusó a Dios de engañarlo. Algunos salmistas pensaban que Dios los había abandonado. Algunos textos registran a personas diciendo mentiras. Sólo porque algo esté en la Biblia, no significa que Dios "dice" lo que esos mentirosos dijeron. En estos casos, la inspiración del texto es "indirecta". Significa que Dios tiene cosas para decirnos *por medio de* esas palabras o emociones, o por medio de las narraciones de las cuales forman parte las palabras falsas dentro de un contexto global.

5. La inspiración de la Biblia no predetermina ninguna interpretación en particular. El texto es inspirado. La interpretación del lector o la mía (o la opinión de nuestro predicador favorito) no lo es. Por lo tanto, no debiéramos confundir nuestra confianza en el texto inspirado de la Biblia con la arrogancia de nuestra pretensión de interpretarla a la perfección. Los cristianos que creen sinceramente en la Biblia pueden tener diferencias en cuanto a la manera de leerla e interpretarla. En la gracia de Dios se nos da ese espacio, pero no es ningún beneficio acusar a quien difiere de nuestro punto de vista de no creer en la inspiración, sólo porque no nos gusta su interpretación. Necesitamos aprender a ser humildes y distinguir entre "lo que concretamente dice el texto inspirado" y "lo que, después del estudio cuidadoso, la reflexión y la oración, yo creo que el texto significa".

La veracidad de la Biblia

Dios habló de una manera confiable

La confianza en la veracidad de la Palabra de Dios forma parte de nuestra confianza en el carácter de Dios como alguien veraz y confiable.

¿Qué significa decir que "la Biblia es verdad"? "Verdad" es una palabra con un amplio rango de significados y usos que incluyen las dimensiones personal, relacional, emocional y de comportamiento. Podemos hablar de un amor verdadero o de un amigo verdadero. Es posible ser "veraces con nosotros mismos" o, también, referirnos a las acciones de alguna persona como "verdaderas". Todos estos son usos de la palabra "verdad" en el marco de las relaciones y acciones. Pero, para ser precisos, en la comunicación escrita o hablada, "la verdad" es una cualidad de las afirmaciones o proposiciones, no (en sentido natural) de las preguntas, órdenes, deseos, saludos, etc. En una afirmación, algo es verdadero o no lo es según si es coherente o no con la realidad. La afirmación de que "Ebenezer es un granjero negro de un metro ochenta de altura que vive en Zambia" puede ser falsa o verdadera. Podemos demostrar la veracidad o la falsedad de esa proposición (es decir, demostrar que es verdadera o falsa), siempre y cuando sepamos a quién se refiere. Si conocemos a un hombre llamado Ebenezer de un metro ochenta de altura, de raza negra, propietario de una granja en Zambia, entonces la afirmación es verdadera. Pero si Ebenezer mide solamente un metro cincuenta o es mecánico de automóviles o vive en Zimbawe, entonces la afirmación es falsa. Pero con expresiones tales como "¡Buen día!", "¿Qué hora es?", "Sé honesto en tu trabajo" o "Si hubiera hecho lo que sabía que debía hacer…", no tiene sentido preguntar si estas palabras son falsas o verdaderas. Un saludo, una pregunta, una orden o un deseo son solamente eso. No son en sí mismas verdaderas o falsas. Incluso algunas afirmaciones orientadas al futuro, como una promesa o una amenaza, solo pueden "llegar a ser verdaderas" si se cumplen o se llevan a cabo.

Ahora bien, cuando leemos la Biblia, resulta obvio que es mucho más que una simple colección de afirmaciones y proposiciones sobre datos que puedan considerarse "verdaderos" en un sentido simple o fáctico. La Biblia tiene toda la riqueza de la amplia variedad de expresiones y dichos que pueda incluir la literatura humana: relatos, órdenes, preguntas, diálogos, deseos, anhelos, promesas, amenazas, canciones, estallidos emocionales de alabanza o de quejas, proverbios, plegarias, saludos, etc. La Biblia está colmada de todas estas formas de habla y escritura. Decir que son "verdaderas" significa mucho más que solamente decir que son "fácticas".

Debemos reconocer que la "verdad de la Biblia" produce su impacto en nosotros de una gran variedad de maneras. En su condición de literatura humana, a veces comunica su verdad de manera directa por medio de proposiciones afirmativas inconfundibles, pero con mayor frecuencia lo hace de modo indirecto por medio de múltiples formas de comunicación.

A continuación, presentaremos algunas de las variadas maneras en que se comunica la verdad bíblica. En realidad, estos conceptos pertenecen al próximo capítulo que trata sobre la Biblia en tanto escrita por seres humanos. Incluso así, vale la pena mencionarla aquí como característica importante de lo que significa hablar acerca de la verdad de la Biblia.

Los escritores y sus perspectivas

Si queremos aproximarnos a conocer la verdad, debemos considerar la vida desde diferentes perspectivas. Piense en un tren. Si lo mira cuando viene acercándose por las vías, sólo verá el frente de la máquina. Debe moverse y mirarlo desde el costado a fin de "ganar perspectiva" y saber verdaderamente cómo es un tren. ¡Esto vale también para los rostros humanos! Es necesario verlos de frente y de perfil —en tres dimensiones— para saber realmente cuál es la apariencia real de una persona. Esto es todavía más cierto respecto de la vida completa de alguien, o de los acontecimientos, la historia, los grandes temas de la vida y la muerte, etc.

Por esta razón, Dios nos ha provisto en algunas ocasiones diferentes perspectivas sobre un mismo asunto, para que podamos advertir que la verdad no es algo simple sino complejo. Tenemos dos informes en el Antiguo Testamento sobre un periodo de la historia de Israel: primero los libros de Samuel y de Reyes, y más tarde el libro de Crónicas. Si los estudia en forma paralela encontrará interesantes diferencias de perspectivas. Encontramos diferentes perspectivas de la vida cuando comparamos Proverbios con Eclesiastés y con Job, pero todos comunican aspectos de la verdad de Dios. Tenemos cuatro evangelios con sus singulares perspectivas sobre Jesús, y la principal diferencia de perspectiva la encontramos entre los Sinópticos y Juan. No nos preguntamos cuál es "verdadera" o "falsa", del mismo modo que no lo preguntaríamos respecto a dos imágenes diferentes de un tren tomadas desde diferentes ángulos. Necesitamos todas las perspectivas que Dios nos ha dado para comenzar a captar la verdad completa sobre Jesús.

Géneros literarios

Una narración histórica puede ofrecernos datos verdaderos acerca del pasado. Pero existe también el formato literario de la ficción narrativa. Es decir, historia completamente imaginada por el escritor. También puede transmitir una verdad, y de hecho se propone hacerlo. Pero esta verdad no se descubre preguntando: "¿Ocurrió tal como aquí se dice?". Pensemos en la parábola de Jesús sobre el Buen Samaritano. Esta historia es una ficción. Sin embargo, no decimos de ella que "no es verdad". Tampoco consideramos salir a buscar el camino a Jericó o las ruinas de la posada o el esqueleto del asno del samaritano, a fin de "demostrar" que el acontecimiento sucedió. Sabemos que su verdad y su poder residen en otra cuestión: en el concepto de Jesús acerca de lo que significa ser un prójimo. El Antiguo Testamento también contiene ficciones como ésta; por ejemplo, la historia que Jotam le contó a la gente de Siquem (Jue 9.7–15) o la que Natán le narró a David (2S 12. 1–6).

También tenemos una amplia variedad de géneros literarios en la Biblia por medio de los cuales se comunica la verdad, aunque en forma indirecta: leyes (incluyendo algunas que eran histórica y culturalmente específicas para Israel), poemas y canciones, simbolismo profético verbal y dramatizado, y cartas.

Contexto histórico

Compare estas dos afirmaciones, ambas hechas por Dios acerca de Jerusalén por medio de un profeta:

* Defenderé esta ciudad y la salvaré.
* Los convertiré en desolación y en objeto de burla entre las naciones que los rodean.

¿Es una verdadera y la otra falsa? No, ambas son verdaderas, pero en contextos históricos diferentes. La primera fue dicha por Isaías (37.35), durante el reinado de Ezequías, cuando Dios prometió salvar a la ciudad del ataque de los asirios (y lo hizo). Mientras que la segunda fue dicha más de cien años después, por Ezequiel (5.14), en el último año antes de que Dios, en efecto, destruyera Jerusalén y enviara al resto del pueblo al exilio, donde ya se encontraba Ezequiel.

La historia modifica las circunstancias, y Dios habla en el contexto de la historia. En consecuencia, una palabra que era verdadera en un contexto puede no serlo si se la toma y se la usa en otro sin tomar en cuenta el original.

Dios ha decidido comunicarnos su Palabra a lo largo de un lapso prolongado de la historia humana, y por medio de varias culturas cambiantes. Por supuesto, lo que Dios dijo y requirió de la gente también fue cambiando a medida que progresaba la historia de la redención y la revelación. Vemos diferencias en los protagonistas entre la época del Génesis y la que viene después de Moisés y del Sinaí. Y más aún entre la era del Antiguo Testamento y el momento de la venida de Jesús. Aun dentro del Nuevo Testamento, hay un cambio entre la orden que Jesús dio a sus discípulos respecto a la misión que realizarían durante su vida terrenal ("No vayan a los gentiles"), y el mandato que les dio después de la resurrección ("Vayan y hagan discípulos de todas las naciones"). Es decir, debemos reconocer el carácter histórico de la Biblia y, en consecuencia, el contexto histórico en su manera de comunicar la verdad.

Debemos entender la verdad de la Biblia de un modo amplio y holístico.

* La verdad se comunica de *modo diferente* en *cada una* de estas alternativas.
* La verdad se comunica *comprehensivamente* por medio de *todas* estas alternativas.

Más arriba ya definí la verdad de la Biblia en estos términos: *Dios habló de una manera confiable.* Esto subraya un aspecto importante sobre lo que la Biblia dice de sí misma cuando habla sobre la verdad en las relaciones humanas, especialmente la verdad de Dios. Es una cuestión de confiabilidad: hacer lo que dice que hará.

En este sentido, la Biblia es confiable porque no dejará de cumplir el propósito para el cual Dios determinó que se escribiera. "Verdad" no solo significa precisión fáctica (aunque incluye un alto grado de ello cuando se propone comunicar tales cosas), sino *veracidad* para el propósito de Dios. Conocer la Biblia es conocer la verdad acerca de Él, del mundo, de nosotros mismos, del significado de la vida y la muerte, de los medios de salvación y del futuro de la creación. Esas son las verdades más importantes que Dios quiere que conozcamos. Decir que la Biblia es verdadera y fidedigna significa que no nos engañará respecto a estas cuestiones en aquello que se propone afirmar (lo cual todavía nos deja la tarea hermenéutica de comprender *qué* se propone afirmar… ¡pero una cosa por vez!).

En este sentido, la Biblia se parece más a un mapa. Lo que se incluye en el mapa depende del propósito para el que se intenta usarlo. Por ejemplo, el mapa del sistema de subterráneos de la ciudad de Londres es un documento infalible —*para orientarse en el subterráneo*—. No responderá a sus preguntas sobre las distancias exactas entre una estación y otra, ni le dará información acerca de las calles y caminos a nivel de la superficie, ni le mostrará cada curva en las vías. No fue diseñado para eso. Si pretende usarlo para consultar estas cosas, le irá mal. Pero no es culpa del mapa. No significa que el mapa "no sea veraz". Es completamente verdadero y fidedigno según el propósito para el cual se preparó.

La Biblia es verdadera y fidedigna si se la usa según el propósito para el cual nos fue dada; no lo será si la utilizamos de otra manera o le planteamos preguntas que no se propone responder.

La unidad de la Biblia

Dios habló de manera coherente

La unidad de la Biblia se apoya en la premisa de que, detrás de la variedad de escritores humanos, en última instancia hay un solo autor: Dios Espíritu Santo. En consecuencia, esperamos armonía y unidad en lugar de contradicción. Esto también forma parte de lo que significa decir que la Biblia es la Palabra de *Dios*. Creemos que Dios es veraz y coherente consigo mismo. La persona de Dios se caracteriza por la integridad, no por las contradicciones internas. Si Dios es así, también se aplica a lo que Él comunica. En consecuencia, aunque la Biblia se haya producido a lo largo de cientos de años, por medio de muchas voces y manos humanas, hay una unidad abarcadora que reúne todo el texto como la revelación de sí mismo del único Dios viviente y verdadero.

Sin embargo, una vez más debemos mencionar algunas precauciones en este asunto.

Unidad significa consistencia y coherencia, no uniformidad

La Biblia tiene un propósito y una forma global que la unifica. Sin embargo, esto no es lo mismo que una llana uniformidad. Todo no significa lo mismo que todo lo demás. *Dios habló muchas veces y de diversas maneras* (Heb 1.1, NTV). Hay muchas diferentes voces, destinatarios, situaciones y énfasis en esta extraordinaria biblioteca a la que llamamos Biblia. De modo que debemos buscar coherencia dentro de esa variedad, no simplemente aplanar todo en prolijas lecciones de escuela dominical a fin de que todo confluya al mismo concepto elemental. A veces Dios nos da perspectivas complementarias sobre un mismo asunto, y debemos permitir que cada enfoque nos comunique plenamente lo que tiene para decir, y con su propia integridad.

Unidad incluye avance histórico

Dios no reveló todo de una sola vez. La revelación posterior construye sobre la revelación anterior. A veces un texto posterior respalda y confirma lo que dijeron los anteriores. Pero a veces uno posterior "relativiza" al anterior avanzando a una nueva etapa, porque Dios ha hecho o dicho algo nuevo. Esto no significa que el pasaje original estuviera mal o incorrecto en su contexto, o que no tengamos nada que aprender de él; más bien significa que debemos prestar atención a la totalidad de la Biblia y reconocer su naturaleza acumulativa y progresiva. El ejemplo más obvio de esto es que, después de la muerte de Cristo en la cruz, los cristianos ya no deben practicar el sistema de sacrificios del Antiguo Testamento. Los sacrificios fueron prescritos por Dios en su debido momento y contexto. Pero cuando Jesucristo vino y murió en la cruz, entonces su sacrifico perfecto hace que aquellos sacrificios anteriores ya no sean necesarios. En consecuencia, debemos leer aquellos textos a la luz de este cambio histórico.

Debido a esta unidad global de la Biblia, necesitamos desarrollar el hábito de pensar en la Biblia como un todo, y ayudar a otros a percibir la totalidad de su mensaje. Esto puede parecer intimidante, pero es más sencillo de lo que quizás imagina. Volveremos a este punto en el capítulo 3.

La claridad de la Biblia

Dios habló a fin de ser comprendido

Es un hecho obvio de la vida humana común que cuando abrimos la boca para hablar o tomamos un papel y escribimos algo, es porque queremos decir algo. Queremos comunicarnos con alguien o con más de una persona, y por lo general queremos que entiendan lo que decimos o escribimos (a menos que estemos involucrados en algún engaño). Cuanto más importante sea el contenido de lo que queremos decir, tanto más esfuerzo pondremos para que resulte tan claro como el agua. Los avisos de seguridad en los edificios o en los vehículos tienen que ser muy claros. Es lógico que nos sintamos frustrados y enojados si los anuncios públicos están garabateados y no se entienden. Si usted tiene algo importante para decir, ¡dígalo con claridad!

Ahora bien, lo que es cierto respecto a la comunicación humana, lo es tanto más respecto a Dios, aunque muchas personas religiosas parecen pensar que Dios sólo habla de maneras misteriosas que superan el nivel de comprensión de la gente común. Ése es precisamente el concepto erróneo que Dios destruye en varios textos clave. Dios *no* se propone engañar ni juega a las escondidas con la humanidad, ni habla solamente para la élite o los iniciados. Dios habla con claridad a todas las personas.

> *Desde ningún lugar de esta tierra tenebrosa*
> *les he hablado en secreto.*
> *Ni he dicho a los descendientes de Jacob:*
> *"Búsquenme en el vacío".*
> *Yo, el Señor, digo lo que es justo,*
> *y declaro lo que es recto.*

(Is 45.19)

En esta expresión negativa, la implicación es que Dios *sí* habló claramente, en la luz y con un propósito.

> *Este mandamiento que hoy te ordeno obedecer no es superior a tus fuerzas ni está fuera de tu alcance. No está arriba en el cielo, para que preguntes: "¿Quién subirá al cielo por nosotros, para que nos lo traiga, y así podamos escucharlo y obedecerlo?". Tampoco está más allá del océano, para que preguntes: "¿Quién cruzará por nosotros hasta el otro lado del océano, para que nos lo traiga, y así podamos escucharlo y obedecerlo?". ¡No! La palabra está muy cerca de ti; la tienes en la boca y en el corazón, para que la obedezcas*

(Dt 30.11-14).

Observe nuevamente los negativos: "*no* es superior [...] *ni* está fuera de [...] *no* está arriba [...]. *Tampoco* está más allá". Este texto se refiere específicamente a la ley de Dios, por supuesto, pero en muchos sentidos se aplica al resto de la Palabra de Dios. La intención de Dios es que su Palabra sea conocida, familiar, entendida, y que pueda ser obedecida.

Podemos resumir esto diciendo que la revelación escrita de Dios, su Palabra, es:

- ➤ **Racional,** es decir, dirigida a nuestro intelecto; en un lenguaje humano que se propone ser entendido; *no* en acertijos ni en código, ni en oráculos religiosos oscuros que no significan nada.
- ➤ **Intencional,** es decir, se propone guiar a todos sus lectores a la verdad y la salvación; *no* tiene la intención de burlarse, ilusionar, frustrar o ser accesible sólo para expertos.

Teólogos de una generación anterior se referían a *la perspicuidad de las Escrituras*, es decir, que tienen la cualidad de ser transparentes. El texto es claro y directo y abierto a nuestra comprensión. Esta expresión *no* implica que todo en la Biblia sea *fácil,* ni que cualquier persona pueda simplemente tomar la Biblia y entender de inmediato cada palabra en ella. ¡El escritor de 2 Pedro 3.15–16 evidentemente tenía dificultad para entender alguna de las cosas escritas por Pablo! La "perspicuidad de la Escritura" significa que *el camino de la salvación* está claramente presentado en la Biblia y lo puede entender cualquier lector, y que, con humildad y con la ayuda del Espíritu Santo, todo lo que la Biblia contiene puede tener sentido para nosotros.

Busque el sentido *natural* del texto: no dé por sentado que hay todo tipo de significados ocultos y códigos ingeniosos. Por lo general, a menos que sea evidente que el escritor está usando figuras literarias convencionales o imágenes simbólicas, la Biblia simplemente significa lo que dice en el nivel de lenguaje corriente. Sospeche de los libros y los oradores que intenten persuadirlo acerca de "significados" asombrosos de la Biblia que no se parezcan en absoluto a lo que usted piensa que el texto pudo haber querido decir. Desarrollaremos esta idea en el capítulo 2.

La autoridad de la Biblia

Dios habló a fin de ser obedecido

La autoridad de la Biblia se debe a su inspiración. Es decir, si lo que la Biblia dice, es lo que Dios *autorizó* que se escribiera, entonces conlleva la *autoridad* del propio Dios. Queda claro que esto es lo que Jesús creía acerca de las Escrituras.

Debemos recordar, sin embargo, que es *Dios* quien tiene la autoridad final. La Biblia es el vehículo o el medio de la autoridad de Dios en su relación con nosotros, pero no debemos hablar de la autoridad de la Biblia en algún sentido independiente. La Biblia es un libro. Dios es una persona. La autoridad de Dios es personal y relacional, no es una "cosa". Dios ejerce su autoridad por medio de lo que ha comunicado en las Escrituras, pero siempre lo hace en el marco de una relación, no como un modelo rígido o un estatuto.

También debemos recordar que la propia Biblia debe definir lo que entendemos por autoridad, y no nosotros. Es decir, no deberíamos predefinir la clase de autoridad que consideramos necesaria, o asumir que sabemos qué clase de cosa debería ser una Biblia autoritativa (si nosotros la hubiéramos escrito), y entonces forzarla a caber en ese preconcepto. En lugar de ello, debemos recibirla tal como es y decir: "Esto es lo que Dios autorizó; esto es lo que comunica la autoridad de Dios".

De hecho, hay una gran variedad de tipos y modelos de autoridad en la vida humana. No debemos forzar a la Biblia en un único molde. Por ejemplo, es posible que pensemos en:

La autoridad como control

Este es un modelo militar. Los jefes tienen autoridad para dar órdenes a sus soldados. Según este modelo, se supone que la Biblia debe decirnos sin ambigüedades lo que se debe creer y hacer. La Biblia ordena y controla a la iglesia. Este enfoque tiene fortalezas y debilidades.

➤ **Fortaleza:** destaca la importancia de la sumisión y la obediencia a Dios por medio de su Palabra. También nos recuerda que la iglesia es *Semper reformanda* (siempre en necesidad de reforma) bajo la orientación de las Escrituras. En un sentido amplio, la Biblia debería controlar nuestra vida, nuestras creencias y nuestro comportamiento. Al someter nuestra vida a la Biblia estamos sometiéndonos a la autoridad de Dios como Señor y Rey.

> ➤ **Debilidad:** el problema es que hay mucho en la Biblia que no "nos dice" ni "nos ordena" en un sentido militar. A veces nos da leyes y mandamientos en forma directa, pero ésa es solo una pequeña proporción de toda la Biblia. Muchos de esos mandamientos directos se limitaban a un momento y contexto. La mayor parte de la Biblia es relato histórico. También hay muchos poemas, cánticos, etc. Las canciones, los poemas, los relatos, no son "mandamientos". Su autoridad es más sutil. Si leemos una historia bíblica y luego nos preguntamos "¿Qué nos dice que hagamos?", las respuestas pueden variar, y aun podría ser que la idea central de la historia no consistiera en decirnos que "hagamos algo", sino en mostrarnos otras cosas acerca de Dios y de nosotros mismos. Es decir que el modelo militar de autoridad no siempre resulta útil cuando leemos el texto. En muchos casos, la autoridad del texto no puede traducirse simplemente como "haz esto" o "no hagas aquello".

Más aun, muchos de los asuntos que enfrentamos en la actualidad no fueron abordados directamente en la Biblia. Por ejemplo, no nos dice *directamente* qué creer o qué hacer con respecto a la clonación de seres humanos o al calentamiento global. No hay mandamientos *directos* sobre la pornografía en Internet, acerca de la deuda internacional o los subsidios a la agricultura. Para desarrollar una perspectiva bíblica autoritativa sobre tales asuntos, tendremos que recurrir a otros recursos diferentes de las simples órdenes.

La autoridad como comisión

Esto se parece más a la autoridad de una licencia; por ejemplo, la licencia para conducir. Este documento le otorga una autorización al titular de la licencia. Usted tiene autoridad para conducir un vehículo en la ruta. La Biblia nos da el derecho y la autoridad para actuar en el mundo de Dios en su nombre. Nos muestra el modo y el rumbo en el que debemos actuar, pero no decide por anticipado cada uno de los asuntos, del mismo modo que la licencia para conducir tampoco le indica específicamente qué camino debe tomar cada día. Usted debe decidirlo, pero una vez que lo hace está autorizado a recorrerlo. Al igual que el enfoque anterior, éste también tiene fortaleza y debilidades.

> **Fortaleza:** es más dinámico y funcional, más a tono con el carácter de la propia Biblia. Debemos vivir nuestra propia historia conforme al modelo establecido por la grandiosa historia de la Biblia. La Biblia como un todo nos muestra los valores, las prioridades y los propósitos de Dios.

> **Debilidades:** la Biblia queda más abierta a la discusión y la diversidad de opiniones sobre cómo debemos vivir bajo su guía. Sus definiciones son menos evidentes y también puede ser sometida a abusos. La gente puede pretender que la Biblia los "autoriza" a comportarse de cierta manera. Quizás hacen referencia a un principio o a un concepto general que dicen haber tomado de la Biblia (por ejemplo, sobre "el amor" o "las relaciones entre personas"), pero no han prestado atención cuidadosa a la enseñanza explícita de la Biblia mediante el estudio cuidadoso de los textos.

Lo indudable es que, cualquiera fuere la manera en que nos expresemos sobre su autoridad, la Biblia conlleva la autoridad de ser la Palabra de Dios, quien es nuestro Creador, Redentor y Señor. Fue expresada y escrita para que viviéramos en una actitud de obediencia agradable a Dios el Padre. La obediencia a la autoridad de las Sagradas Escrituras, en reconocimiento de que es la Palabra de Dios, es una dimensión esencial del discipulado cristiano auténtico, precisamente porque es lo que Cristo Jesús enseñó y el ejemplo que nos dio con su vida.

Como dice en Deuteronomio: "La palabra está muy cerca de ti; la tienes en la boca y en el corazón *para que la obedezcas*" (Dt 30.14).

Conclusión

En este capítulo hemos planteado que debemos comenzar el proceso para comprender y usar la Biblia "mirando hacia arriba". Miramos hacia arriba, a Dios, creyendo y recibiendo la Biblia de parte de Él, como Palabra de Dios. Miramos hacia arriba al orar a Dios pidiendo la ayuda del Espíritu Santo en la tarea de comprender las palabras que impulsó se escribieran para nuestro aprendizaje. Miramos hacia arriba al recordar que las palabras que estamos leyendo son a la vez inspiradas por Dios y útiles para nosotros, para todos los propósitos del aprendizaje y la vida cristiana.

Sugerencias para el estudio

1. Prepare un sermón o un estudio bíblico para su iglesia, con el título: "¿Qué significa cuando decimos que la Biblia es la Palabra de Dios?" ¿Qué textos bíblicos usará y cómo los explicará? Mucha gente *cree* con toda sinceridad que "la Biblia es la Palabra de Dios", pero no entiende lo que eso significa y lo que no significa. Utilice su sermón para ayudarlos a comprender mejor.

Comprender la Biblia como las palabras de escritores humanos

Christopher J. H. Wright

En el capítulo 1 estuvimos considerando la necesidad de "mirar hacia arriba" a fin de creer y recibir a la Biblia como Palabra de Dios. Antes de comenzar a interpretarla o explicarla a otros, necesitamos recordar qué es la Biblia. Miramos hacia arriba a Dios, en oración, agradecidos por este maravilloso regalo de su gracia y, a medida que procuramos comprenderla, responder a ella y usarla apropiadamente, pedimos la ayuda que nos prometió del Espíritu Santo.

Ahora debemos "mirar hacia abajo". Miramos al texto en sí mismo y lo estudiamos como palabras producidas por escritores humanos, hombres y mujeres a quienes Dios eligió para entregarnos su Palabra. No hay atajos en este proceso. Debemos mantener la mirada hacia abajo y estudiar fielmente el texto de la Biblia a fin de entenderla correctamente. No debemos conformarnos con impresiones instantáneas y superficiales de "lo que parece decir" o de "esto es lo que significa para mí". Nuestra meta debe ser la de imitar a Timoteo, a quien Pablo le dijo: *Esfuérzate por presentarte a Dios aprobado, como obrero que no tiene de qué avergonzarse y que interpreta rectamente la Palabra de verdad* (2Ti 2.15).

Cuando comience a estudiar un pasaje de la Palabra de Dios necesitará un bolígrafo y un cuaderno, en donde irá registrando todo lo que descubra mientras estudia. Eventualmente, quizás quiera resumir sus hallazgos en una tabla parecida al del Cuadro 1. ¡Seguramente descubrirá mucho más de lo que puede caber en una sola página!

Mirar al texto en su contexto: dónde se encuentra ubicado el texto

En lo que sigue, consideraremos en detalle la información que uno podría tomar en cuenta al elaborar un cuadro como el que presentamos en el Cuadro 1. Cada pasaje que uno lee en la Biblia tiene una serie de contextos diferentes, y debemos ser conscientes de ellos a fin de entender adecuadamente el pasaje. El contexto es un factor muy importante para comprender cualquier forma de comunicación humana, hablada o escrita. Si usted está fuera de la casa de alguien y escucha que dentro de ella alguien grita "¡Te mataré!", usted no entrará a la carrera ni llamará a la policía si a través de la ventana ve que hay una persona tratando de matar a un mosquito, o si los niños están jugando a los soldados. El contexto determina el verdadero significado de lo que se dijo. Considere la siguiente historia:

> Un hombre mayor conducía su carro junto a su perro por el camino de la montaña, cuando un vehículo se adelantó velozmente y asustó al burro, de modo que el burro, el carro, el hombre y su perro, cayeron todos por el barranco. El anciano alcanzó a registrar la matrícula del automóvil, denunció a la policía, y más tarde arrestaron al conductor y lo llevaron ante el juez. Éste le pidió al conductor que relatara los hechos.
>
> "Lamento —dijo— haberles provocado la caída. Pero me detuve y le pregunté al anciano si se encontraba bien. Me dijo que sí, de modo que continué mi marcha".
>
> "¿Es verdad eso?", le preguntó el juez al anciano.
>
> "Sí, su excelencia —respondió—, pero permítame relatarle la historia completa. El conductor se acercó y miró por el borde del barranco y vio a mi burro caído allí, y preguntó qué le pasaba. Respondí que tenía la pata quebrada. Entonces sacó un rifle y le disparó en la cabeza. Luego vio a mi perro enredado en un arbusto espinoso. Me preguntó qué le pasaba. Le dije que estaba muy herido. De modo que también apuntó a la cabeza de mi perro y lo mató. Entonces me miró y me preguntó: *¿Está bien usted? ¡Sí!*, grité lo más rápido que pude, *¡Estoy bien!*".

Pasaje:		
Paso 1 Mirar hacia arriba. ¡Orar! – Creer (2 Timoteo 3.15-17)		
Paso 2a Mirar hacia abajo: (a) Entender el pasaje en su contexto		
Género literario: ¿prosa, poesía?	*Contexto histórico y social:* autor, situación, la gente	*Contexto editorial:* lo que aparece antes y después del texto; el contexto del libro completo.
Paso 2b Mirar hacia abajo: (b) Explicar el pasaje en detalle		
Palabras clave, verbos principales, énfasis, contrastes, vínculos, imágenes	Bosquejo de la estructura y flujo de pensamiento	Tema principal, idea central del autor
Pasos 3 y 4 Mirar hacia atrás y hacia adelante: Entender el pasaje en relación con toda la Biblia. ¿Qué lugar ocupa en el flujo de la revelación de Dios?		
Paso 5 Mirar aquí y ahora: Aplicar a nuestra época el concepto del pasaje. ¿Qué nos dice?		

Cuadro 1: Estudiar un pasaje de la Biblia

El contexto aporta la diferencia para comprender el significado de lo que se dijo. Todos sabemos que los diarios toman las palabras pronunciadas por algunos personajes públicos y las citan fuera de contexto, y suenan diferente de lo que la persona quiso decir en el contexto en el que fueron dichas.

La gente también puede hacer eso con la Biblia. Allí se encuentran las palabras "No hay Dios". Pero si usted las cita así, sin el contexto, está distorsionando la Biblia, porque lo que en realidad dice es: *Dice el necio en su corazón: "No hay Dios"* (Sal 14.1). El contexto tiene peso.

Éstos son algunos de los contextos principales de cualquier pasaje que leemos en la Biblia. Podemos ocuparnos de ellos planteando algunas preguntas concretas.

Contexto literario

¿Qué tipo de escrito es éste? ¿A qué género pertenece? Responder a esas preguntas influye la manera en que leemos *cualquier cosa*, incluyendo nuestras lecturas cotidianas no religiosas. Por ejemplo, sabemos que tenemos enfoques y expectativas diferentes si la lectura se trata de un diario, de un texto académico, una publicidad, la carta de un amigo, una novela, un documento legal, un informe bancario, un manual de instrucciones, un diccionario, la letra de una canción o un poema. Casi siempre sabemos por instinto qué clase de escrito estamos leyendo, de modo que ni siquiera somos conscientes al clasificarlo en un género literario particular —simplemente lo hacemos todo el tiempo—.

Imagine si alguien aterrizara en nuestro planeta ignorando el sentido de la publicidad. Quizás piense que todo lo que lee en los avisos, sea en las paredes, los ómnibus o la televisión son afirmaciones simples y veraces sobre la realidad, y que se supone deben creerse tal como se las presenta. ¡Terminaría con algunas ideas extrañas sobre la raza humana! Cuando leemos publicidad, lo hacemos conscientes de que se han escrito de una manera especial para intentar atraer nuestra atención y persuadirnos a comprar cosas. Sabemos que no se espera que creamos cada afirmación exagerada en el mensaje de la publicidad.

Imagine que alguien lee *El progreso del peregrino* sin darse cuenta de que se trata de una **alegoría** intencional, llena de nombres simbólicos de personas y lugares surgidos de la imaginación de John Bunyan. Podría pensar que la vida cristiana es realmente muy extraña, si trata de recorrer literalmente todas las experiencias que vivió "Cristiano" en aquel libro.

Escritos de diferente tipo requieren diferentes maneras de lecturas. Debemos leer cada cosa conforme a la clase de escrito que es, porque de lo contrario la malinterpretaremos. Lo mismo vale para la Biblia. Dios nos ha dado una riquísima biblioteca que contiene una gran variedad de escritos. Debemos prestar atención a esa variedad.

Las principales categorías o géneros de la literatura bíblica son:

✓ Historia
✓ Ley
✓ Profecía
✓ Sabiduría
✓ Adoración poética
✓ Evangelio
✓ Carta
✓ Apocalíptica

De modo que lo primero que usted debe hacer al leer un pasaje de la Biblia es ubicarlo en el contexto del libro en el que aparece, y preguntarse qué tipo de literatura es ese libro en particular. Hay buenos libros que explican en forma detallada cómo interpretar los diferentes géneros de literatura en la Biblia (por ejemplo *La lectura eficaz de la Biblia*, de Fee y Stuart). Pero usted puede hacer mucho por su cuenta haciéndose algunas preguntas sencillas y pensando cómo las respondería.

Acerca de cualquier pasaje, y sobre el libro en el que se encuentra, debe preguntarse:

➤ *¿Por qué* escribieron esta clase particular de literatura? Por ejemplo, ¿para informar?, ¿alentar?, ¿orientar?, ¿desafiar?, ¿movilizar nuestras emociones?, ¿fortalecer nuestra fe?, ¿para reprendernos?

➤ ¿Cómo se esperaba que fuera *leído* este tipo de escrito? (p. ej., ¿para aprender datos de la realidad?, ¿para acceder a una experiencia?, ¿para comprender más profundamente a Dios?, ¿para aprender a vivir?)

➤ ¿Cuáles son las *convenciones,* es decir, las formas, métodos, estructuras y el estilo usual de este tipo de literatura?

➤ ¿Qué debo *esperar* de este tipo de literatura? (p. ej., usted no lee una novela o un guion teatral esperando informarse de la historia con precisión; no lee la guía telefónica esperando disfrutar de una buena historia; no lee un poema sobre las estrellas esperando ciencia astronómica; o un libro de astronomía esperando rimas poéticas. Usted lee cada texto en forma apropiada según de qué tipo de literatura se trate).

Tendrá una interpretación errónea si trata a un salmo como si fuera una epístola, o lee los textos de Sabiduría como si fueran textos de la Ley, o si convirtiera las narraciones en leyes. Lea los textos bíblicos según su género literario y su contexto.

Contexto histórico

Para la interpretación cristiana de la Biblia es fundamental reconocer que Dios nos ha dado su Palabra en el curso de la historia humana. Cada palabra de Dios fue dada en un contexto histórico. Ninguna de ellas fue comunicada por encima, por afuera de o sin un contexto histórico. Una vez más, necesitamos hacernos preguntas y hacer todo lo posible para entender el contexto histórico de cualquier pasaje que estemos leyendo:

➤ ¿Cuál era el trasfondo histórico y la situación en la cual, hasta donde podemos saber, ese texto fue pronunciado o escrito? A veces no lo podemos conocer con certeza, pero aun el simple hecho de que algo sea a. C. o d. C. hace la diferencia.

➤ ¿Sabemos quién fue el escritor, y qué estaba ocurriendo en su vida y en su circunstancia? ¿De qué manera influiría eso en su escrito?

➤ ¿Se menciona en el texto alguna fecha o algún suceso histórico concreto? Si es así, ¿qué nos dice eso respecto a cómo deberíamos entender lo que el texto señala? (por ejemplo, la caída de Jerusalén en Ezequiel 33 influye sobre nuestra manera de leer los capítulos anteriores y posteriores).

➤ ¿Qué ocurrió antes de este pasaje y qué sucedió después? ¿Cómo afecta este contexto histórico nuestra manera de entender el pasaje en sí mismo?

➤ ¿Cuáles fueron los principales hechos históricos que pudieron haber condicionado la manera en que ese texto se leía o escuchaba? (por ejemplo, Hechos presupone los acontecimientos de Pascua y Pentecostés. No encontraríamos sentido a los sucesos que presenta este libro si no supiéramos que tienen lugar después de aquellos importantes acontecimientos históricos).

➤ ¿Qué estaba diciendo Dios *en aquel momento*, y qué, en circunstancias semejantes, podría estar diciendo Dios *ahora*?

Contexto social

En realidad, éste es un aspecto del contexto histórico. Debemos recordar que Dios creó un pueblo, una comunidad, una sociedad, y que la Biblia muestra que Dios está apasionadamente interesado en los asuntos sociales, económicos y políticos que se presentan en la sociedad. Esto es tan cierto para la iglesia como lo fue para el Israel del Antiguo Testamento. En consecuencia, al leer y predicar la Biblia debemos ser conscientes del contexto social en el que fue escrito y del contexto social en el que lo estamos predicando.

➤ ¿Cuál era el trasfondo social y político de este texto? (por ejemplo, la situación de los profetas en el siglo VIII a. C.; el Imperio romano en el Nuevo Testamento).

➤ ¿Respalda o socava el texto un orden social en particular? ¿Qué clase de sociedad defiende o rechaza el texto?

➤ ¿Hay alguna institución política importante, algún concepto o personas en los tiempos bíblicos que tengan peso sobre el significado del pasaje? (por ejemplo, la monarquía, los sacerdotes, los jueces y las cortes de justicia, el Imperio romano, etc.)

➤ ¿Apunta este pasaje a una visión alternativa de la manera que debería ser la sociedad (como hacen a veces los Salmos y los Profetas)? ¿Hay valores sociales, económicos y políticos contenidos en el texto?).

Contexto editorial

Durante el proceso de formación de la Biblia, en distintas etapas hubo quienes reunieron escritos y dichos de los escritores originales en los libros y secciones de la Biblia que ahora tenemos en el **canon**. Este proceso editorial (a veces llamado **redacción**) no fue accidental sino inteligente. La gente reunió los elementos porque consideró que eran más apropiados agrupados de esa manera. Acomodaron el material que disponían con un "mensaje integrado". Una vez más, al estudiar los libros completos o algunos conjuntos de libros, podemos hacernos preguntas sobre la edición que tuvo lugar en el proceso que les dio la forma en que ahora se encuentran. Por ejemplo, podemos preguntar:

- ➤ ¿Quién fue el escritor/editor del texto (en caso de ser conocido)? (por ejemplo, sabemos que Lucas editó su Evangelio y Hechos). De no conocer sus nombres, ¿qué podemos descubrir acerca de sus intereses o intenciones particulares por la manera en que acomodaron el material? (¿Por qué, por ejemplo, muchos libros proféticos comienzan con un juicio pero concluyen con palabras de esperanza hacia el futuro?)
- ➤ ¿Qué enfatiza el editor por la manera en que acomodó el material? ¿De qué manera logra este énfasis? Por ejemplo, ¿por la repetición de ideas o palabras clave? ¿Haciendo resúmenes o explicaciones? ¿Ubicando algo al comienzo de una serie (como un encabezado) o al final de una serie (como un clímax)?
- ➤ ¿Qué formato global podemos reconocer? ¿Hay algún significado en el modo en el que se ordenó o estructuró el material? (p. ej., Lucas–Hechos, de Jerusalén a Roma).
- ➤ ¿Expresa el editor su opinión a través de secciones o nexos editoriales? ¿O por medio de discursos de personajes importantes? (por ejemplo, muchos de los discursos en Crónicas).
- ➤ ¿O comunica el texto su concepto central de manera implícita, según lo que incluye o excluye, especialmente si podemos compararlo con otros textos? (por ejemplo, comparar lo que Crónicas incluye o excluye con los textos anteriores de Samuel y Reyes).

Las preguntas presentadas arriba son algunas en las que puede pensar y buscar respuestas mientras estudia el texto de un libro de la Biblia. Por supuesto, hay divisiones más complejas en lo que se conoce como crítica de la redacción, en la cual los estudiosos buscan detectar las fuentes que se encuentran detrás de los diversos libros de la Biblia, para así reconstruir el proceso histórico por el cual fueron reunidos, además de las motivaciones y la agenda teológica de quienes lo hicieron. Existen comentarios especializados que se ocupan detalladamente de estas cuestiones. Aprovéchelos para ver lo que sugieren diferentes eruditos. Sin embargo, recuerde que con frecuencia los investigadores postulan hipótesis y sugerencias en asuntos en los que quizás sencillamente sea imposible alcanzar certeza. Ejercite su propio discernimiento y pregúntese si alguna teoría en particular sobre cierto libro bíblico y su redacción lo ayudan concretamente a entender mejor su mensaje intrínseco, o si solamente sirve para confundirlo y quitarle al libro toda posibilidad de un mensaje coherente.

Mirar el texto en detalle: descubrir lo que dice

Además de descubrir todo lo que podamos sobre los diferentes contextos de cada pasaje de la Biblia, como describimos arriba, debemos leer cuidadosamente el texto y tratar de entender con claridad lo que dice y significa. Ésa es la tarea de la **exégesis.** Esa sección corresponde al paso 2b en el Cuadro 1 *Estudiar un pasaje de la Biblia.*

Exégesis significa literalmente 'extraer' y, cuando lo aplicamos a un texto, quiere decir extraer el significado propuesto para él. Exégesis es la tarea de explicar, dejar en claro y sacar a la luz lo que el escritor original quiso decir en su propio contexto a las personas a quienes les estaba hablando en ese momento.

La exégesis cuidadosa es el punto de partida de todas las preguntas hermenéuticas y las aplicaciones que deberían derivarse. Un texto particular en la Biblia puede haber adquirido en la vida del pueblo de Dios un significado mayor del que el autor original pudo haber anticipado; pero, aun así, siempre debemos comenzar preguntándonos qué quiso decir el autor *en primer lugar* cuando escribió o dijo aquello. La exégesis intenta acercarse lo más posible a aquel propósito original, reconociendo que quizás no estemos siempre absolutamente acertados, y que tal vez nunca podamos tener la certeza completa de que realmente estamos entendiendo lo que el escritor quiso decir. Pero la exégesis es una tarea que se orienta en esa dirección.

Supongamos que usted está leyendo uno de mis libros. Quizás encuentra un párrafo difícil de entender y se pregunta qué quise decir cuando lo escribí. Usted podría escribirme o mandarme un correo electrónico, incluso telefonearme y preguntar: "Estoy leyendo su libro y en la página 57 dice esto. Quiero estar seguro de entender claramente lo que quiso decir. Por favor explíqueme lo que se propuso comunicar. ¿Qué estaba tratando de decir?". Lamentablemente, los escritores de la Biblia ya no se encuentran vivos y disponibles. Pero hacer la exégesis es como tener una conversación telefónica imaginaria con el autor, preguntándole qué quiso decir cuando escribió lo que estamos leyendo. No queremos construir nuestro propio significado; pretendemos saber, hasta donde sea posible, lo que el escritor quiso decir.

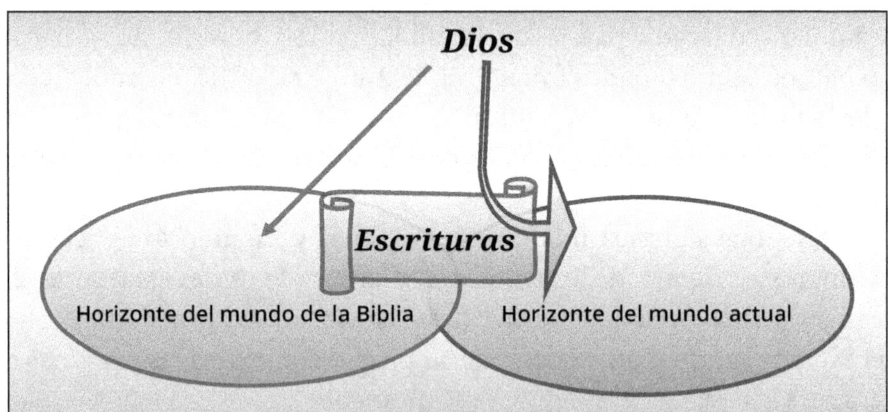

Figura 2: Los dos horizontes

Aquí se combinan la autoría divina y la humana de la Biblia. Nuestro enfoque principal para averiguar con precisión lo que *Dios* quiere decir a través de un pasaje es prestar atención exegética cuidadosa a lo que el *escritor humano* quiso decir cuando escribió. Observe la figura 2. La Biblia se originó en el horizonte de su propio mundo a medida que Dios le habló a las personas allá y entonces. Pero la Biblia también existe en el marco de nuestro mundo como depósito de aquella obra de revelación y comunicación de parte de Dios. Nosotros vivimos dentro del horizonte del mundo actual. El trabajo del estudio bíblico (así como el de enseñar y predicar la Biblia) consiste en vincular esos dos horizontes, tratando de escuchar en el mundo actual lo que Dios quiere decirnos por medio de la palabra que originalmente pronunció en el mundo de la Biblia, tal como está registrada para nosotros en las Escrituras. Por ello, debemos prestar atención a las palabras del escritor original y al contexto en el que fueron dichas y escritas.

Una vez más, este es el enfoque de sentido común con el que leemos cualquier escrito. Damos por sentado que la mejor manera de comprender cualquier comunicación escrita es preguntándonos *qué quiso decir el escritor original.* Comience con la misma premisa al leer los textos bíblicos.

> Antes de que haya entendido lo mejor posible lo que quiso decir para ellos, allá y entonces, no se pregunte qué significa este texto para usted ahora.

¡La **observación** es su recurso más valioso! ¡Lo único que necesita son sus ojos, su cerebro y algunas buenas preguntas!

Busque el sentido natural

En primer lugar busque el sentido obvio y sencillo. Dé por sentado que el escritor quiso decir lo que dijo, y que su intención fue decirlo claramente. No piense que el texto está lleno de mensajes codificados y sentidos ocultos. Por supuesto, es verdad que los textos pueden tener diferentes niveles de significados, y a veces es posible que resulten enriquecidos por acontecimientos posteriores (por ejemplo, el Nuevo Testamento en ocasiones descubre, a la luz de Cristo, un significado más rico en los textos del Antiguo Testamento); pero el punto de partida fundamental para descubrir el significado de cualquier texto es averiguar lo mejor que podamos **qué quiso decir el escritor original.**

Mirar el contexto

Nos hemos ocupado de este asunto en la primera parte del capítulo. Tenga presente sus respuestas a preguntas como las siguientes: ¿Quién escribió este texto? ¿A quién o a quiénes? ¿Cuándo? ¿Por qué? ¿Con qué forma? ¿En qué circunstancias?

Mire los párrafos

Busque los bloques pequeños naturales en el texto, en los cuales se presenta o desarrolla un solo concepto. Quizás la división en párrafos que presentan algunas traducciones de la Biblia resulte de ayuda, pero no se sienta atado a seguirlas. Es una buena idea trabajar usted mismo con el texto y decidir cómo organizaría *usted* los párrafos, conforme al flujo de pensamientos en el pasaje completo.

Es útil imprimir o escribir en una hoja el pasaje completo que está estudiando, con abundante espacio entre líneas y en los márgenes. De esa manera podrá mirarlo de una manera fresca, en lugar de observarlo en la página que le es familiar en su Biblia. Además, podrá trabajar sobre el texto agregando notas, subrayados, flechas, resaltados en color, etcétera.

Una vez que haya escrito o impreso el texto, busque lo que le parezca son las unidades más naturales de sentido: los párrafos naturales. ¿Dónde comienza y termina un concepto, y dónde comienza otro? ¿Cuál es el flujo de sentido y significado a lo largo de estos párrafos?

> Continúe preguntándose:
> **¿Cuál es la idea aquí?** ¿Qué se dice y por qué?
> ¿De qué está *hablando* el escritor (el tema)?
> ¿Qué está *diciendo* el escritor sobre aquello de lo cual
> está hablando (el concepto específico)?

A medida que se identifican los diferentes párrafos o separaciones naturales en el texto, es de mucha ayuda escribir resúmenes y comentarios breves con nuestras propias palabras sobre el *contenido* y el *propósito* de cada párrafo. Puede ser útil iniciarlos de la siguiente manera: "El punto que Pablo (o Isaías, o el salmista) concretamente comunicaba aquí es…".

Al enumerar el contenido resumido de cada párrafo, está elaborando una especie de radiografía del texto. Está observando la estructura y el formato interior, algo así como ver los huesos del esqueleto en el interior del cuerpo humano. No está simplemente mirando la superficie externa de un pasaje amplio, sino metiéndose dentro de él y dividiéndolo en sus principales componentes estructurales.

A veces este proceso se denomina "hacer un bosquejo". Es un ejercicio muy provechoso para profundizar su propia comprensión de un pasaje. Es todavía más útil cuando llega el momento de decidir cómo explicar, enseñar o predicar a partir de ese pasaje.

Mirar las oraciones

Observe la estructura, la forma, la gramática y la sintaxis de cada oración (es decir, la manera en que se encuentran vinculadas, cuáles palabras van con cuáles). ¿Cuál es el tema de cada oración? ¿Cuál es la idea principal en cada oración y cuáles son los conceptos subordinados (si los hubiera)?

La mejor manera de hacerlo es buscar los **verbos** y observar cómo se vinculan entre sí. Los verbos son palabras de acción, y el significado dinámico de las oraciones y de los grupos de oraciones depende de ellos. Averigüe cuáles son los *verbos principales* en su pasaje, y quién o qué es el *sujeto principal* de esos verbos. Esto le mostrará claramente sobre quién o sobre qué está hablando el pasaje.

Una manera conveniente de analizar una oración o varias oraciones es colocar el sujeto y el verbo principal a la izquierda y luego ubicar las cláusulas subordinadas con más margen hacia la derecha. De esa manera usted podrá ver la estructura principal del pasaje, con lo que se desprende desde la izquierda. Puede reconocer el flujo de pensamiento de manera visual y más clara. Por ejemplo, a continuación mostramos cómo se podría bosquejar el texto de Efesios 2.11–13. Las frases en negrita a la izquierda muestran el punto principal, que puede leerse como una sola oración. Las demás frases con mayor sangría hacia la derecha son cláusulas secundarias o explicativas que desarrollan el concepto principal:

Por lo tanto,
> **recuerden ustedes**
>> los gentiles de nacimiento
>> —los que son llamados «incircuncisos»
>> por aquellos que se llaman «de la circuncisión»,
>> la cual se hace en el cuerpo por mano humana—,
>
> **recuerden que**
> **en ese entonces ustedes estaban separados de Cristo,**
>> excluidos de la ciudadanía de Israel
>> y ajenos a los pactos de la promesa,
>> sin esperanza
>> y sin Dios en el mundo.
>
> **Pero ahora en Cristo Jesús, a ustedes**
>> que antes estaban lejos,
>
> **Dios los ha acercado**
>> mediante la sangre de Cristo.

(Ef 2.11–13)

Sea que haga esto o no, debería continuar haciéndose las siguientes preguntas sobre cualquier texto que esté leyendo.

1. **¿Sobre qué está *hablando* el autor?**
    Ese es el tema o asunto. La respuesta podría ser muy general; por ejemplo, "El amor de Dios" o "La vida de David" o (como en el texto más arriba) "Los gentiles".

2. **¿Qué *dice* el autor sobre aquello de lo cual se encuentra hablando?**
    ¿Qué concepto está desarrollando? Aquí la respuesta debe ser más específica: por ejemplo, "El amor de Dios en la Creación se derrama sobre todas las personas, de modo que nosotros

deberíamos amar de esa manera". O "Cómo confió David en Dios aun cuando se enfrentó con un enemigo atemorizante". O (al igual que en el texto más arriba) "De qué manera transformó Dios la situación de los gentiles que estaban lejos de él, a fin de acercarlos por medio de la muerte de Cristo".

Al estudiar el pasaje, observe qué clase de oración es cada una. Hay muchas y diferentes maneras de hablar y escribir. Por ejemplo:

- ➤ *Afirmación*: "Dios, en el principio, creó los cielos y la tierra".
- ➤ *Mandato*: "No robes".
- ➤ *Pregunta*: "¿Dónde estás?", "¿Dónde está tu hermano?".
- ➤ *Exclamación*: "¡Cuánto amo yo tu ley!".
- ➤ *Deseo o esperanza*: "El Señor te bendiga y te guarde…".
- ➤ *Emoción*: "¡Jerusalén, Jerusalén…! ¡Cuántas veces…!".

¿Qué *comunica* el autor con esta forma de lenguaje? ¿Qué se propone decir?

A veces, por ejemplo, un escritor o un hablante puede usar una *pregunta*, pero en realidad está haciendo una afirmación enfática (a esto se le llama *pregunta retórica*). Por ejemplo, el padre podría decirle a un niño desobediente: "¿Piensas que soy estúpido? ¿Te parece que estoy ciego?". El padre no está pidiendo afirmación ni esperando una respuesta. Está haciendo una afirmación muy fuerte: "*No* soy estúpido. *Sé* muy bien lo que hiciste".

De modo que, si encuentra preguntas en la Biblia, pregúntese qué quiso decir el escritor o el hablante. ¿Es una pregunta real que busca información? ¿O es una pregunta retórica que enfatiza un concepto? Los profetas usaban preguntas retóricas con frecuencia para expresar sus ideas. Lea, por ejemplo, Jeremías 2.5, 11 y Deuteronomio 4.33–34. En cada caso, el escritor usa preguntas. Pero ¿qué mensaje comunica? Reescriba estos pasajes como afirmación (es decir, sin las preguntas que aparecen en el texto).

También tome en cuenta:

- ✳ humor;
- ✳ sarcasmo;

* exageración;
* ironía;
* contraste;
* emociones fuertes: ira, amor, temor, etc.

Procure *sentir el flujo* de una oración a la siguiente. Busque las *conexiones lógicas*: de qué manera una cosa conduce a la otra, o continúa de la anterior. Los ejemplos que siguen a continuación han sido tomados de las cartas de Pablo, pero es posible encontrar las mismas características, por ejemplo, en los Profetas o en los Salmos.

- ➤ ¿Avanza la secuencia de oraciones hacia un **clímax** (de manera que el concepto clave aparece al final)? Por ejemplo, Romanos 10.12–15.

- ➤ ¿O hay un **concepto clave inicial** al comienzo y luego se construye un argumento lógico a partir de allí? Por ejemplo, Colosenses 3.

- ➤ Si la oración comienza con **Por lo tanto**, debe preguntarse: "¿Por qué razón?". Es decir, mirar antes y observar lo que el escritor dijo justo antes, lo cual conduce a esta conclusión. Por ejemplo, Romanos 12.

- ➤ Si una oración empieza con **"Porque"**, debe preguntarse "¿Por qué?". Es decir, mirar antes y observar lo que el escritor dijo justo antes, lo cual conduce a esta conclusión y explica la causa o razón que ahora presenta. Por ejemplo, Efesios 2.14.

- ➤ ¿Se **contrastan** cosas entre sí? ¿Qué propósito tiene el contraste? Por ejemplo, Efesios 2.11–13.

- ➤ ¿Se **comparan** cosas entre sí? ¿Qué propósito tiene el contraste? Por ejemplo, Efesios 2.19–21.

- ➤ ¿Expresa la oración

  * un propósito o una intención ("de modo que", "a fin de que");
  * un resultado ("por esta razón", "por consiguiente");
  * una condición ("si", "a menos que");
  * una concesión ("aunque", "a pesar de")?

- ➤ ¿Hay un elemento sorpresa, en el que una oración produce un impacto al seguir a la anterior (con frecuencia esto se indica con *pero* o *aun* o *sin embargo*)? ¿Qué efecto se espera que tenga la sorpresa en el lector? Por ejemplo, Salmo 22.3, 9; Deuteronomio 10.15–18; Efesios 2.4.

➢ Observe las pequeñas palabras **conectoras** que marcan por completo el sentido de un pasaje (si, cuando, pero, entonces, sin embargo, por lo tanto, aun, etcétera). Esté atento a la presencia de estas palabras y preste cuidadosa atención a la manera en que las usa el escritor para dejar en claro lo que se propone comunicar.

➢ En el párrafo, ¿cuál oración es la **verdaderamente importante**? ¿Por qué? ¿Qué idea enfatiza?

➢ ¿Es esa oración o pasaje una **cita** de otra sección de la Biblia? Si es así, busque ese otro pasaje de donde proviene la cita y observe de qué manera lo ayuda a comprender de qué está hablando el escritor.

Continúe haciéndose las preguntas: ¿Cuál es la idea aquí? ¿Qué quiso decir el autor cuando escribió esto?

Observe las palabras y las frases

Obviamente, si en el pasaje hay palabras cuyo significado no conoce, tendrá que averiguarlo. Puede utilizar un diccionario común o un glosario bíblico, si lo tuviera. ¡Pero sea cuidadoso!

> **Las palabras significan**
> **lo que significan en el contexto en el que se usan.**
> No es su etimología (es decir, sus raíces, orígenes e historia)
> la que gobierna el significado de las palabras, sino el contexto y el uso.

Los manuales de estudio de palabras de la Biblia son útiles y enriquecedores, pero sea muy cuidadoso para no asumir que cada mención de una palabra particular carga todo un diccionario de significados. Es un error frecuente leer una oración (de Pablo, por ejemplo), luego buscar alguna de las grandes palabras que utiliza, descubrir que esa palabra puede tener numerosos sentidos diferentes en muchos lugares atractivos en el resto de la Biblia, y entonces predicar sobre ese texto de Pablo como si hubiera estado pensando en todos esos sentidos a la vez. No, la palabra solo significa lo que Pablo quiso decir en el contexto en que la usó.

Debemos averiguar lo que las palabras significan en el contexto en que son usadas, en lugar de suponer que todos los significados posibles de una palabra pueden aplicarse al mismo tiempo.

Sea también cuidadoso respecto al intento de explicar una palabra a partir de sus partes componentes. Esto puede ayudar, pero a veces no tiene ninguna relevancia. Pruebe, por ejemplo, explicar el significado de "pancarta" separando la palabra en dos partes.

Busque **palabras clave** o frases y palabras repetidas, ya que con frecuencia estas serán la clave sobre lo que trata el pasaje, y sobre lo que el escritor quiere que prestemos atención. Por ejemplo, Efesios 2.14–18 no es un pasaje fácil de captar, pero cuando uno observa que Pablo utiliza tres veces la palabra *paz* (vv. 14, 15, 17), por lo menos queda claro que el concepto principal de Pablo se refiere a la manera en que la muerte de Jesús hizo posible la paz entre judíos y gentiles, y entre ambos y Dios.

Observe las imágenes, las metáforas y las descripciones verbales

Uno de los dones más grande que Dios ha dado a los seres humanos es nuestra imaginación. Somos capaces de trascendernos con el pensamiento. Es decir, podemos imaginar todo tipo de situaciones alternativas a aquella en la cual nos encontramos. Podemos imaginar mundos nuevos. Podemos crear vínculos en nuestra mente entre una cosa (por ejemplo, nuestro amor hacia otra persona) y algo completamente diferente (la manera en que dos plantas trepadoras pueden entrelazarse). Entonces usamos la segunda expresión como figura o metáfora de la primera. "Nuestros corazones se encuentran entrelazados", decimos. Ésta es una imagen o una metáfora. Es evidente que no es literal. También podemos observar características de otra persona (que es honrada y confiable) y vincularlas en nuestra mente con algo completamente diferente en el mundo natural (una gran montaña); entonces decimos "Juan es una roca sólida". ¡Una vez más, esto es una metáfora! ¡No es literal!

La Biblia está llena de ese tipo de imágenes pictóricas y metafóricas. Permítanle hacer su trabajo. No la reduzca toda a "declaraciones doctrinales". La Palabra de Dios también apela a nuestra imaginación. Los textos poéticos en la Biblia (especialmente los Salmos, los Libros Proféticos y los Escritos de Sabiduría) usan de manera abundante imágenes y metáforas —a veces parece que lo hicieran en cada versículo—. Pero también Jesús hizo buen uso de esta manera de hablar, y del mismo modo, Pablo elaboró algunas metáforas muy poderosas, de las cuales quizás la más conocida y difundida sea la manera en que habla de la iglesia como *cuerpo de Cristo*.

En una ocasión, David quería expresar que Dios lo había protegido y provisto de lo necesario para satisfacer todas sus necesidades. Pues bien, podría haberlo dicho simplemente de esa manera: "Dios me protegió y proveyó lo necesario para satisfacer todas mis necesidades". Pero en lugar de ello acuñó lo que posiblemente sea la metáfora más famosa en la Biblia: *El Señor es mi pastor* (Sal 23.1). Apenas lo dice, nuestra mente se traslada a los campos a pensar en el mundo de las ovejas y sus pastores. La metáfora se dispara hacia varios vínculos sugerentes, y trabaja mucho más en nuestra mente de lo que lo haría una simple afirmación de una verdad literal.

De hecho, la mayor parte de lo que pensamos y hablamos acerca de cuestiones importantes lo hacemos con metáforas. Una sola figura puede comunicar con mucho más poder que una enseñanza abundante.

Jeremías acusó a los israelitas de dos pecados (Jer 2.13). En realidad, los pecados que tenía en mente eran la apostasía (abandonar a Dios) y la idolatría (ir tras otros dioses). Podría haber dicho simplemente eso. En cambio, describió una figura gráfica e inolvidable. Dijo que eran como un agricultor que tiene en su campo el valioso recurso de un manantial continuo de agua (todo el riego que necesitará jamás), pero lo bloquea y cava en la roca una enorme cisterna subterránea (un esfuerzo demoledor) con el fin de recoger agua de lluvia. Pero cuando llega la lluvia, resulta que la cisterna tiene una grieta y no retiene el agua, de modo que todo el esfuerzo se desperdicia. ¡Qué estupidez! ¡Qué desperdicio! La metáfora permite que la acusación de Jeremías resulte mucho más vívida y poderosa de lo que hubieran podido lograr dos términos teológicos.

También en esto, igual que con las palabras, el sentido de las metáforas está gobernado por su contexto. No todos los matices de la metáfora *fuente* son relevantes al mismo tiempo. Por ejemplo, *roca/piedra* puede ser en algunos casos figura de estabilidad y confiabilidad (p. ej., Dt 32.4, Sal 31.2-3), y en otros de terquedad (p. ej., Ez 36.26).

Se aplica el mismo principio ya mencionado: cuando el escritor usó esta metáfora o esta descripción verbal, ¿qué significado se proponía expresar con ella? ¿De qué manera la metáfora enriquece o *colorea* el concepto que elabora?

Conclusión

En este capítulo, hemos estado *mirando hacia abajo*, manteniendo los ojos sobre el texto en sí mismo, en tanto obra de un escritor o escritores humanos. Hemos visto que debemos entender lo que escribió el autor en el contexto en que fue escrito. Es necesario considerar el tipo de literatura que estamos leyendo, y leerla de manera apropiada. Debemos pensar acerca de la situación histórica y social en la cual se dijeron o escribieron esas palabras. Y se necesita tener en cuenta si la manera en que el texto fue ordenado por los editores finales contribuye de alguna manera a nuestra comprensión de él.

Entonces debemos dedicar tiempo a trabajar en nuestra exégesis del pasaje, esforzándonos por entender lo que el escritor procuraba comunicar mediante estas palabras. Cuanto más tiempo dediquemos a esta tarea, tanto más podremos ver y entender del texto. ¡Nunca será un tiempo desperdiciado!

Sugerencias para el estudio

Reproduzca en una página la Figura 2 y haga varias fotocopias. Úselas como herramientas de estudio de por lo menos tres de los siguientes pasajes, aplicando las indicaciones sugeridas en cada sección de este capítulo. Puede hacerlo a solas, pero también es un ejercicio útil para realizarlo en grupo.

1. Éxodo 19.1–6
2. Deuteronomio 4.32–40
3. Nehemías 5
4. Salmo 96
5. Oseas 11.1–11
6. Marcos 7
7. Efesios 2.11–22

Capítulo 3

Entender la Biblia como un todo

Christopher J. H. Wright

Hasta aquí, entonces, en nuestro esfuerzo por entender la Biblia, hemos *mirado hacia arriba,* a fin de aceptar y recibirla como Palabra de Dios; luego hemos *mirado hacia abajo,* con el objetivo de estudiarla cuidadosamente como palabras de escritores humanos en su contexto particular. Nuestro próximo paso es reconocer que cualquier pasaje individual en la Biblia se presenta en el marco del canon completo de las Escrituras. Por una parte, nuestra comprensión de ese pasaje particular se afectará por el lugar que esa porción ocupa en la Biblia como un todo y por la manera en que lo leemos a la luz del resto de las Escrituras. Por otro lado, ese particular pasaje hará su propia contribución, grande o pequeña, al mensaje global de la Biblia. El resto de ella influirá en nuestro entendimiento de un texto individual. Y nuestro entendimiento de un texto individual influirá en nuestra comprensión del resto de la Biblia.

Es coherente, entonces, que tomemos las Escrituras como un todo, y que captemos apropiadamente su grandiosa y extensa revelación. Además, al estudiar un pasaje en particular, debemos *mirar hacia atrás* y *hacia adelante* en el contexto del canon bíblico, para ver qué texto conduce hasta éste, y qué sigue después de él. A medida que hagamos esto reiteradamente con muchos textos bíblicos, estaremos desarrollando una cosmovisión bíblica. Es decir, las Escrituras como un todo se convertirá en la lente a través de la cual interpretaremos la vida, los acontecimientos y las ideas. No estaremos simplemente pensando *acerca* de la Biblia, sino pensando *con* la Biblia. Éstos son los temas que exploraremos en este capítulo.

Podemos tomar al apóstol Pablo como nuestro modelo para este tipo de enfoque sistemático. Al parecer, el tiempo más prolongado que pasó en alguna iglesia en particular fue en Éfeso. Leemos que allí enseñaba a diario en una sala de conferencias alquilada, además de pastorear a las iglesias en la ciudad y visitar en los hogares. En Hechos 20 describe esos tres años de ministerio de una doble manera interesante durante su despedida de los ancianos de las iglesias de Éfeso.

En primer lugar, en el versículo 20 Pablo dice: *Ustedes saben que no he vacilado en predicarles nada que les fuera de provecho, sino que les he enseñado públicamente y en las casas.*

Es decir que el ministerio de enseñanza y predicación de Pablo tenía relevancia local, contextual: *que les fuera de provecho*. Enfocaba las necesidades reales y las preguntas de la gente. El dato de que *predicaba* y *enseñaba* significa casi con certeza que usaba las Escrituras (lo que ahora llamamos el Antiguo Testamento). Estaba aplicando las Escrituras a los asuntos que los creyentes efesios enfrentaban en su época. Hacía algo similar a lo que hoy describiríamos como predicación temática.

Por otro lado, en el versículo 27, Pablo agrega: [...] *sin vacilar les he proclamado todo el propósito de Dios.* Cuando Pablo utiliza la expresión "todo el propósito" o "la voluntad" o "el consejo de Dios", se refiere a la totalidad de la revelación de Dios en las Escrituras. Sin duda, fue del Antiguo Testamento de donde Pablo obtuvo su comprensión de la misión y el propósito de Dios en la creación y la historia de Israel. Las Escrituras revelaban la extraordinaria secuencia de promesas de pacto por medio de las cuales Dios había declarado su compromiso de bendecir a Israel, a las naciones y al mundo. Es decir que Pablo había estado enseñando sistemáticamente a estos nuevos creyentes el panorama completo de la enseñanza bíblica —la Ley, la historia, los Profetas, los Salmos, los escritos de Sabiduría—, que en conjunto formaban "todo el consejo de Dios".

Éste debe ser nuestro objetivo también. Como Pablo, debemos usar la Biblia de una manera que sea relevante a las necesidades reales de la gente. Y como Pablo también, debemos utilizar toda la Biblia para hacerlo. Nuestra tarea es vincular:

    * todas las necesidades de nuestra gente, con

    * toda la Palabra de Dios.

➤ *No* podemos ser relevantes a las necesidades de la gente sin referirnos a la Biblia.

➤ *No* podemos enseñar la Biblia sin ser relevantes a las necesidades de la gente.

Captar la unidad global de la Biblia

En el capítulo 1 consideramos la unidad de la Biblia. Destacamos que ésta es una de las implicancias de reconocerla como la Palabra de Dios, quien es el autor divino de su totalidad. Pero también señalamos que esta unidad es más bien una coherencia global, no uniformidad. La Biblia tiene enorme variedad.

La Biblia no es como un canal, con un solo cuerpo de agua controlado que se mueve mansamente en un canal y enmarcado en una sola dirección. Se parece más a un gran sistema hídrico. Hay muchos afluentes, y muchas curvas y contracurvas en el curso del río. Existen numerosas islas y lagos a lo largo del camino. Hay lugares donde el agua se mantiene en línea recta, profunda y serena; en otros lugares existen grandes rocas y rápidos y mucho ruido; hay cascadas y estanques; existe una enorme distancia entre la fuente del río y su desembocadura, y el agua demora largo tiempo en recorrer esa distancia. Aun así, se trata de un solo sistema hídrico unificado extraordinario y, en última instancia, toda el agua se mueve en la misma dirección, hacia el mar. De la misma manera, con toda su rica variedad, la Biblia tiene una unidad a la cual todas sus partes contribuyen. En última instancia, todo se mueve en la misma dirección: hacia Cristo como su centro y hacia la nueva creación como su fin.

Hay muchas maneras en las que uno podría tratar de expresar el sentido de unidad que hay en la Biblia. Aquí presentaremos algunas. No hay una sola *correcta* o *mejor*. Todas tienen alguna lógica y captan algo de la verdad. Usted podría diseñar su propio esquema. Lo que estos esquemas sugeridos tienen en común es el enfoque central en Jesucristo, quien es el factor unificador de toda interpretación cristiana de la Biblia (como se los mostró Jesús a los dos que iban camino a Emaús).

A continuación, entonces, presentamos algunas maneras en las que se puede percibir la unidad estructural de la Biblia en su conjunto.

Una maravillosa narración universal: desde la creación a la nueva creación

En realidad la Biblia es un relato. Comienza en el comienzo, con la creación, y termina en el final, con la nueva creación. En el intervalo habla acerca del terrible problema causado por el pecado y la rebelión humana (la caída). Luego continúa (en la sección más extensa del total) narrando el relato del acto redentor de Dios en la historia, por medio del cual Dios se ocupa del problema del pecado, redime a la humanidad y restaura toda su creación. Este relato es como una prolongada línea con cuatro secciones principales, que en conjunto constituyen cuatro grandes columnas de la fe bíblica cristiana: la creación, la caída, la redención en la historia, la nueva creación (ver Figura 3 *De la creación a la nueva creación*).

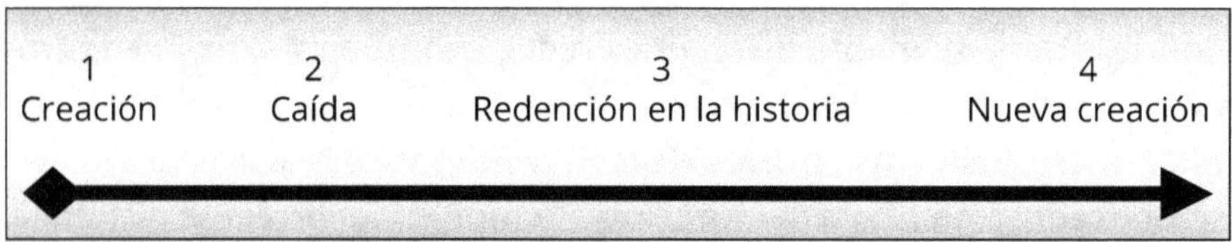

Figura 3: De la creación a la nueva creación.

Esta nítida línea de la historia bíblica, que abarca la unidad global de toda la biblioteca de libros que tenemos en las Escrituras, es otra característica que la distingue del Corán. Porque si bien éste se relaciona con la historia de Mahoma y con los comienzos del islam, no articula una sola y grandiosa narración de manera explícita como lo hace la Biblia.

Es importante tener una comprensión global de esta maravillosa narración bíblica. Necesitamos ubicar cualquier pasaje que estemos estudiando no solo en su contexto literario e histórico inmediato, sino en el flujo general de la Biblia. Tenemos que saber a qué parte de ese flujo pertenece un pasaje en particular, para que podamos entender qué pudo haber significado, a la luz del trato de Dios con su pueblo hasta ese momento. No deberíamos leer la Biblia como si hubiera sido producida toda a la vez y cada personaje en ella supiera todo lo que nosotros sabemos después de haberla leído completa. Dios decidió darnos su Palabra en la historia, y debemos tomar eso en cuenta al analizar cada parte a la luz de la historia total. Hay, además, otras dos razones por las cuales es importante conocer el relato global.

En primer lugar, la historia adquiere sentido para nosotros como cristianos a la luz de Jesús de Nazaret, el Mesías de Israel y el Salvador del mundo. Él es el clímax hacia el cual apunta todo el Antiguo Testamento (como lo muestra Mateo al iniciar su evangelio con la genealogía de Jesús, evocando la narración total del Antiguo Testamento desde Abraham). El Antiguo Testamento relata una historia que Jesús completa. Declara la promesa que Jesús cumple. El Antiguo Testamento es como un gran viaje del que Jesús es el destino. Por supuesto, luego el Nuevo Testamento muestra de qué manera esa historia avanza hacia una comunidad multinacional, expandiéndose continuamente a lo largo de la historia y en la geografía, hasta que la gran misión de Dios para toda la creación quede completa cuando Cristo regrese. Es decir que necesitamos la historia completa de la Biblia a fin de entender a Jesús: su persona, su misión, su vida y su muerte, y su importancia para todas las naciones y toda la creación.

La segunda razón para conocer la historia completa es que constituye el fundamento de nuestra cosmovisión cristiana. Todos los elementos esenciales de lo que creemos como cristianos están tomados de esta grandiosa narración universal. Piense en las principales doctrinas cristianas y verá la coherencia que mantienen entre sí en la línea de esta gran historia: las doctrinas sobre Dios, la creación, la humanidad, el pecado, la salvación, la cristología, la doctrina del Espíritu Santo, la eclesiología, la misión, la escatología. No son solo convicciones filosóficas abstractas. Son declaraciones sintéticas acerca del sentido de los grandes momentos en la historia bíblica. Necesitamos tener una comprensión integrada de nuestra fe, una cosmovisión coherente. Para ello, necesitamos captar la historia bíblica como un todo. Un poco más adelante nos ocuparemos de la importancia de construir una cosmovisión bíblica.

La secuencia de los pactos

Otro modo de percibir la unidad de la Biblia es observar la manera en que la historia se despliega a través de una serie de pactos. En momentos clave, Dios asume una promesa concreta y requiere una respuesta apropiada de aquellos con quienes hace el pacto. Estos pactos también pueden ubicarse a lo largo de una línea (ver Figura 4).

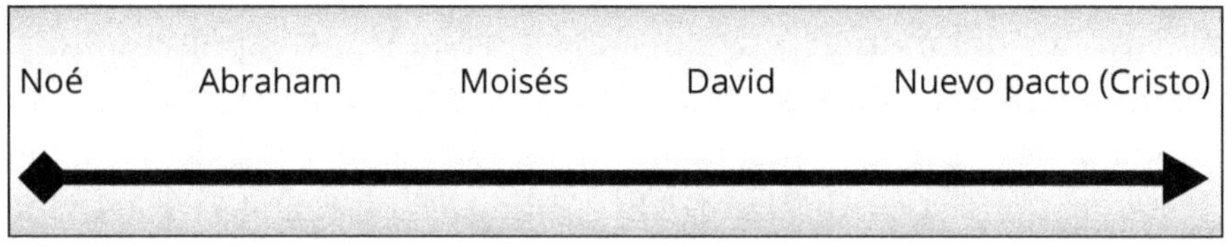

Figura 4: La secuencia de los pactos.

La sucesión de pactos registrados en la Biblia es como una serie de señales indicadoras en la historia que se va desenvolviendo con la respuesta salvadora de Dios a la grave condición de la humanidad. Cada uno de ellos apunta hacia el siguiente, y todos en conjunto apuntan hacia el propósito salvador final de Dios para la creación y la humanidad. De hecho, trazar la secuencia de los principales pactos en la Biblia es una manera útil de percibirla como un todo, es decir, ver el argumento consistente que la recorre de principio a fin. Nos proponemos, por consiguiente, repasarlo brevemente en forma sucesiva. Elaboré más minuciosamente esta secuencia en mi libro *Knowing Jesus through the Old Testament* (*Conociendo a Jesús a través del Antiguo Testamento*). Para un estudio más detallado del significado misional de los pactos, ver Wright: *The Mission of God* (*La Misión de Dios*), capítulo 11.

Noé:

> *Cuando el* Señor *percibió el grato aroma, se dijo a sí mismo:*
> *"Aunque las intenciones del ser humano son perversas desde*
> *su juventud, nunca más volveré a maldecir la tierra por*

culpa suya. Tampoco volveré a destruir a todos los seres vivientes, como acabo de hacerlo."

Mientras la tierra exista,
habrá siembra y cosecha,
frío y calor,
verano e invierno,
y días y noches".

(Gn 8.21–22)

Dios les habló otra vez a Noé y a sus hijos, y les dijo: "Yo establezco mi pacto con ustedes, con sus descendientes, y con todos los seres vivientes que están con ustedes, es decir, con todos los seres vivientes de la tierra que salieron del arca: las aves, y los animales domésticos y salvajes. Éste es mi pacto con ustedes: Nunca más serán exterminados los seres humanos por un diluvio; nunca más habrá un diluvio que destruya la tierra".

Y Dios añadió: "Ésta es la señal del pacto que establezco para siempre con ustedes y con todos los seres vivientes que los acompañan: He colocado mi arco iris en las nubes, el cual servirá como señal de mi pacto con la tierra. Cuando yo cubra la tierra de nubes, y en ellas aparezca el arco iris, me acordaré del pacto que he establecido con ustedes y con todos los seres vivientes. Nunca más las aguas se convertirán en un diluvio para destruir a todos los mortales. Cada vez que aparezca el arco iris entre las nubes, yo lo veré y me acordaré del pacto que establecí para siempre con todos los seres vivientes que hay sobre la tierra". Dios concluyó diciéndole a Noé: "Éste es el pacto que establezco con todos los seres vivientes que hay en la tierra" (Gn 9.8–17).

El pacto con Noé, registrado en Génesis 8.20–9.17, garantiza la continuidad de la vida en la tierra; provee la plataforma universal sobre la cual hemos podido vivir, una raza humana pecadora en un planeta maldecido, con cierta seguridad de supervivencia. Es el más amplio de todos los pactos, ya que en él Dios hace una promesa en relación con *la tierra como un todo*, no solo con los seres humanos. Este pacto se hizo después del diluvio, un acontecimiento que incluyó a la vez el juicio de Dios sobre un mundo pecador y la salvación de Dios para Noé y su familia.

Es decir que el pacto con Noé descansa, igual que todos los demás pactos, en la gracia redentora de Dios y en su firme voluntad de bendecir. Apunta hacia un futuro de bienestar final para la tierra y la humanidad.

Abraham:

El pacto con Abraham es el punto de partida de la historia de salvación en la Biblia. Inicia la comunidad de bendición, de aquellos que serán bendecidos en su relación con Dios, y a la vez serán el medio por el cual todas las naciones entrarán en la experiencia de la bendición de Dios. Se registra por primera vez en Génesis 12.1–3, pero también encontramos expresiones renovadas y ampliatorias en los capítulos 15, 17 y 22 de Génesis.

Abraham es el padre de la comunidad del pueblo de Dios, el antepasado biológico de los israelitas en el Antiguo Testamento, y el antepasado espiritual de todos aquellos que en toda nación sean salvos por medio de Cristo. Como escribió Pablo, explicando la unidad esencial de todos aquellos que comparten la fe en Abraham:

> *Por eso la promesa viene por la fe, a fin de que por la gracia quede garantizada para toda la descendencia de Abraham; esta promesa no es sólo para los que son de la ley sino para los que son también de la fe de Abraham, quien es el padre que tenemos en común delante de Dios, tal como está escrito: "Te he confirmado como padre de muchas naciones". Así que Abraham creyó en el Dios que da vida a los muertos y que llama las cosas que no son como si ya existieran (Ro 4.16–17).*

El elemento de universalidad (*todas las naciones del mundo serán bendecidas por medio de tu descendencia*) es central en el pacto abrahámico. Abraham es el comienzo de la historia de la respuesta redentora de Dios al problema que comenzó con Adán: el pecado y la rebelión humana. Debido a que se trata de un problema universal (que afecta a todas la personas en todas las naciones), así también la promesa pactual de Dios el Padre tiene un alcance universal. Gente de todas las naciones recibirán la bendición por medio de los actos de Dios en Abraham (y, por supuesto, finalmente en Cristo). En este sentido, el pacto abrahámico es fundacional tanto para nuestra eclesiología como para nuestra misión.

Moisés:

El pacto por medio de Moisés en el Sinaí ligó a la comunidad nacional del Israel del Antiguo Testamento con Yavé su Dios, en los albores del poderoso acto salvífico de Dios, el éxodo. Se deja muy en claro que esta acción salvadora se sostenía sobre el fundamento del pacto con Abraham. Dios actuó para liberar a Israel de Egipto porque *se acordó* de la promesa que le había hecho a Abraham (Éx 2.24; 3.6, 15; 6.2–8). Esto no significa que lo hubiera olvidado por un tiempo. Más bien quiere decir que había llegado el momento de que Dios interviniera conforme a su promesa.

Por lo tanto, no debemos pensar en el pacto del Sinaí como separado del pacto con Abraham, ni superior a él. El Sinaí fue la consolidación de lo que Dios había prometido a Abraham, ahora que una parte de aquella promesa se había cumplido —a saber, el hecho de que sus descendientes habían llegado a ser una gran nación (Éx 1.7)— . La misión de Dios (su propósito último) se mantuvo igual: bendecir a las naciones por medio de ese pueblo descendiente de Abraham. Pero, como pueblo, los israelitas también debían responderle del modo en que lo había hecho Abraham: en fe y obediencia. Ésa era la esencia de la relación en el pacto sinaítico.

El preámbulo de la entrega de la Ley y del pacto en el Sinaí establece claramente tanto su origen en la obra salvadora de Dios mismo (*yo te saqué de Egipto*) como su propósito en cuanto al papel de Israel en medio de todas las naciones de la tierra que también pertenecen a Dios (*toda la tierra me pertenece*).

> *Ustedes son testigos de lo que hice con Egipto,*
> *y de que los he traído hacia mí*
> *como sobre alas de águila.*

> *Si ahora ustedes me son del todo obedientes,*
> *y cumplen mi pacto,*
> *serán mi propiedad exclusiva*
> *entre todas las naciones.*
> *Aunque toda la tierra me pertenece,*
> *ustedes serán para mí un reino de sacerdotes*
> *y una nación santa.*
>
> *Comunícales todo esto a los israelitas.*
>
> (Éx 19.4–6)

El pacto del Sinaí incluía la Ley de Dios. Pero eso también fue un regalo de gracia, destinado a formar a Israel como el pueblo santo y separado que debían ser en tanto "sacerdocio" de Dios en medio de las naciones. La Ley del pacto llega *después* del éxodo. Es decir, tenemos 18 capítulos de salvación en el Éxodo antes de encontrar un solo capítulo de la Ley. Solamente después del relato de la salvación llegamos al Sinaí (capítulo 19), a los Diez Mandamientos (capítulo 20) y al establecimiento del pacto (capítulo 24).

El pacto del Sinaí, como todos los pactos bíblicos, está fundado en la *gracia* de Dios y motivado por su *misión*. Es decir, mira *hacia atrás* a lo que Dios ya había hecho por Israel en virtud de su amor y de su gracia al liberarlos de su esclavitud; y mira hacia *adelante*, al propósito de Dios en la historia por medio de Israel: hacerlos instrumentos de su bendición para todas las naciones. La Ley se vincula con ambas perspectivas. Por lo tanto, no debemos interpretar las leyes del Antiguo Testamento de manera separada del contexto narrativo y teológico en el que están ubicadas. No fueron dadas como un medio para que Israel consiguiera o mereciera la salvación de Dios. Tampoco fueron entregadas como reglas atemporales que debieran imponerse universalmente con un literalismo rígido. Más bien, fueron establecidas para personas a quienes Dios ya había redimido, con el fin de capacitarlas para que, en su particular contexto cultural e histórico, respondieran correctamente a la gracia salvadora de Dios y vivieran de una manera que mostrara el carácter y la voluntad de Dios ante las naciones.

David:

La institución de la monarquía en Israel fue defectuosa a causa de las fallas humanas y las motivaciones erróneas. Pero Dios, como tantas veces, toma las iniciativas humanas imperfectas y las incorpora en su propósito soberano y salvador. Así, Dios hizo su pacto con David (2S 7).

> *Pues bien, dile a mi siervo David que así dice el Señor Todopoderoso: "Yo te saqué del redil para que, en vez de cuidar ovejas, gobernaras a mi pueblo Israel. Yo he estado contigo por dondequiera que has ido, y por ti he aniquilado a todos tus enemigos. Y ahora voy a hacerte tan famoso como los más grandes de la tierra. También voy a designar un lugar para mi pueblo Israel, y allí los plantaré para que puedan vivir sin sobresaltos. Sus malvados enemigos no volverán a humillarlos como lo han hecho desde el principio, desde el día en que nombré gobernantes sobre mi pueblo Israel. Y a ti te daré descanso de todos tus enemigos".*
>
> *Pero ahora el Señor te hace saber que será él quien te construya una casa. "Cuando tu vida llegue a su fin y vayas a descansar entre tus antepasados, yo pondré en el trono a uno de tus propios descendientes, y afirmaré su reino. Será él quien construya una casa en mi honor, y yo afirmaré su trono real para siempre. Yo seré su padre, y él será mi hijo. Así que, cuando haga lo malo, lo castigaré con varas y azotes, como lo haría un padre. Sin embargo, no le negaré mi amor, como se lo negué a Saúl, a quien abandoné para abrirte paso. Tu casa y tu reino durarán para siempre delante de mí; tu trono quedará establecido para siempre"* (2S 7.8–16).

En realidad la palabra "pacto" no aparece en 2 Samuel 7, pero la promesa que Dios hace allí se entiende nítidamente como un pacto en otro lugar: *Dios ha establecido mi casa; ha hecho conmigo un pacto eterno, bien reglamentado y seguro* (2S 23.5). Ver también Salmos 89.3.

Una vez más observamos que la iniciativa viene de Dios, y que fue un acto de su gracia y su amor. David solo podía responder con asombro y gratitud.

De alguna manera, el pacto con David hace eco del pacto con Abraham. Igual que este:

➤ El pacto davídico se hace con un individuo, pero tiene consecuencias para todos sus descendientes.
➤ Dios promete engrandecer el nombre de David.
➤ Dios también le promete un hijo por medio del cual continuará la promesa.

Más allá de eso, el pacto que hizo Dios con David eventualmente se convertirá en el fundamento de la *esperanza mesiánica* en el Antiguo Testamento. Esta esperanza era la expectativa de que Dios levantaría un verdadero Hijo de David, quien salvaría al pueblo de Dios de todos sus enemigos, y luego gobernaría ese pueblo de Dios en perfecta paz y justicia para siempre. Por supuesto, el Nuevo Testamento reconoce el cumplimiento supremo del pacto davídico en Jesús.

Nuevo pacto:

La prolongada línea de reyes en Judá y en Israel fue de mal a peor (con unas pocas excepciones notables, tales como Ezequías y Josías). El pueblo cayó en abismos cada vez más profundos de rebelión contra Dios y abandono de su Ley y del pacto. Finalmente, Dios declaró que las amenazas inherentes al pacto debían cumplirse y en consecuencia envió a Israel en castigo al exilio. Jerusalén fue destruida por Nabucodonosor y el pueblo fue llevado cautivo a Babilonia.

Pero la promesa a Abraham no quedó en el olvido. Todavía había esperanza después del juicio, en virtud de la fidelidad de Dios a su propia misión. Esto era lo que muchos profetas habían anunciado antes del exilio, y fue confirmado por los profetas en el tiempo de éste.

Así surgió la visión de un nuevo pacto, el cual no fue concebido como algo radicalmente diferente del pacto original, sino que prometía un disfrute más completo y perfecto de la relación entre Dios y su pueblo. La expresión más clara del concepto se encuentra en Jeremías 31.31–34, que nos es muy familiar porque se cita dos veces en la Carta a los Hebreos. Jeremías lo formula con las precisas palabras "nuevo pacto".

> *Vienen días —afirma el* Señor *— en que haré un nuevo pacto con el pueblo de Israel y con la tribu de Judá. No será un pacto como el que hice con sus antepasados el día en que los tomé de la mano y los saqué de Egipto, ya que ellos lo quebrantaron a pesar de que yo era su esposo —afirma el* Señor*—.*
>
> *Éste es el pacto que después de aquel tiempo haré con el pueblo de Israel —afirma el* Señor*—: Pondré mi ley en su mente, y la escribiré en su corazón. Yo seré su Dios, y ellos serán mi pueblo. Ya no tendrá nadie que enseñar a su prójimo, ni dirá nadie a su hermano: "¡Conoce al* Señor*!", porque todos, desde el más pequeño hasta el más grande, me conocerán —afirma el* Señor*—. Yo les perdonaré su iniquidad, y nunca más me acordaré de sus pecados* (Jer 31.31–34).

El concepto y la promesa de un nuevo pacto entre Dios y su pueblo se encuentran en varios otros lugares en los Profetas.

En los capítulos 34–37, Ezequiel avizora la restauración futura y el restablecimiento de Israel en un lenguaje que hace eco de los pactos con Noé, con David, y en el Sinaí (p. ej., 34.23–31). Todo el sabor de la visión de Ezequiel acerca del futuro es intensamente pactual.

El libro de Isaías usa un lenguaje de pacto para expresar una esperanza futura de un modo universalizado, que incluye a las naciones. En Isaías 42.6 y 49.6, la misión del siervo del Señor es, entre otras cosas, ser "pacto con ellos", lo cual seguramente debe entenderse a través del paralelismo con "luz para las naciones". Isaías 55.3–5 hace referencia al pacto davídico, de un modo que universaliza y lo extiende a las naciones. Aun el pacto con Noé está unido a la certeza de la promesa de Dios de la bendición futura para su pueblo en Isaías 54.7–10.

Por supuesto, toda esta profecía que encontramos en el Antiguo Testamento sobre el nuevo pacto se retoma en el Nuevo Testamento, y se aplica a Jesús. Él es visto como el agente del nuevo pacto, y en consecuencia pone en marcha su extraordinaria ampliación a todas las naciones, en cumplimiento de la promesa del pacto con Abraham. Cristo Jesús mismo, en su última cena, la comida pascual en la que participó antes de su crucifixión, habló sobre el vino en estos términos enormemente significativos: *Esta copa es el nuevo pacto en mi sangre, que es derramada por ustedes* (Lc 22.20). En otras palabras, la sangre de Jesús derramada en la cruz selló el nuevo pacto mediante el cual se hacen posibles el perdón y la salvación.

No sorprende, entonces, que los documentos que eventualmente se reunieron para dar testimonio de Jesús, para relatar su muerte y resurrección, el don del Espíritu, y la misión inicial de sus seguidores a las naciones gentiles se titularan colectivamente "El nuevo pacto" (eso es lo que significa Testamento). La unidad entre el Antiguo y el Nuevo es fundamentalmente pactual.

Por último, la Biblia nos muestra en el libro de Apocalipsis el completamiento perfecto del pacto de Dios con Abraham. Más aún, todos los grandes pactos de la Biblia están presentes en el libro de Apocalipsis.

> *Noé* aparece en la visión de una nueva creación, de nuevos cielos y nueva tierra después del juicio.

> *Abraham* está presente en la reunión y la bendición a todas las naciones de toda lengua y raza.

> *Moisés* está incluido en la declaración pactual de que "ellos serán su pueblo; Dios mismo estará con ellos y será su Dios", y "entre los seres humanos está la morada de Dios".

> *David* está presente en la Ciudad Santa, la nueva Jerusalén, y en la identidad de Jesús como León de Judá y Raíz de David.

> *El nuevo pacto* está allí en el hecho de que todo esto se logrará por medio de la sangre del Cordero que fue muerto.

Este es el gran clímax del prolongado flujo de la historia del pacto a través de toda la Biblia. En conjunto, los pactos proclaman la misión de Dios como la promesa en la que se comprometió con las naciones y con toda la creación. El libro de Apocalipsis podría considerarse como la declaración final del pacto: "Misión cumplida".

La meta misional de Dios

Otra manera de captar el mensaje de la Biblia como un todo es pensar en ella en términos de la misión de Dios. Con esta expresión no me refiero meramente a nuestra misión (o misiones), es decir, a la práctica de la iglesia de enviar misioneros. Me refiero a la gran misión de Dios de producir la redención y la restauración de toda su creación, incluyendo la salvación de personas de todas las naciones y su inclusión en una nueva y redimida humanidad en la nueva creación (ver Figura 5).

El final de la Biblia tiene algunos notables ecos del comienzo, y esto nos ayuda a entender lo que viene en el medio.

El Génesis comienza con la creación, se mueve hacia el mundo de las naciones, su rebelión y su pecado, consecuencia de lo cual son dispersadas y divididas bajo maldición. Apocalipsis describe a las naciones del mundo sanadas a medida que se reúnen nuevamente en unidad, bajo la bendición de Dios, en alabanza y adoración. Entonces se mueve hacia la nueva creación en la que una vez más Dios habita con su pueblo (ver Cuadro 2).

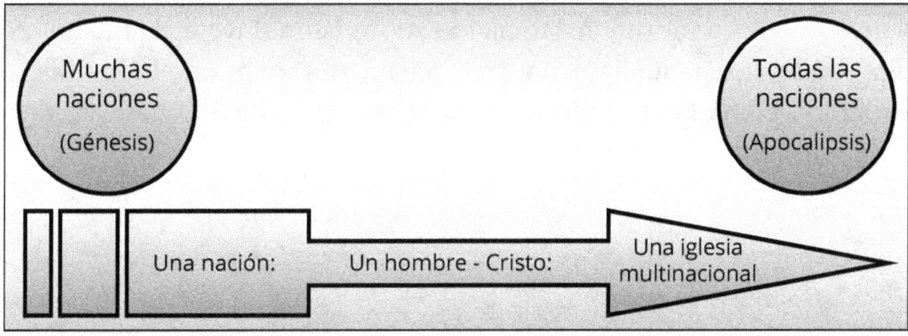

Figura 5 La meta misional de Dios.

Génesis	Apocalipsis
Creación	Nueva creación
Las naciones en rebeldía y en pecado	Las naciones sanadas
Las naciones dispersadas y divididas	Las naciones reunidas en unidad
Maldición	Bendición

Cuadro 2: De Génesis a Apocalipsis.

Después de la historia de la Torre de Babel en Génesis 11 (el clímax del relato de la rebelión humana), Dios llama a Abraham en Génesis 12 para que sea el punto de partida del plan divino de bendecir a todas las naciones. A partir de Abraham, Dios crea una nación, el

Israel del Antiguo Testamento. El pueblo es llamado a ser una luz a las naciones, para cumplir así la promesa que Dios hizo a Abraham. En muchos sentidos, fallaron. Pero fiel a su promesa, Dios envió a su Hijo y Siervo, Jesús de Nazaret, a encarnar la identidad y la misión de Israel (como Mesías), y a hacer posible que el evangelio de la salvación por medio de su muerte y resurrección alcanzara a las naciones. En el Nuevo Testamento, entonces, podemos ver la evolución del pueblo de Dios desde sus orígenes como un solo grupo étnico (los israelitas) a una comunidad multinacional de personas de muchas naciones, hecha una en el Mesías Jesús.

Cada vez que el evangelio de Cristo Jesús cruza otra barrera étnica, cultural o lingüística, Dios el Padre está cumpliendo su promesa a Abraham: *¡Por medio de ti serán bendecidas todas las naciones de la tierra!* Y esto es lo que ha ido ocurriendo mediante la misión del pueblo de Dios, que está a su vez cumpliendo la misión de Dios, ya que en última instancia nuestra misión fluye de la misión de Él. Finalmente, aquella promesa hecha a Abraham en el Génesis se cumplirá plenamente cuando, como dice el libro de Apocalipsis, haya una multitud tomada de

> *[...] todas las naciones, tribus, pueblos y lenguas; era tan grande que nadie podía contarla. Estaban de pie delante del trono y del Cordero* (Ap 7.9).

Nuevamente, aquí descubrimos la coherencia de la Biblia en torno a este tema central. Esto puede ser similar a lo que Pablo quiso expresar cuando dijo que había estado enseñando a los cristianos en Éfeso *todo el consejo de Dios* (RVR 60, 95).

Éstas son tres maneras en que se puede expresar la unidad integral de la Santa Biblia como un todo. Quizás usted pueda pensar en otras. Pero lo importante es que practiquemos una actitud de *barrido* o *escaneo* cuando leemos las Sagradas Escrituras. Es decir, cuando se acerque a estudiar y a utilizar cualquier pasaje particular en la Biblia, reflexione sobre él en el marco del contexto bíblico más amplio. Y cuando esté buscando la perspectiva bíblica sobre algún asunto moral específico o algún tema contemporáneo, no busque simplemente uno o dos versículos aleatorios que le parezcan relevantes. Más bien, ubique secuencialmente el asunto a la luz del relato total de la Biblia. Entonces observe qué luz arroja sobre ese tema cada una de las secciones principales de la Biblia.

Captar el flujo y el propósito de la Biblia

Cuando aplicamos estas cuestiones a la comprensión y al uso de un pasaje bíblico particular (por ejemplo, para predicar), debemos pensar dentro del marco de la teología bíblica global. Necesitamos saber:

* ¿En qué contribuye el resto de la Biblia a nuestro entendimiento sobre *este* pasaje?; y
* ¿en qué contribuye este pasaje al mensaje de la Biblia *como un todo*?

A esta altura, podemos volver a nuestro esquema de Cinco miradas, y pasar a la tercera y cuarta. Nos ubicamos en nuestro texto y miramos hacia atrás y hacia adelante en la Biblia, para identificar qué hay antes y después de este texto. ¿Dónde cabe este pasaje en la grandiosa línea narrativa de la Biblia, y en qué modo nos ayuda a entenderla mejor?

Una vez más, la mejor manera de beneficiarnos de este ejercicio es hacer una serie de preguntas y elaborar nuestras respuestas mientras estudiamos el texto. Estas preguntas también nos ayudarán a ser cuidadosos y aplicar cualquier pasaje individual con sabiduría y respeto por el lugar que ocupa en la Biblia. No olvide el importante principio que enunciamos arriba: considere siempre un texto bíblico dentro del contexto que le corresponde.

Antes de explicar esto con más detalle, debemos decir una palabra acerca de lo que significamos con *antes* y *después*, o *más temprano* y *más tarde*. En términos generales, me refiero a la amplia secuencia histórica de la línea narrativa de la Biblia, más que a la cronología de los libros bíblicos particulares, o las fuentes hipotéticas que se identifican en ellos, como sugieren los eruditos de la crítica.

Por ejemplo, es bastante seguro que el Evangelio de Juan fue escrito más tarde que el libro de Hechos. Pero en términos de los *acontecimientos* que se describen en estos dos libros, Juan está refiriéndose a cosas que ocurrieron *antes* de la historia de Hechos.

En el Antiguo Testamento, el fechado hipotético de los libros y las fuentes puede variar mucho, y por consiguiente no deberíamos permitir que nuestra interpretación de determinado texto dependa demasiado del debate erudito acerca de su fechado exacto. Una vez más, mi criterio guarda coherencia con el sentido común más amplio: en el caso de que estemos leyendo, digamos, textos relativos al tiempo de la monarquía, debemos considerarlos a la luz de la historia anterior de Israel (el éxodo, el desierto, la conquista). Pero si estamos convencidos de que el texto en sí fue producido o editado por personas que vivieron el exilio, entonces también tomaremos en cuenta ese dato al reflexionar sobre el mensaje que ese texto pudo haber tenido para las generaciones posteriores. Podemos reconocer que las profecías de Isaías 40 al 55 estaban dirigidas a los exiliados, más allá de que decidamos o no decidamos que fueron pronunciadas primeramente por un profeta que vivió en esa época, o por el Isaías de la Jerusalén del siglo octavo, en cuyo libro están ahora incluidos esos textos. En el caso del Pentateuco (los cinco primeros libros del Antiguo Testamento), quizás reconozcamos que hay material de fechas tempranas y tardías, pero probablemente al interpretarlo no debamos darle tanto peso como le dieron generaciones anteriores a la nuestra al asunto de asignar fragmentos concretos del texto a las fuentes documentales hipotéticas.

En general, las preguntas sugeridas más abajo son compatibles con el enfoque más amplio de la estructura histórica y canónica de la Biblia, y podemos afinarlas un poquito más mediante el análisis crítico de libros o secciones en particular.

Paso 3: Mirar hacia atrás

Diría que con excepción de Génesis 1, al considerar cualquier texto de la Biblia debe mirar hacia atrás y pensar en preguntas como estas:

> ➤ ¿Dónde se ubica este pasaje, en la "línea" bíblica que va de la creación a la caída, la redención y la nueva creación?

➢ ¿Qué ha ocurrido hasta este punto de la narración bíblica? ¿Qué acontecimientos en particular afectan la manera en que debemos leer este pasaje?

➢ ¿Qué sabía ya el escritor de este pasaje, a partir de lo que había ocurrido y lo que había sido revelado en el relato bíblico? ¿Qué habrán significado para el escritor de aquella época las palabras que aparecen en el pasaje? Por ejemplo, cuando un salmista de Israel escribía acerca del "nombre del Señor" o "su salvación" o "su gloria" o "sus actos poderosos" o "su santidad y su justicia" o "su amor"... ¿qué significaban esas palabras para ese escritor en esa época, a la luz de la historia del Antiguo Testamento? Trate de pensar con la cabeza de un israelita del Antiguo Testamento, no como si todos ellos fueran simplemente "cristianos primitivos".

➢ Cuando hablamos o escribimos no siempre salen a la luz los supuestos que tenemos en mente, porque sabemos que nuestros oyentes o lectores los comparten. En el pasaje que está estudiando, ¿cuáles son los supuestos implícitos pero subyacentes que pudieron haber sido tomados por sentado tanto por el escritor como por sus primeros lectores?

➢ ¿Cuáles relatos o enseñanzas anteriores en la Biblia establecen un fundamento para este texto?

➢ ¿Recoge este pasaje ideas, palabras o conceptos de secciones más tempranas de la Biblia? ¿Qué contenido nos proveen textos más tempranos de la Biblia para enseñar este texto en particular? ¿Cita este pasaje textos anteriores de la Biblia? Si lo hace, ¿cuál es el propósito con que se citan?

➢ ¿Hay promesas anteriores dadas por Dios a las que este pasaje se refiere o da cumplimiento?

➢ ¿Hay amenazas anteriores dadas por Dios a las que este pasaje se refiere o lleva a cabo?

Paso 4: Mirar hacia adelante

La Biblia relata una historia que "va hacia un lugar". En otras palabras, nos dice que Dios el Padre tiene una meta para su creación, tiene un objetivo previsto. Más aún, la meta o "fin" tiene su centro y garantía en Jesucristo. El fin al que se encamina la historia de la Biblia, está integralmente relacionado con la persona de Jesús y con lo que Él hizo. En palabras del apóstol Pablo en Efesios 1.9–10, el propósito que Dios tiene en su mundo es unir finalmente todas las cosas en Cristo.

Este concepto tiene consecuencias para nuestra lectura de la Biblia. Cuando la leemos, debemos leerla como un libro que alcanzará su meta o fin en los propósitos de Dios en Jesucristo. Si nuestro texto, a leer, está en el Antiguo Testamento, esto significará mirar hacia adelante a la obra de Cristo Jesús en el Nuevo Testamento. Si nuestro texto está en el Nuevo Testamento, puede requerir que miremos hacia adelante, a su segunda venida y a la nueva creación, además de mirar hacia atrás, por supuesto, a su muerte y resurrección.

Esto *no* significa que estemos diciendo que cada versículo "habla" sobre Jesús, o que tratemos de forzar ese sentido en cada pasaje (especialmente en el Antiguo Testamento). No habrá un vínculo tan claro y directo en cada pasaje. Algunos de los pasajes en el Antiguo Testamento pueden estar señalando más allá de sí mismos y encontrar mayor significado a la luz de Cristo. Pero eso no significa que se ocupen simplemente "de Jesús", en el sentido de referirse directamente a Él. Debemos asegurarnos de que estamos captando lo que *concretamente dice*, y prestando atención a lo que quiere que escuchemos, ¡en lugar de tratar de encontrar alguna manera de que diga lo que pensamos que debería decir!

Escuché en una ocasión enseñar sobre Amós, y cuando la persona leyó todo lo que se refiere a la pasión de Amós por la justicia y la rectitud, lo aplicó de inmediato a la justicia de Dios contra el pecado, y nos recordó que solo podemos encontrar justificación por medio de la fe en Cristo. Saltó de Amós a Jesús, y luego a Pablo y la justificación por la fe. Al hacerlo, pasó completamente por alto aquello de lo cual Amós estaba *hablando concretamente*: la justicia social y económica, y la ira de Dios contra la explotación y la opresión de los pobres. El orador era bien intencionado, y probablemente pensaba que debía lograr que cada parte del Antiguo Testamento se refiriera de alguna manera a Jesús, pero el resultado fue que malinterpretó gravemente el libro de Amós y abusó de él.

En síntesis, si bien Cristo es el tema y el centro del mensaje total de la Biblia, no significa que cada pasaje es "sobre Cristo". Sin embargo, debemos estar siempre atentos a la manera en que las ideas o conceptos teológicos sobre los cuales leemos en nuestro pasaje en particular caben en los propósitos de Dios en Jesucristo. El Antiguo Testamento no trata siempre sobre Jesús en un sentido directo, pero todo él, tomado en conjunto, señala hacia Jesús. De modo que, cuando miramos hacia "adelante", especialmente desde pasajes del Antiguo Testamento, podemos preguntarnos:

- ➤ ¿De qué manera se integra la enseñanza de este pasaje en los planes más amplios de Dios que tienen su centro en Cristo?
- ➤ ¿Se cita este pasaje más adelante en otros lugares de la Biblia, y de qué manera?
- ➤ ¿Influye la revelación o la historia posterior en la Biblia el modo en que debemos responder ante este texto (p. ej., especialmente de qué manera influye el Nuevo Testamento en nuestra lectura del Antiguo)? El ejemplo más claro de esto es la manera en que el Nuevo Testamento explícitamente relativiza algunos pasajes del Antiguo, por lo menos en lo que se refiere a nosotros como cristianos. ¡Esto no se debe simplemente "porque están en el Antiguo Testamento y ya no creemos en eso"! No, se debe a lo nuevo que ha tenido lugar en Cristo. Especialmente dos cosas:

- ∗ El sistema sacrificial presentado en Levítico —con los sacerdotes, el altar, y el derramamiento de sangre de animales sacrificados— expresaban en conjunto el suministro de Dios para la expiación. Pero el Nuevo Testamento nos dice que todas estas cosas han sido cumplidas y reemplazadas por el sacrificio realizado una vez y para siempre por Jesús en la cruz, y por el poder de su sangre derramada para perdón de pecados. Como deja en claro Hebreos, ya no necesitamos realizar sacrificios de animales ni tener un sacerdote ni un altar. Tenemos todas estas cosas eternamente y "mejor" en Cristo.
- ∗ La distinción entre animales limpios/inmundos y las detalladas reglas sobre la comida elaborada a partir de allí,

simbolizaban en conjunto la diferencia entre los israelitas y las naciones gentiles (Lv 20.25–26). Pero esa diferencia entre judíos y gentiles fue abolida en Cristo. Para aquellos que están en Cristo *Ya no hay judío ni griego, esclavo ni libre, hombre ni mujer, sino que todos ustedes son uno solo en Cristo Jesús* (Gá 3.28). En consecuencia, entonces, el sistema que simbolizaba esta diferencia también está abolido. Esto es lo que Pedro aprendió en Hechos 10.

➤ Especialmente mientras leemos el Antiguo Testamento, debemos preguntarnos si sus leyes y enseñanzas son en algún sentido provisionales, o relacionadas con el pecado humano y la dureza de corazón, en lugar de tener vigencia para todos los tiempos. No es siempre fácil, pero hay casos en los que el Nuevo Testamento lo deja en claro. Por ejemplo en Mateo 19.3–8, Jesús muestra que el solo hecho de que el Antiguo Testamento incluyera una ley respecto al divorcio no significa que Dios aprobara el divorcio, sino que lo toleraba añadiendo algunas medidas legales protectoras. En ese caso, necesitamos "mirar hacia atrás" a los principios establecidos en la creación (como hizo Jesús), y también "mirar hacia adelante" a lo que dice el Nuevo Testamento sobre ese asunto.

➤ ¿Hay alguna promesa o amenaza en este pasaje, y si la hubiera, a quién se aplicaba originalmente? ¿Fueron cumplidas más adelante en la Biblia, o se aplican a nosotros hoy, o todavía son parte del futuro?

➤ ¿Qué otros acontecimientos o enseñanzas en la Biblia tienen su base en este texto? ¿Cuáles son las consecuencias de este pasaje? ¿Qué otra cosa es verdad por la cual este pasaje es verdad? ¿A qué otros pasajes (posteriores) provee fundamento este texto?

Desarrollar una cosmovisión bíblica

Una cosmovisión es el conjunto de presupuestos por medio de los cuales uno interpreta la vida y el mundo que lo rodea. Todos tenemos una cosmovisión por el simple hecho de haber nacido y crecido en una cultura particular. Absorbemos una manera específica de considerar las cosas, pensar en ellas, decidir cuáles cosas son importantes y cuáles no, etc. La mayoría de la gente no es consciente de la cosmovisión que tiene, porque esta funciona como un par de anteojos puestos sobre la nariz. Uno no mira conscientemente *a* sus anteojos ni piensa en ellos (a menos que se ensucien o se rompan). Uno mira *a través* de ellos todo lo demás.

Como cristianos debemos controlar y desafiar nuestra cosmovisión cultural a la luz de la cosmovisión bíblica. Esto no significa simplemente rechazar o tratar de excluirnos de nuestra cultura; la fe cristiana no requiere esto. Más bien, como personas a las que Dios ha redimido por medio de Jesucristo, nos *comprometemos* en nuestra cultura evaluándola a la luz de la revelación de Dios en la Biblia. Eso nos ayudará a confirmar lo que es bueno y lo que es evidencia de la gracia y la verdad de Dios en nuestra cultura, a la vez que nos permitirá rechazar lo malo y lo que es contrario al carácter y la voluntad de Dios, tal como lo muestra la Biblia.

La cosmovisión bíblica que deberíamos sostener incluye por lo menos las realidades que mencionamos a continuación. Éstas son algunas de las importantes verdades esenciales que forman la manera en que pensamos acerca del mundo y de la vida. Si tenemos alguna responsabilidad en la enseñanza o en la prédica en la iglesia, sea como clérigos o líderes laicos, deberíamos tratar de esforzarnos para que la gente entienda estas cosas (lo cual, por supuesto, no ocurre en un solo momento sino a lo largo del tiempo mediante la enseñanza sistemática).

La identidad de Dios

Algunas personas quizás dicen creer en "Dios", pero el Dios en el que creen ¿es el Dios de la Biblia? A través de una gran variedad de historias y enseñanzas, la Biblia muestra quién es Dios realmente, tanto en el Antiguo como en el Nuevo Testamento. Muestra el carácter de Dios, sus caminos, sus propósitos, su voluntad. Muestra a Dios en acción, relacionándose, pensando y planificando, haciendo y recordando, hablando y comunicándose. La Biblia nos muestra al Dios viviente, personal y relacional.

Necesitamos conocer nosotros mismos a este Dios y ayudar a otros a conocerlo también, sea que tengamos la oportunidad o la responsabilidad de hacerlo. Entonces podemos construir nuestra cosmovisión global del mundo y nuestra vida cotidiana en torno a Dios, a este Dios bíblico, que está en el centro de todo lo que existe. Vivir de modo centrados en Dios no es solo un momento de conversión sino toda una vida de descubrimiento.

La narración de Dios

Como ya hemos enfatizado (porque es algo muy importante), la Biblia está estructurada en su totalidad como una narración: la maravillosa narración universal desde la creación a la nueva creación. Esta estructura provee la respuesta a cuatro preguntas centrales sobre una cosmovisión (que se plantean y se responden de maneras diversas en todas las religiones y filosofías). Lo invito a pensar en las preguntas que hay a continuación y a preguntarse de qué manera las responderían las diferentes religiones que usted conoce. La respuesta de la Biblia en cada caso es bastante diferente y tiene todo tipo de implicancia en nuestras convicciones y nuestro comportamiento.

- ➤ **¿Dónde estamos?** ¿Qué es este universo/planeta en el que vivimos? ¿De dónde vino? ¿Tiene algún sentido?
  Biblia: El universo es la buena creación de un Dios vivo y personal.
- ➤ **¿Quiénes somos?** ¿Qué significa ser humano? ¿Somos dioses o simplemente animales? ¿Qué es una persona?
  Biblia: Somos criaturas, pero hechas a imagen de Dios, para amarlo y adorarlo.
- ➤ **¿Qué salió mal?** ¿Por qué está el mundo en semejante desastre? ¿Por qué somos malos? ¿Es por una causa social o educacional o genética? ¿Es solo por ignorancia? ¿O producto de la evolución?
  Biblia: Nosotros hemos provocado el desastre por nuestro pecado y nuestra rebelión contra Dios. El problema es fundamentalmente espiritual y moral.

> ➤ **¿Cuál es la solución?** ¿Hay algo que se pueda hacer para resolver nuestro problema? ¿Qué debemos hacer? ¿Dónde terminará todo?
> *Biblia:* No podemos hacer nada por nosotros mismos para resolver el problema, pero Dios intervino en la historia para redimirnos, y en consecuencia hay esperanza para toda la creación.

Como ya dijimos, necesitamos captar el flujo global de la narración bíblica: creación, caída, redención y nueva creación. Al hacerlo así, tendremos una comprensión coherente y bíblica del mundo y de nosotros mismos, no un entendimiento a partir de mitos y leyendas, o de la cultura religiosa o no religiosa que nos rodea. Con el transcurrir del tiempo, nuestra perspectiva anterior será reemplazada o transformada por la cosmovisión bíblica. No sólo nuestras actividades religiosas, sino nuestra manera de pensar será cada vez más bíblica.

Esto significa que la Biblia no será algo *acerca de lo cual pensamos*, sino más bien el principal elemento *con el cual pensamos*. Toda nuestra manera de pensar debería estar conformada y gobernada por la Biblia. Y eso progresa a lo largo de toda la vida. ¡Vale la pena comenzar ahora!

El pueblo de Dios

La Biblia es el relato de cómo Dios se comprometió con personas en particular, en función de sus propósitos. De modo que hay otro sentido en el cual preguntamos *¿Quiénes somos?* Esta pregunta también puede significar: ¿Quiénes somos, la iglesia: aquellos que seguimos a Jesús y declaramos ser el pueblo de Dios? Deberíamos entender que las raíces de la iglesia como pueblo de Dios no retroceden solo hasta el Pentecostés, sino hasta Abraham.

Abraham fue la persona a la que Dios llamó para ser el ancestro del pueblo que sería el medio por el cual ÉL se proponía bendecir a todas las naciones de la humanidad. Ésa es la misión de Dios, y también la nuestra. Como pudo ver claramente Pablo, si estamos en Cristo, entonces estamos en Abraham (Gá 3.6–14, 26–29), en el sentido de que compartimos esa identidad como pueblo de Dios, y heredamos no solo la bendición de Abraham, sino también la responsabilidad de ser de bendición a otros y al mundo.

Es importante que tengamos un entendimiento claro acerca de nuestra identidad como pueblo de Dios. Cualquiera sea nuestra identidad étnica o cultural, que son parte del buen don de Dios para nosotros en la creación, somos hombres y mujeres en Cristo. Y por medio de Cristo compartimos esa identidad con personas que también son discípulas de Cristo, de todas las razas, lenguas y culturas. El Dios de la Biblia es nuestro Dios. La historia de la Biblia es nuestra historia. El pueblo de Dios en la Biblia es el pueblo al cual pertenecemos.

Conclusión

En resumen, cada vez que estemos leyendo, estudiando, interpretando, analizando o predicando cualquier pasaje particular de la Biblia, debemos considerarlo siempre en el contexto de la totalidad de ella y de su cosmovisión. De esta manera nos alimentamos, nos formamos y nos fortalecemos para la misión que Dios el Padre nos ha confiado en el mundo.

Poner en práctica la cosmovisión bíblica que hayamos tomado de la Biblia entera significa que seremos personas que

* sabemos quién es nuestro Dios;
* conocemos la historia de la que formamos parte, y hacia dónde va esa historia;
* sabemos lo que significa ser el pueblo de Dios en el mundo de Dios.

Sugerencias para el estudio

Supongamos que usted decide ayudar a su grupo o a su iglesia a entender la Palabra de Dios como un todo, en su bosquejo global. Seleccione seis (o hasta un máximo de diez) pasajes de la Biblia que usted podría usar en varias semanas, ya sea predicando o como tema en un grupo de estudio bíblico, y que le permitirían cumplir ese objetivo.

➤ Podría seleccionar textos bíblicos referidos a los principales pactos.

➤ Podría elegir textos que ilustren las secciones principales en la extraordinaria narración de la Biblia.

El objetivo es que hacia el final de la serie alguien que asista a todas las sesiones haya alcanzado una buena comprensión de lo que hace que las Sagradas Escrituras "funcione" como un todo.

¡No necesita preparar sermones completos! Simplemente decida qué incluiría y por qué, y prepare un breve bosquejo de la serie.

Lecturas recomendadas

Mencionamos a continuación algunos libros que se ocupan con más detalle de los temas planteados en la Parte I.

Dig Deeper, Nigel Beynon y Andrew Sach (Leicester, IVP, 2005). Hay trad.: *Cava más profundo.*

From Creation to New Creation: Understanding the Bible Story, Tim Chester (Milton Keynes, Paternoster, 2003).

How to Read the Bible for All It's Worth, Gordon D. Fee y Douglas Stuart (Grand Rapids, Zondervan, 3.ª ed., 2003). Hay trad.: *La lectura eficaz de la Biblia.*

Translating the Bible into Action: How the Bible Can Be Relevant in All Languages and Cultures, Harriet Hill y Margaret Hill (Carlisle, Piquant Editions, 2008).

Understanding and Applying the Scriptures, Danny McCain y Craig Keener (Bukuru, Nigeria, Africa Christian Textbooks [ACTS], 2003).

Postcard from Palestine: A Hands-on Guide to Reading and Using the Bible, Andrew Reid (Sydney, Matthias Media, 1997).

God's Big Picture: Tracing the Storyline of the Bible, Vaughan Roberts (Leicester, ivp, 2003). Hay trad.: *El gran panorama divino: La Biblia de comienzo a fin.*

Understanding the Bible, John Stott (Bletchley, Scripture Union, y Grand Rapids, Zondervan, edición revisada y ampliada, 2003). Hay trad.: *Cómo comprender la Biblia.*

Knowing Jesus through the Old Testament, Christopher J. H. Wright (Oxford, Monarch, y Downers Grove, ivp, 1994). Hay trad.: *Conociendo a Jesús a través del Antiguo Testamento.*

The Mission of God: Unlocking the Bible's Grand Narrative, Christopher J. H. Wright (Downers Grove y Nottingham, ivp, 2007). Hay trad.: *La misión de Dios: Descubriendo el gran mensaje de la Biblia.*

Parte 2

Usar la Biblia

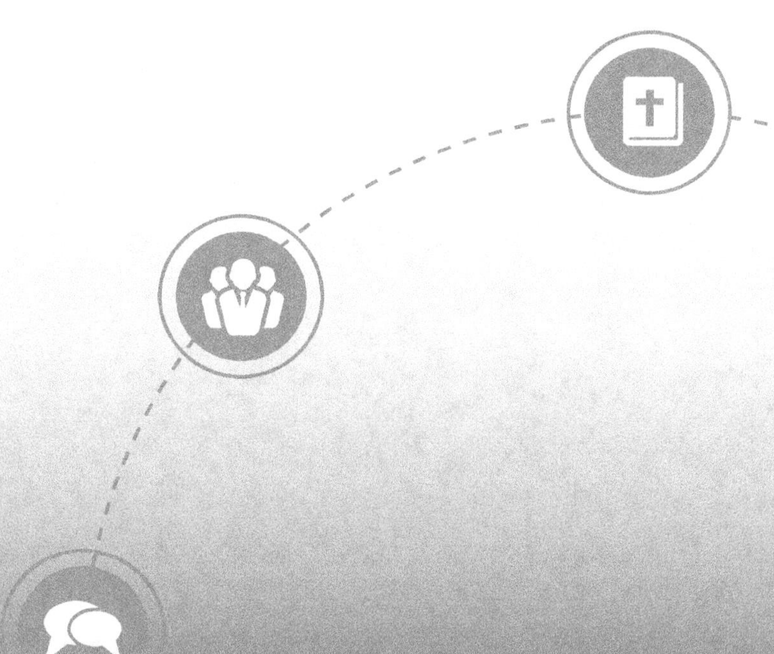

Capítulo 4

Usar la Biblia para la vida devocional

Jonathan Lamb

Una introducción personal

La Biblia ha formado parte de mi vida desde que tengo memoria. Siendo muy pequeño, bajaba las escaleras temprano por la mañana y encontraba a mi papá leyéndola. Como adolescente me esforzaba por defender la Biblia ante mis descreídos amigos en la escuela. Siendo estudiante joven, trataba de predicar su mensaje en las iglesias de los pueblos más pequeños. A lo largo de varios momentos críticos de la vida adulta, sus sólidas declaraciones demostraron ser firmes, y sus promesas fueron una brisa celestial en medio del aire turbio de un corazón pecaminoso y un mundo depravado.

Diversas experiencias renovaron mi compromiso de estudiarla y aplicarla. Durante muchos años he sido testigo de su poder para transformar la vida de estudiantes en todo el mundo. Aprendí mucho de ellos, de su compromiso entusiasta con la verdad de la Biblia, de la devoción personal con Cristo que les inspiraba, y de la decidida aplicación de su mensaje en todas las áreas de la vida. En este momento, estoy agradecido de estar relacionado con pastores y predicadores en el mundo de la mayoría, sea en África, Asia o América Latina. Mes tras mes nos encontramos con grupos de líderes de la iglesia, muchos de ellos viviendo en situaciones de pobreza y privaciones, comprometidos con el Señor en el servicio sacrificial, con la convicción de que la Biblia puede transformarlos a ellos y a su sociedad. Siempre me siento empequeñecido en esos encuentros, porque vengo de un país que tiene una larga tradición en el ministerio bíblico; tengo acceso a una biblioteca de miles de libros cristianos; tengo acceso a eventos y recursos cristianos de todo tipo, y me doy cuenta de que mucho de eso lo tomo por sentado.

Sin embargo, pese a todo ello, con frecuencia ha sido una lucha comprometerme con la Palabra viviente de las Escrituras. Muchas veces he sido sordo a su llamado y distraído ante su mensaje. Soy consciente de su autoridad, poder y relevancia; sin embargo, a menudo paso por alto su voz. Hay muchas razones por las que sucede eso, y algunas de las más obvias son las que Jesús menciona en su parábola del Sembrador. Tengo una multitud de distracciones. Pero una dificultad constante se relaciona con mi capacidad para *escuchar* de verdad. Quizás los lectores de este libro, al que hemos denominado "Guía de estudio", tengan esta misma dificultad. Algunos nos acercamos a la Biblia en busca de información. Otros lo hacemos buscando algo sobre lo cual podamos predicar el próximo domingo. O quizás tengamos necesidades particulares para las cuales nos parece que la Biblia podría tener una palabra de consuelo o una de orientación. Al hacerlo, estamos familiarizándonos con la Palabra de Dios.

Paradójicamente, alrededor del mundo el acceso a la Biblia es cada vez más amplio. Richard Foster sugiere que el "consumidor de Biblia" occidental promedio cuenta con nueve traducciones de ella y está buscando más. No se trata de que los cristianos no lean sus Biblias (aunque tenemos razones para sospechar que muchos cristianos en realidad *no* la leen). Tampoco se trata de que los cristianos no crean que la Biblia sea la Palabra de Dios. "Lo que se descuida —dice Eugene Peterson— es la lectura de la Biblia con una actitud formativa, leyéndola con el propósito de ponerla en práctica". Lo expresa claramente: "Al leer [...] nos damos cuenta de que lo que necesitamos no es principalmente lo *informativo*, lo que se nos dice sobre Dios y sobre nosotros mismos, sino lo *formativo*, lo que va modelando nuestro verdadero ser" (Peterson, 2006: 23–4).

A modo de testimonio personal, esto es lo que vi en mi padre. Él tuvo que dejar la escuela a los 13 años de edad para colaborar con los ingresos de la familia. Fue el primer creyente cristiano en su familia, sin herencia de enseñanza o ejemplo cristiano. Pero cuando era un principiante en la fe, él se comprometió no solo a leer la Biblia, sino también a prestarle verdaderamente atención. A lo largo de cincuenta años, ella formó la persona que fue mi padre. No tuvo educación teológica formal, no conocía nada sobre los idiomas de la Biblia, y su biblioteca era de lo más modesta. Sin embargo, de las muchas personas que he llegado a conocer a lo largo del tiempo, hay muy pocas de las que podría decir —como sí puedo decirlo de George Lamb— que me mostró el carácter de Jesucristo. No tengo dudas de que esto fue el resultado de su escucha habitual y cuidadosa de la Palabra de Dios.

¿Qué clase de lectura de la Biblia es esta?

¿Devocional o transformadora?

El problema con la expresión "lectura devocional" es que para muchas personas evoca un concepto equivocado. Resulta blanda. Se basa en pequeñas porciones de la Biblia, a menudo separadas de su contexto escritural. Elude los rigores del estudio y saltea la lucha por comprender el texto. Elige porciones atractivas. Quizás utiliza una guía diaria que hace la tarea de destilar el pensamiento alentador de un texto exigente, permitiendo de esa manera al lector que se siente relajadamente junto al hogar, disfrutando del versículo bíblico como uno disfruta de un buen café. La lectura devocional parece agradable y cómoda; no parece lo apropiado para hombres maduros, y mucho menos para estudiantes y eruditos de la Biblia.

Pero este es un grave malentendido. La lectura devocional de la Biblia no vadea las secciones incómodas de ella ni esquiva el desafío de la exégesis cuidadosa que hemos explorado en los capítulos anteriores de este libro. No escoge como si estuviera cosechando cerezas, ni trata livianamente las Escrituras. Entendida correctamente, es una manera de leerlas que honra su intención más que cualquier otra. Es la manera de leer que le permite a la Palabra de Dios definir la agenda y entrar verdaderamente en nuestra corriente sanguínea. Es el modo de leer que nos introduce en la presencia de Dios y de esa manera, en última instancia, nos transforma para que lleguemos a ser lo que debemos ser.

Merryl Tenney expresa acertadamente el objetivo de esta lectura. Definió el estudio devocional de la Biblia "no tanto como una técnica sino una actitud; es la actitud de anhelo que busca la mente de Dios; es la actitud de humildad que presta atención a la voz de Dios; es la actitud de aventura que busca sinceramente la voluntad de Dios; es la actitud de adoración que reposa en la presencia de Dios" (Kaiser y Silva, 2007: 214).

La meta de este tipo de lectura es nada menos que la transformación. Mientras leemos nos encontramos con Dios mismo. Está bien expresado en el viejo himno de Mary Lathbury:

> *Tras la página sagrada, te busco a ti, Señor;*
> *Mi espíritu brama por ti, oh Palabra viviente.*

Jim Packer expresa el verdadero objetivo de acercarnos a las Escrituras:

> El gozo de estudiar la Biblia no es el de coleccionar frasecillas esotéricas sobre Gog y Magog, sobre Tubal Caín y Matusalén, la numerología de la Biblia y la bestia, y cosas semejantes; tampoco es el placer, intenso en el caso de los de mente obsesiva, de analizar nuestro texto traducido en bonitos bosquejos de predicación, con encabezamientos numerados prolijamente y ligados entre sí por aliteraciones creativamente dispuestas. Más bien, se trata de la profunda satisfacción que viene de tener comunión con el Señor viviente en cuya presencia la Biblia nos introduce: un gozo que solo conocen sus verdaderos discípulos. (Packer, 1979: 10)

Esta clase de lectura se fundamenta en la convicción esencial de que la Palabra de Dios nos ha sido dada con el propósito de transformarnos. Su potencial para producir un cambio se hace obvia una vez que entendemos que la Palabra de Dios es dinámica y siempre logra su propósito: sea la Palabra que dio origen al mundo creado, la Palabra que es Cristo o la Palabra de singular revelación que tenemos en las

Escrituras. ¡La Palabra funciona! Pablo felicitó a los tesalonicenses porque, como les dijo:

> [...] *al oír ustedes la palabra de Dios que les predicamos, la aceptaron no como palabra humana sino como lo que realmente es, palabra de Dios, la cual actúa en ustedes los creyentes* (1Ts 2.13).

En la parábola del Sembrador, Jesús describe la naturaleza de la Palabra de manera similar. ¿Cuál es el agente de cambio en este mundo quebrado? ¿Qué facilitará la llegada del reino y producirá una transformación auténtica y duradera, la liberación radical que la gente anhela? Jesús nos da la respuesta: *La semilla es la palabra de Dios* (Lc 8.11). Si la metáfora de la semilla nos recuerda de su evidente vulnerabilidad, su debilidad, su lento crecimiento, también nos recuerda otra verdad: que la semilla es algo poderoso y generador de vida. Finalmente, la semilla dará una cosecha de grano vital y sustentador. Jesús insistió al respecto. Sus palabras debían ser oídas y obedecidas. Había traído un mensaje creativo, generador de la nueva vida del reino de Dios. No se trata simplemente de propaganda; no es meramente una serie de afirmaciones que deban ser declaradas para obtener el ingreso al reino. La Palabra es en sí misma poderosa, y produce el cambio radical que se requiere. Es la semilla que da vida.

Isaías explica que en la naturaleza algunas cosas ocurren de manera inevitable. Si usted es un agricultor paciente, sabrá que además de la semilla necesita sol, humedad y buena tierra. Entonces, a su debido tiempo, llegará la cosecha. Tal como en el mundo natural, así sucede en el mundo espiritual. Cuando Dios envía su Palabra, ésta alcanza su propósito. Cuando Dios habla, algo ocurre. Nada puede frustrar su Palabra ni alejarla de su objetivo, *sino que hará lo que yo deseo y cumplirá con mis propósitos* (Is 55.11). Los escritores del Nuevo Testamento expresaron el mismo concepto: *Despójense de toda inmundicia y de la maldad que tanto abunda, para que puedan recibir con humildad la palabra sembrada en ustedes, la cual tiene poder para salvarles la vida* (Stg 1.21). *Pues ustedes han nacido de nuevo, no de simiente perecedera, sino de simiente imperecedera, mediante la palabra de Dios que vive y permanece* (1P 1.23).

En la parábola de Jesús en Lucas 8, el verbo "oír" se usa ocho veces en los primeros 21 versículos. Por supuesto, significa más que la simple acción de escuchar palabras. "Oír" quiere decir escuchar con actitud espiritual receptiva. Durante más de mil años los cristianos han practicado las disciplinas espirituales asociadas con la *lectio divina*, el nombre en latín para la lectura espiritual. En su modalidad clásica incluye cuatro elementos: *lectio* (leer el pasaje), *meditatio* (meditar en el pasaje), *oratio* (orar el pasaje) y *contemplatio* (vivir el pasaje). En los últimos años, el valor de estas disciplinas ha sido reconocido en un rango más amplio del espectro de la tradición cristiana, y podríamos sintetizarlas más sencillamente bajo los siguientes encabezados:

- ➤ Escuchar atentamente
- ➤ Pensar reflexivamente
- ➤ Orar sinceramente
- ➤ Vivir obedientemente

Escuchar atentamente

Estamos familiarizados con diferentes modos de escuchar. Estuve recientemente conversando con alguien que me preguntó acerca de la salud de mis suegros. Le respondí que las cosas no estaban muy bien, pero me daba cuenta de que mi interlocutor tenía la mente en otro lugar. No registró lo que le dije, sino que pasó directamente a pedirme algo que necesitaba. A todos nos puede pasar eso: oímos las palabras, pero mientras tanto estamos articulando lo que *nosotros* diremos luego. La acción es oír, pero entra por un oído y sale por el otro. ¿Qué sucedería si una mañana, al despertarse con el sonido de un noticiario en la radio, el locutor repentinamente interrumpiera con un mensaje S.O.S. y mencionaran su nombre porque es la persona a la que buscan a raíz de una grave enfermedad de uno de sus parientes? Usted no solo oirá el mensaje sino que su mente, en realidad todo su ser, absorberá el mensaje y responderá de inmediato.

Dios es el Dios que habla, y el Dios que habla espera un pueblo que oiga. Por eso es importante que se pregunte: ¿cómo funciona su capacidad auditiva? Hebreos 3 es un texto en el que escuchar la voz de Dios es una cuestión de verdadera urgencia. Es una proclama muy insistente: *Por eso, como dice el Espíritu Santo: "Si ustedes oyen hoy su voz, no endurezcan el corazón* [...]" (Heb 3.7–8). Y se nos repite pocos versículos después: *Como se acaba de decir: Si ustedes oyen hoy su voz, no endurezcan el corazón* [...] (v. 15). Y por si acaso se nos hubiera pasado por alto, vuelve a aparecer en el capítulo siguiente: *Si ustedes oyen hoy su voz, no endurezcan el corazón* (Heb 4.7).

Quizás la mejor pregunta no sea "¿Cómo está del *oído*?", sino "¿Cómo está su *corazón*?". Ese parece ser el interés del escritor. La clave de este pasaje se relaciona con las diferentes actitudes en cuanto a escuchar el llamado de Dios y responder a la Palabra de Dios. *Cuídense, hermanos, de que ninguno de ustedes tenga un corazón pecaminoso e incrédulo que los haga apartarse del Dios vivo* (Heb 3.12).

Por cierto, las Escrituras fueron concebidas para ser escuchadas, ya sea en las sinagogas o las reuniones cristianas primitivas. En la esencia de una buena lectura de la Biblia está la actitud de cultivar un corazón atento y dispuesto a responder. En estos días, por supuesto, el concepto de esperar y escuchar es completamente contracultural. En Occidente la gente se ha vuelto adicta a la velocidad; lo quieren todo al instante. Los occidentales viven en una época a la cual una investigadora de Microsoft, Linda Stone, describió como *Continua atención parcial*. Significa que mientras responde el correo electrónico y le habla a su hijo, suena el teléfono celular y mantiene una conversación paralela. La persona está involucrada en un flujo continuo de interacciones y sólo podrá concentrarse parcialmente en cada una. Encontrar la oportunidad de dar un paso al costado de la expectación ansiosa de nuestro mundo y nuestro corazón, es un ingrediente vital de la vida de fe. Pero no es fácil, ¿verdad?

El profeta Habacuc también estaba ansioso. Al observar su sociedad se sentía consternado por la corrupción y, peor aún, al considerar las intervenciones de Dios en el mundo de su época, le parecía que nada tenía sentido. La historia en este breve libro es que lo más importante que debía hacer Habacuc era prestar atención a la Palabra de Dios. Después de todas sus preguntas, sus luchas y la perplejidad manifiesta en el capítulo 1, Habacuc registra su firme decisión.

Me mantendré alerta,
me apostaré en los terraplenes;
estaré pendiente de lo que me diga,
de su respuesta a mi reclamo.

(Hab 2.1)

Necesitaba una visión nítida de lo que estaba ocurriendo, una perspectiva restaurada. Y no quería tener distracciones de modo que trepó por encima de la ciudad, más allá del recordatorio diario de la violencia y la injusticia que encontraba allí y se dispuso a oír la Palabra de Dios: "Me mantendré alerta… estaré pendiente de lo que me diga".

El versículo implica una espera activa y honesta de la Palabra de Dios. También, perseverancia: no abandonar, esperar su Palabra. Ésas son cualidades importantes en nuestra vida espiritual, especialmente cuando nos acercamos a las Sagradas Escrituras. Quizás recuerde el sentido de expectativa que se vivió en Jerusalén unos años después, cuando Esdras se puso de pie en el centro de la ciudad y leyó el libro de la Ley. Ese día, a diferencia del tiempo de Habacuc, la gente se mostró ansiosa por escuchar y obedecer esa palabra. Sus ansias y su expectativa se expresan en el hecho de que *todo el pueblo estaba muy atento a la lectura del libro de la ley* (Neh 8.3). Todo el pueblo, dice la Biblia, se mantuvo de pie cuando se abrió el libro de la Ley, ansioso por escuchar la Palabra del Señor. Necesitamos estar seguros de que esta actitud de escuchar forme parte de nuestro discipulado diario. Al parecer, la principal razón de nuestro sentimiento de sequedad o estancamiento espiritual es que hemos dejado de escuchar verdaderamente a Dios. Sin embargo, esta es la actitud del verdadero discípulo.

Observe la manera en que el Siervo del Señor habla acerca de su relación con Dios y con su Palabra:

> *El Señor omnipotente me ha concedido*
> *tener una lengua instruida,*
> *para sostener con mi palabra al fatigado.*
> *Todas las mañanas me despierta,*
> *y también me despierta el oído,*
> *para que escuche como los discípulos.*
> *El Señor omnipotente me ha abierto los oídos,*
> *y no he sido rebelde ni me he vuelto atrás.*

(Is 50.4–5)

Antes de hablar, el Siervo debe aprender a escuchar. El Señor lo despierta para que escuche y aprenda de su Palabra. Es una disciplina diaria de escuchar a Dios el Padre antes de hablar en nombre de él. Dicen que los líderes eficaces son personas que saben escuchar. Esa actitud es fundamental en el discipulado cristiano. Esta cita mañana tras mañana no es solo para el Siervo perfecto; debería ser la rutina estándar para todos los discípulos. Sin embargo, aunque es un hábito esencial para el ministerio cristiano eficaz, parece ser una rara cualidad.

Aprender a escuchar la Palabra de Dios trae gran liberación. Como lo sintetiza Klaus Bockmuehl:

Nos hace independientes de la influencia humana ilegítima; nos libera de las ortodoxias gastadas y de los prejuicios heredados, como también de las opresiones, las circunstancias, y las ambiciones contemporáneas, sin mencionar las emociones sobredimensionadas, sean objetivas o subjetivas, colectivas o personales [...] Sirve especialmente para liberarnos de los clichés de nuestra sociedad, tales como la premisa básica del ateísmo práctico, "vive como si Dios no existiera".

Con demasiada frecuencia nos mueve una actitud activista que deja poco tiempo para escuchar, o hace que nos acerquemos a la Biblia buscando soluciones rápidas y respuestas fáciles. Pero la capacidad de escuchar puede ser alimentada; podemos mejorar si nos abocamos a ello. Por supuesto, es una actitud contracultural. Como señala David Foster:

> Navegar en la red es la antítesis absoluta de la clase de lectura que necesitamos aprender para escuchar a Dios. En nuestros días se ha deteriorado el concepto del texto, con la consecuencia de que ya no tenemos aquella misma expectativa de leer sino más bien de dar una ojeada a través de buena parte de las palabras que miramos. Nos volvemos muy superficiales; también defensivos, porque vemos la cantidad de material que llega por correo que puede ir directamente a la papelera. Pocas veces esperamos descubrir una palabra para la vida bajo una avalancha de papel. (Foster, 2005: 33)

Un importante paso práctico es aprender a leer lentamente, indica Foster. Cita la historia de Sidney Piddington, quien estuvo confinado durante tres años como prisionero de guerra en un campo japonés en Singapur, con acceso muy limitado a material de lectura. Mientras estuvo allí, descubrió lo que llamó "la alegría especial de la lectura súper lenta", dejándose estar en cada página y sumergiéndose en la experiencia descripta por el autor.

Ésta es la primera disciplina. Como nos recuerda Peterson, la primera parábola de Jesús en cada uno de los tres evangelios sinópticos enfatiza que la posición vital de la Palabra de Dios en nuestra vida "no tiene que ver con leer sino con escuchar". *El que tenga oídos para oír, que oiga* (Mt 13.3–9; Mr 4.3–9; Lc 8.5–8). Peterson continúa: "La fuerza de cada uno de los sermones de Juan en Patmos a sus siete iglesias es similar: *El que tenga oídos, que oiga lo que el Espíritu dice a las iglesias* (Ap 2.7, 11, 17, 29; 3.6, 13, 22)" (Peterson, 2006: 87).

Pensar reflexivamente

Hay una segunda disciplina que tenemos que ejercitar, también con la Biblia abierta en el pasaje y con un compromiso sostenido de escuchar en la presencia de Dios. Tradicionalmente se la conoce como meditación, pero este término sufre el impacto de algunos estereotipos inconvenientes que llevan a errores peligrosos. La religión oriental ha provocado que algunos imaginen que meditar significa que debemos vaciarnos a nosotros mismos; pero la meditación cristiana es en realidad lo opuesto. No se trata de vaciar nuestra mente, sino de disponer todo nuestro ser a concentrarnos en Dios tal como se ha revelado en su Palabra.

Una de las secciones más instructivas de las Escrituras acerca de este tema es Salmo 119. Tanto por su estructura como por su contenido, demuestra la importancia del pensamiento reflexivo.

> *¡Cuánto amo yo tu ley!*
>   *Todo el día medito en ella.*
>
> *¡Cuán dulces son a mi paladar tus palabras!*
>   *¡Son más dulces que la miel a mi boca!*

(Sal 119.97, 103)

Aquí hay una secuencia que vale la pena destacar. En el versículo 97 el salmista describe su deleite en la Ley como parte de la Palabra de Dios (*ley* es apenas una de las ocho palabras que el poeta aplica a la Palabra de Dios). Pero, como señaló Chris Wright en sus exposiciones sobre el Salmo 119 (*Life Through God's Word,* un libro que sería un buen ejemplo sobre esta manera de leer la Biblia), para que el corazón ame la Palabra de Dios la mente debe pensar en ella, y la memoria debe guardarla. Por eso "Todo el día medito en ella". "En mi corazón atesoro tus dichos"… Los versículos implican que la enseñanza del Señor ha llegado a formar parte integral del salmista. Ya lo había expresado antes en el Salmo:

> *En mi corazón atesoro tus dichos*
>   *para no pecar contra ti.*
> *En tus preceptos medito,*
>   *y pongo mis ojos en tus sendas.*
> *En tus decretos hallo mi deleite,*
>   *y jamás olvidaré tu palabra.*

(Sal 119.11, 15, 16)

El Salmo 119 no fue concebido para una lectura veloz.

Una vez más debemos evitar los malos entendidos. Cuando dice corazón no se refiere a las emociones. En el Antiguo Testamento, el corazón es la sede del pensamiento. Hablar de una lectura devocional no significa que estemos pasivos. ¡Pensar es un trabajo que requiere esfuerzo! En el Nuevo Testamento, Pablo animó a Timoteo para que fuera diligente y enseñara correctamente la Palabra (2Ti 2.15). Lo mismo se aplica al Salmo. La lectura devocional de la Biblia requiere pensar reflexivamente y nos alienta a masticar el texto. Puede tratarse con frecuencia de una reflexión rigurosa y continua, mientras pensamos en el significado de un pasaje durante el día, quizás en medio de otras obligaciones. Aquí corresponde esa parte de la disciplina a la cual el salmista describe enfáticamente como *guardar* las Escrituras. Cuando era niño me alentaban a memorizar secciones de la Biblia, una disciplina por la que estoy muy agradecido y que lamentablemente se ha ido perdiendo (en muchos casos debido principalmente a las múltiples traducciones de la Biblia). Cuando era joven, llevaba en el bolsillo de la chaqueta una serie de tarjetas pequeñas en las que había escrito pasajes de la Biblia que me proponía memorizar. Eran perlitas de la verdad que se incrustaban en mi mente y mi corazón. Desearía haberme comprometido mucho más con la memorización. Ese pensamiento reflexivo se puede describir en términos tales como probar, saborear, masticar, rumiar. A menudo requiere algún esfuerzo antes de que el texto nos brinde algún alimento.

¿Hasta qué punto seguimos el ejemplo de esa lista? El peligro es que adoptemos la mentalidad de buena parte de nuestra cultura occidental globalizada que se especializa en la comida rápida. En nuestro mundo muchas cosas se reducen y minimizan. El líder de una iglesia en Canterbury, en Inglaterra, redujo la Biblia a 57 páginas en las que, como expresó un crítico, "aquellos que están apurados por nacer de nuevo pueden meterse la Biblia en la cabeza en 100 minutos". Y tenemos la Biblia SMS que actualmente circula en Australia, la cual contiene 31 713 versículos traducidos a breves mensajes de texto que usted puede enviar a sus amigos.

Sin embargo, hemos visto que el llamado de los verdaderos discípulos es a desarrollar las disciplinas fundamentales de escuchar, pensar, rumiar, memorizar, meditar. Esto, por lógica, implica que nuestra lectura debe ser continua, y que la Palabra de Dios se guarda en nuestro corazón y nuestra mente (Dt 6.6–9; Pr 3.22–24; 6.22). A través de ese pensamiento reflexivo, estamos entrando en el texto, y el texto está entrando en nosotros. Lo tomamos de verdad, lo digerimos y lo absorbemos, tal como Ezequiel, Jeremías y Juan expresaron de manera gráfica la manera en la que asimilaron la Palabra de Dios de tal modo que llegó a ser verdaderamente parte de su ser:

> *Al encontrarme con tus palabras,*
> *yo las devoraba;*
> *ellas eran mi gozo*
> *y la alegría de mi corazón* [...].
>
> (Jer 15.16)

> *Luego me dijo: «Hijo de hombre, cómete el rollo que te estoy dando hasta que te sacies». Y yo me lo comí, y era tan dulce como la miel* [...].
>
> (Ez 3.3)

> *Me acerqué al ángel y le pedí que me diera el rollo. Él me dijo: «Tómalo y cómetelo. Te amargará las entrañas, pero en la boca te sabrá dulce como la miel».*
>
> (Ap 10.9)

Orar sinceramente

El tercer elemento de esta calidad de lectura devocional es el de la respuesta. No deberíamos considerar estos elementos en una secuencia lineal, porque a menudo se superponen en capas múltiples. Es probable que nuestra respuesta a la Palabra sea continua y no simplemente en una serie de etapas. Parte de la lectura debe incluir la oración sincera: nos metemos en lo que estamos escuchando al *orar el pasaje*. En un libro anterior sobre la oración, P. T. Forsyth escribió:

"La búsqueda en la Biblia y la búsqueda en la oración van de la mano. Lo que recibimos de Dios en el mensaje del Libro se lo devolvemos con nuestro interés en oración" (citado en Peterson 2006: 103). Eso tiene sentido porque leer la Biblia es un acto relacional y por lo tanto conversacional. Requiere nuestra participación con el autor del texto.

No es raro escuchar que los cristianos digan que, antes de su conversión a Cristo, la Biblia era para ellos un libro cerrado. Cuando llegaron a la fe, empezaron a descubrir su riqueza. Esto es así porque se trata de una relación. Si usted se para frente a un templo y mira sus vitrales, no verá su riqueza de color y diseño. Solo puede verse el color y la belleza cuando se mira la ventana desde el interior. Si usted está analizando un mapa, es más probable que lo entienda y que reconozca los relieves del paisaje cuando esté recorriendo el camino. De la misma manera, entrar realmente en el texto bíblico requiere que estemos en el interior, recorriendo el camino: conociendo al autor. Este asunto esencial fue el que guio acertadamente a Tyndale a sugerir que hasta un joven campesino que tuviera la Biblia podía conocer más de Dios que los académicos religiosos instruidos que la ignoraran. Se trata de una relación, y la lectura de los pasajes debería ser la puerta de acceso a la presencia de Dios y en consecuencia el mejor estímulo para conversar con él. Una vez más nos ayuda el Salmo 119, ya que el Salmo en su totalidad es una plegaria. Quizás requirió bastante esfuerzo construirlo, pero aun así su idea central es la súplica por entendimiento e iluminación.

> *Tengo más discernimiento que todos mis maestros*
> *porque medito en tus estatutos.*
> *Tengo más entendimiento que los ancianos*
> *porque obedezco tus preceptos.*

(Sal 119.99–100)

La plegaria favorita del salmista es su pedido de sabiduría. Anhela la enseñanza del Señor, porque reconoce que la Palabra de Dios es la sabiduría que cuenta y que sin esa iluminación está perdido. Si Dios es la fuente de toda sabiduría, y si Dios revela su sabiduría en su Palabra y por medio de su Hijo, entonces esta clase de lectura orante es una prioridad. Es Dios quien nos enseña, Dios quien abre nuestros ojos (v. 102). Pablo dice lo mismo: *¿Dónde está el sabio? ¿Dónde el erudito? ¿Dónde el filósofo de esta época?* [...] *exponemos el misterio de la sabiduría de Dios* [...] *Dios nos ha revelado esto por medio de su Espíritu* (1Co 1.20; 2.7–10). Dios es quien ilumina (Ef 3.16–19).

Ésta es precisamente la razón por la que tenemos que mantener vinculados la Palabra y el Espíritu. El valioso libro de Klaus Bockmuehl sobre este tema tiene un excelente título *Listening to the God Who Speaks* (Escuchar al Dios que habla). Nos recuerda la obra del Espíritu Santo:

> Es "el maestro que está en nosotros", como lo denominaba la antigua iglesia. Nos trae la presencia constante de Cristo como mediador, comunicador, constructor de puentes, el Dios "mediador". Los pasajes en Juan que se ocupan del Espíritu Santo están llenos de verbos comunicacionales. El Espíritu Santo es el maestro que habla, reprende, recuerda y guía. En los círculos cristianos con demasiada frecuencia se lo presenta meramente como el habilitador, y de esa manera queda reducido a una "fuerza" muda o un agente impersonal.

Con la Palabra en nuestra mente y nuestro corazón, y el Espíritu Santo a nuestro lado, la oración dispuesta a responder incluirá varios elementos. A veces será la expresión honesta por nuestra lucha por entender o entrar en la presencia de Dios; a veces será un pedido urgente de ayuda; y a menudo una respuesta de adoración o culto. No estamos solamente metiéndonos en el texto sino involucrándonos con el Señor que pronunció esa Palabra. Ésta la clase de lectura de la Biblia que realmente importa, porque nos invita a entrar en relación con el Dios viviente.

Vivir obedientemente

El evangelista norteamericano D. L. Moody dijo en una ocasión que todas las Biblias deberían estar encuadernadas con cuero del calzado que camina la calle. Ésta es una observación importante. La verdad es algo que se debe elaborar. La Palabra es para ser vivida. La lectura devocional de las Escrituras significa que leemos, escuchamos, pensamos y respondemos *con el firme propósito de obedecer.* Con frecuencia las Escrituras muestran que oír verdaderamente es un acto que incluye la obediencia (Dt 6.4–5; 33.3; Jer 31.4; Mr 9.7; Jn 10.3–4). La verdad no es simplemente algo para ser creído; es para ser puesta en práctica.

Hemos estado mirando el corazón del Salmo. *Aparto mis pies de toda mala senda para cumplir con tu palabra* (Sal 119.101). *De tus preceptos adquiero entendimiento; por eso aborrezco toda senda de mentira* (Sal 119.104).

Como dijo Michael Wilcock, la clave en esto es que "nuestra comprensión de la Palabra de Dios tiene que ver con nuestra obediencia, no con nuestro cerebro". La verdadera comprensión viene de vivir la verdad, no solamente de creerla. Como subrayamos, es *formativa,* no solo informativa. El salmista destaca una variedad de maneras prácticas en las que esto puede suceder. Atesorar la Palabra de Dios en nuestro corazón (vv. 9–11), es decir, guardarla en nuestra memoria, hacerla parte de nuestra vida, darle la bienvenida, es la manera bíblica de pensar y de vivir. ¿Y por qué habré de leer las Escrituras con esta actitud de "escuchar con el firme propósito de obedecer"? "Para no pecar contra ti".

Ésta es la manera de escuchar que también recomienda Jesús. Al explicar sobre la buena semilla dijo: *Pero la parte que cayó en buen terreno son los que oyen la palabra con corazón noble y bueno, y la retienen; y como perseveran, producen una buena cosecha.* Y un poco después agregó: *Mi madre y mis hermanos son los que oyen la palabra de Dios y la ponen en práctica* (Lc 8.15, 21). La única respuesta verdadera a la Palabra es aquella que resulta en fruto espiritual duradero, una que demuestra la verdad en acción. Es la piedad en ropa de trabajo. La parábola no trata simplemente con la respuesta del momento. Más bien se refiere a una respuesta continua a un compromiso para toda la vida. Deberíamos estar interesados en buscar desarrollo ético y espiritual a largo plazo.

Cuando Josué se embarcó en su desafiante nuevo oficio como líder del pueblo de Dios, recibió las siguientes instrucciones: *Recita siempre el libro de la ley y medita en él de día y de noche; cumple con cuidado todo lo que en él está escrito. Así prosperarás y tendrás éxito* (Jos 1.8). Es significativo que ese versículo destaca varios de los temas que hemos explorado: alimentarnos habitualmente de la Palabra de Dios, pensar cuidadosa y reflexivamente en sus implicancias, y escuchar con la intención de obedecer todo lo que Dios ha revelado.

La Palabra de Dios nos motiva a ver que la tarea más urgente que tenemos, el compromiso prioritario, es el de transitar la vida totalmente comprometidos con Jesucristo y su reino, poniendo en práctica su Palabra con el poder de su Espíritu. Es vital leer la Biblia con la responsabilidad de "escucharla" en el pleno sentido bíblico de esa palabra, es decir, recibirla, obedecerla, ponerla en práctica. Ya hemos visto que en Apocalipsis 2 y 3 las cartas a las iglesias tienen el mismo empuje: *El que tenga oídos, que oiga lo que el Espíritu dice a las iglesias.* A la iglesia en Sardis se le recalca todavía más: *Así que recuerda lo que has recibido y oído; obedécelo y arrepiéntete. Si no te mantienes despierto, cuando menos lo esperes caeré sobre ti como un ladrón* (Ap 3.3). La causa del deterioro espiritual en Sardis era que se habían alejado de la palabra que habían recibido, hacia los estándares de baja calidad de la sociedad en la que vivían. Por eso se encuentra el llamado a la obediencia a lo largo de todo el libro de Apocalipsis y en el cierre del libro: *Dichoso el que lee y dichosos **los que escuchan** las palabras de este mensaje profético y **hacen** caso de lo que aquí está escrito, porque el tiempo de su cumplimiento está cerca* (Ap 1.3, resaltado añadido); *¡Miren que vengo pronto! Dichoso el que cumple las palabras del mensaje profético de este libro* (Ap 22.7).

¿Qué objetivo tiene esta lectura atenta y obediente de la Palabra de Dios? Como vimos en el Salmo 119, el propósito es llegar a conocer a Dios. La obediencia no es sólo cuestión de un esfuerzo ético abstracto. Es la búsqueda de una relación personal con Dios. Estas cosas van juntas: *Dichosos los que guardan sus estatutos y de todo corazón **lo** buscan* (Sal 119.2, resaltado añadido).

La pregunta más importante que nos hacemos acerca del texto no es "¿Qué significa?", sino "¿Qué debo obedecer?". Por supuesto, no podemos responder plenamente a la segunda pregunta sin habernos ocupado antes de la primera, que es la que nos requiere el trabajo arduo de entender el texto, como vimos en la Parte 1 de este libro. Pero si respondemos solamente a la primera pregunta, y no pasamos nunca a la segunda, entonces estaremos fallando gravemente en la lectura de la Biblia tal como Dios dispuso que la hiciéramos. Solo esa "lectura-con-voluntad-de-obediencia" es la que nos introduce en la presencia de Dios, nos transforma y prepara para un auténtico servicio al Señor.

Me encanta el testimonio del psiquiatra cristiano John White, en su libro *La lucha (The Fight)*. Describe la lectura devocional de las Escrituras en términos con los que deseo poder identificarme:

> El estudio de la Biblia desarticuló mi vida y la volvió a armar: es Dios, a través de su Palabra, quien lo ha hecho. En los periodos más oscuros de mi vida, cuando todo parecía estar perdido, luchaba en medio de los grises amaneceres de muchos países lejanos, tratando de entender las verdades básicas de las Escrituras. No buscaba una respuesta inmediata a mis problemas. Pero sentía intuitivamente que estaba absorbiendo la corriente de una fuente que daba vida a mi alma. Lentamente, a medida que forcejeaba con problemas relativos al texto y a la teología, una nueva fuerza creció en mi interior. Los cimientos se unieron a una roca más allá de este mundo, fuera del alcance del tiempo y el espacio, y me volví fuerte y cada vez más vital. Si pudiera escribir poesías acerca de ellos lo haría. Si pudiera cantar a través del papel, inundaría su alma con las melodías gloriosas que expresan lo que he encontrado. No puedo exagerar, ya que no hay palabras lo suficientemente majestuosas para describir la gloria que he presenciado o el asombro de observar que yo, un hombre de mediana edad, neurótico e inestable, tengo los pies firmemente plantados en la eternidad y respiro el aire de los cielos. Y todo esto me ha llegado a través del estudio cuidadoso de las Escrituras.

Leer de esta manera la Biblia se vuelve inevitablemente una manera de vivir. No podemos permanecer iguales. Nuestras actitudes, nuestras motivaciones, valores, convicciones y compromisos son remodelados en ese encuentro dinámico con el Dios vivo, a cuya presencia nos llevan las Escrituras.

Otras maneras de leer la Biblia pueden ser útiles; esta manera de hacerlo es esencial.

Sugerencias para el estudio

1. Cuando nos disponemos a escuchar atentamente la Palabra de Dios, tomamos conciencia de muchas distracciones potenciales. Lea Lucas 8.1–15 e identifique las distracciones a las que se refiere el Señor Jesús. Después escriba un párrafo sobre cada una de estas distracciones, definiéndolas en términos de su propio contexto y su vida, y determinando de qué manera puede vencerlas.

2. Hicimos referencia al ejemplo de Habacuc, quien se alejó de las distracciones de un mundo confundido y de las emociones turbulentas del capítulo 1, para apostarse en los muros de la ciudad, esperando la palabra de Dios (Hab 2.1–3). Observe estos tres versículos y escriba sus propias respuestas a las siguientes preguntas:

   * ¿Cuáles son las razones de nuestra incapacidad de *montar guardia* (NTV), de trepar por encima del mundo y aprender a escuchar?
   * ¿Qué clase de expectativa tiene usted cuando se acerca a la Palabra de Dios?
   * ¿Cuáles son las características de una persona enseñable?
   * ¿De qué manera el énfasis del Señor sobre la certeza y la confiabilidad de su Palabra moldean su lectura de la Biblia?

3. Nos hemos referido a Hebreos 3, con su insistente reclamo de que *oigamos su voz.* Lea nuevamente los versículos en los que aparecen estas recomendaciones (Heb 3.7–4.13) y reflexione en lo siguiente:

   * ¿Cuáles son los ejemplos del Antiguo Testamento en los que se sostiene el escritor? Piense por qué son tan poderosos.
   * ¿Cuáles son las opciones importantes para evitar los errores que el escritor cita del Antiguo Testamento?
   * ¿Cuáles son las cualidades de la Palabra de Dios que describe el escritor en Hebreos 4.12? Escriba una oración sobre lo que significan cada una de esas cualidades.

Referencias y sugerencias de lectura

Listening to the God Who Speaks, Klaus Bockmuehl (Colorado Springs, Helmers & Howard, 1990).

Reading with God, David Foster (Londres, Continuum, 2005).

Life With God, Richard Foster (Londres, Hodder & Stoughton, 2008).

God Has Spoken, J. I. Packer (Londres, Hodder & Stoughton, 1979).

Eat This Book, Eugene H. Peterson (Londres, Hodder & Stoughton, 2006). Hay trad.: *Cómete este libro.*

Introduction to Biblical Hermeneutics, Walter Kaiser y Moisés Silva (Grand Rapids, Zondervan, 2007).

The Fight, John White (Leicester, InterVarsity Press, 1977). Hay trad.: *La lucha.*

Life Through God's Word, Christopher J. H. Wright (Carlisle, Authentic Media, 2006).

Capítulo 5

Usar la Biblia en la evangelización

Ajith Fernando

La Biblia es vital para la evangelización porque proclama lo que Dios ha hecho para salvar a la humanidad. Ese conocimiento nos llega a través de la Palabra de Dios. En consecuencia, el evangelismo es, en esencia, acercar a las personas a la historia de la Biblia.

John Stott dice que "es inconcebible pensar en la evangelización sin la Biblia" y muestra tres principales usos de ella en la evangelización. Dice: "La Biblia es la que le da su *contenido* a nuestro mensaje: Cristo crucificado, resucitado y reinando. Es la Biblia la que le da su *autoridad* a nuestro mensaje, para que lo proclamemos con una profunda convicción. Y es la Biblia la que le da al mensaje su *poder*, ya que el Espíritu Santo refuerza la Palabra en la experiencia de los oyentes" (en Conard, 2001: 61). Esta observación nos provee una estructura útil para el desarrollo de este capítulo.

La Biblia nos da el contenido del mensaje

Originalmente los cuatro evangelios fueron escritos como tratados evangelizadores, como lo explica Juan: *Pero éstas se han escrito para que ustedes crean que Jesús es el Cristo, el Hijo de Dios, y para que al creer en su nombre tengan vida* (Jn 20.31). John Stott dice que "los escritores de los Evangelios son [...] acertadamente designados como 'evangelistas' y que su composiciones literarias son correctamente llamadas 'Evangelios' porque presentaban las buenas noticias de Jesucristo con el objetivo de persuadir a sus lectores a creer en él"

(Stott, 1985: 20). Estamos pidiéndoles a las personas que acepten a Jesús como su salvador y que lo sigan como Señor. Si es así, al evangelizar deberíamos decirles qué tipo de persona es Jesús. Los evangelios nos dan esta información.

En los discursos evangelizadores a los auditorios judíos en el libro de Hechos tales como el sermón de Pedro en Pentecostés y la defensa de Esteban, más de la mitad de los sermones registrados consisten en textos del Antiguo Testamento. El mensaje más filosófico que Pablo presenta a los gentiles intelectuales en Atenas no contiene ninguna cita directa del Antiguo Testamento, aunque a la vez se trata de un mensaje completamente bíblico. El argumento de Pablo se basa nítidamente en la revelación bíblica y es un eco del pensamiento y a veces de frases del Antiguo Testamento. Pablo le dice a Timoteo: *Desde tu niñez conoces las Sagradas Escrituras, que pueden darte la sabiduría necesaria para la salvación mediante la fe en Cristo Jesús* (2Ti 3.15). Es evidente que Pablo entendía que un propósito primario de las Escrituras, que por supuesto para él era lo que llamamos el Antiguo Testamento era "evangelizador", en el sentido de permitir que la gente llegue a la fe salvadora en Cristo.

Una razón importante del valor de las Escrituras en el evangelismo, es que la fe es necesaria para la salvación. La base de la fe está en el contenido del mensaje que se recibe. Pablo dijo: *Así que la fe viene como resultado de oír el mensaje, y el mensaje que se oye es la palabra de Cristo* (Ro 10.17). Jesús dijo: *Ciertamente les aseguro que el que oye mi palabra y cree al que me envió, tiene vida eterna y no será juzgado, sino que ha pasado de la muerte a la vida* (Jn 5.24). Debe escucharse un mensaje objetivo: la palabra de Cristo. Ese mensaje viene de la Biblia.

El hecho de que quienes no vienen de trasfondos cristianos no acepten la autoridad de las Escrituras, no debe impedirnos usar las Escrituras con ellos. Cada religión tiene sus textos sagrados, y las personas los respetan como representativos de las creencias de esa religión. Cuando proclamamos nuestra religión, es natural que digamos a la gente lo que dice nuestro libro sagrado. Pueden aceptarlo o rechazarlo, pero si queremos que la gente conozca nuestra fe debemos informarles. A veces, cuando oyen lo que dice la Biblia, se dan cuenta de que esto es lo que han estado buscando y se rinden al mensaje de la Biblia.

Un jovencito budista de Sri Lanka estaba preocupado acerca de quién se haría cargo de él si su madre enferma moría, pues su padre ya había muerto. Se acercó a los dioses del hinduismo en busca de apoyo y se volvió devoto de varios de ellos. Por esa época llegaron a su vecindario los voluntarios de *Juventud para Cristo* (JPC) y trataron de que se acercara a los programas de JPC. Al principio los eludió pero finalmente se sumó a un campamento de evangelización de JPC. En esta ocasión discutía con los cristianos y no aceptó el mensaje. Unos meses más tarde asistió a otro campamento, y una vez más debatía con los cristianos. En esa oportunidad uno de los oradores citó a Isaías:

> *¿Puede una madre olvidar a su niño de pecho,*
> *y dejar de amar al hijo que ha dado a luz?*
> *Aun cuando ella lo olvidara,*
> *¡yo no te olvidaré!*

(Is 49.15)

Se dio cuenta de que éste era el Dios al que estaba buscando, y aceptó el evangelio. Hoy forma parte del personal de *Juventud para Cristo*, y comparte el evangelio con quienes vienen de trasfondos no cristianos.

Por supuesto, ésta no es la única manera en la que proclamamos el evangelio a los no cristianos. A veces debatimos a favor de la verdad bíblica sin hacer referencia a la Biblia. Usamos argumentos lógicos o de la experiencia para demostrar la veracidad de nuestro mensaje. Pero aun así, el mensaje que sostenemos es el mensaje de la Biblia, aunque no la citemos directamente. Esto es lo que Pablo hizo en Atenas. Su método de presentar al Dios del Antiguo Testamento antes del Cristo del Nuevo Testamento es importante en el caso de evangelizar a quienes no tienen trasfondo bíblico (ver también su mensaje en Antioquía de Pisidia, Hch 13.16–41). La gente no habría entendido el significado de lo que hizo Cristo a menos que antes hubieran entendido algo sobre el modo en que Dios trata con los seres humanos en su carácter de Creador, Señor, Redentor y Juez —temas descritos en el Antiguo Testamento—. Ni siquiera podemos entender plenamente el significado del título "Cristo" sin algún entendimiento sobre la historia de Israel en el Antiguo Testamento, y la misión de Dios de salvar y bendecir a las naciones por medio de ese pueblo. Sería mucho más fácil entender el sentido del sacrificio de Cristo si se contara con algún conocimiento anterior sobre el sistema sacrificial del Antiguo Testamento y por qué era necesario.

A partir de su experiencia de llegar con el evangelio a las tribus no alcanzadas, *New Tribes Mission* desarrolló un curso titulado *Building on Firm Foundations* (Construyendo sobre fundamentos firmes), en el que utilizan lo que ellos denominan un "enfoque cronológico" del evangelismo y de la enseñanza a los creyentes. Está disponible en varios volúmenes: dos para evangelismo y seis para la enseñanza. Cada una de las series comienza con el Antiguo Testamento y continúa con el Nuevo Testamento. Este enfoque podría ser una clave apropiada no solo para alcanzar a las personas de países no cristianos sino también a la gente en el Occidente poscristiano.

Hay una noble tradición del uso del mensaje expositivo en la prédica de evangelización. Debido a que la Biblia es el mensaje de Dios para el mundo, y es un libro muy relevante, una buena manera de dar a los oyentes una idea de lo que Dios quiere que escuchen sería simplemente recorrer un texto. He usado con frecuencia este método en mi prédica de evangelización. A veces explico acontecimientos en la vida de Jesús o en la de algún otro personaje bíblico. También he utilizado parábolas de Jesús y textos conocidos, como Juan 3.16 y 5.24 (dos versículos que expresan el evangelio cristiano en su esencia). Stephen Olford escribió un libro completo con tales mensajes: *Proclaiming the Good News: Evangelistic Expository Message* (2005, Proclamando las buenas noticias. Mensajes expositivos para la evangelización).

La Biblia le da autoridad a nuestro mensaje

"No" al relativismo: Ésta es una época de pluralismo religioso. El entendimiento común acerca de un encuentro religioso es que todas las religiones son más o menos iguales en el universo de la fe. Todas las religiones tienen algo de verdad y validez y pueden ser un medio de salvación. En la base de este pluralismo religioso encontramos el relativismo. Todas las religiones son solo relativamente verdaderas en relación con los diferentes contextos históricos y culturales. No hay una verdad última y absoluta que pueda ser legítimamente reclamada por una religión en particular (¡aunque los pluralistas se sienten muy bien al reclamar esa verdad absoluta para sus propias declaraciones relativistas!).

Uno necesita ser muy valiente para proclamar en este ambiente la enseñanza de la Biblia de que Cristo es el único camino de salvación. Lamentablemente muchos cristianos de este tiempo no se acercan a los que están fuera de la iglesia ni procuran persuadirlos para que cambien su lealtad y hagan de Cristo el Señor de su vida. Comparten el mensaje de Cristo con aquellos buscadores que se acercan con deseo de conocer el cristianismo. Es una pena que no vayan proactivamente en busca de la gente para proclamarles el mensaje.

El testimonio bíblico difiere de este enfoque del evangelismo. El verbo "persuadir" (*peithō* en griego) se usa siete veces en Hechos para describir la evangelización de Pablo. En 2 Corintios 5.11, el propio Pablo dijo: […] *tratamos de persuadir a todos*. Este uso de *peithō* ha sido definido como 'convencer a alguien de creer en algo y actuar sobre la base de lo que se recomienda'. Esa confianza en nuestro mensaje deriva de la convicción de que somos portadores de la revelación definitiva de Dios a la raza humana. Si el creador y Señor del universo ha dado un mensaje final para la raza humana y nosotros lo conocemos, entonces deberíamos hacer todo lo que esté a nuestro alcance y en el marco de nuestros principios para ayudar a las personas a recibir este mensaje en su vida. La versión de la Gran Comisión que da Mateo comienza con una afirmación de Cristo sobre su autoridad: *Se me ha dado toda autoridad en el cielo y en la tierra. Por tanto, vayan y hagan discípulos de todas las naciones* (Mt 28.18–19).

La manera de conocer ese mensaje definitivo es a través de la Palabra. Cuando comunicamos ese mensaje somos portadores de la autoridad de Cristo. Pablo expresa su confianza respecto a su ministerio de evangelización cuando dice: *Ahora, hermanos, quiero recordarles el evangelio que les prediqué, el mismo que recibieron y en el cual se mantienen firmes. Mediante este evangelio son salvos, si se aferran a la palabra que les prediqué. De otro modo, habrán creído en vano* (1Co 15.1–2). La razón de la confianza de Pablo reside en que su mensaje queda autenticado por la Biblia: *Porque ante todo les transmití a ustedes lo que yo mismo recibí: que Cristo murió por nuestros pecados según las Escrituras, que fue sepultado, que resucitó al tercer día según las Escrituras* (1Co 15.3–4).

"No" a la arrogancia: Naturalmente no podemos ser arrogantes cuando proclamamos este mensaje. La naturaleza del evangelio elimina la posibilidad de que los cristianos sean arrogantes. Proclamar la salvación en Cristo Jesús también requiere afirmar que somos pecadores indignos que no hemos hecho nada para merecer nuestra salvación. De hecho, somos siervos de los demás. Sin embargo, somos audaces al proclamar a Cristo como el Señor del universo. Pablo dijo: *No nos predicamos a nosotros mismos sino a Jesucristo como Señor; nosotros no somos más que servidores de ustedes por causa de Jesús* (2Co 4.5). Tenemos autoridad para evangelizar porque anunciamos la palabra del creador del universo a su creación. Pero es una autoridad derivada, no algo intrínseco a nuestra persona. Somos pecadores salvados por gracia ahora comprometidos a ser siervos humildes de los demás.

Billy Graham es conocido a la vez como una persona humilde y como alguien que proclama el evangelio con autoridad. En un video enviado al congreso de Amsterdam 2000 para predicadores evangelistas (al que no podía asistir por causa de su salud), dijo: "Nuestra autoridad viene de la Biblia, la Palabra de Dios. Cuando nuestro mensaje está fundado en la Palabra de Dios, el solo citar las Escrituras le da autoridad. La Biblia tiene poder inherente. Ésa es la razón por la que uso la frase 'la Biblia dice'. Cuando digo 'la Biblia dice' veo una especial atención del auditorio".

Graham pasó luego a hablar acerca de cómo tuvo que luchar él mismo respecto a la autoridad de las Escrituras, y lo importante que fue terminar esa lucha con una confianza firme en la Palabra de Dios. Sin esa confianza, nuestra prédica sería ineficaz porque carecería de autoridad y convicción.

Ésta es una época en la que hemos visto avanzar dos enfoques de la verdad que son hostiles al cristianismo bíblico. Uno de ellos es el fundamentalismo, que considero nace de una inseguridad que provoca a las personas a responder de una manera excesivamente hostil ante los desafíos que se hacen a sus convicciones. El otro enfoque es el pluralismo relativista, éste es diametralmente opuesto al enfoque fundamentalista. Sostiene que la verdad absoluta no puede ser conocida y se niega a insistir en el carácter obligatorio de las convicciones morales y religiosas. Nuestra generación ya está mostrando señales de rebelarse a estos dos enfoques. Ese rechazo crecerá con el tiempo. Que la iglesia esté dispuesta a responder con el estilo de vida del servicio humilde y el ministerio de una proclamación segura del mensaje de Dios. Las personas que están en proceso de rechazar tanto el fundamentalismo como el relativismo se darán cuenta de que aquello que ansían se encuentra en el evangelio.

La Biblia le da poder a nuestro mensaje

Palabra, no solo maravillas

En estos días en que "el evangelismo de poder" se ha vuelto muy popular, la gente no siempre piensa sobre el poder en vinculación con las Escrituras. Piensan más bien que el poder se conecta solamente con la intervención directa del Espíritu en el ministerio, que expresa poder de maneras tangibles que satisfacen las necesidades de la gente. Esto se describe en la Biblia en términos de *señales y maravillas* (Hch 2.43; 4.30; Ro 15.19; 2Co 12.12; etcétera). Este es un saludable redescubrimiento de un enfoque al ministerio que era prevalente en la época del Nuevo Testamento.

Sin embargo, la Biblia también habla de poder en vinculación con el impacto de la Palabra: *Ciertamente, la palabra de Dios es viva y poderosa, y más cortante que cualquier espada de dos filos* (Heb 4.12). Parece que en tiempos recientes hemos perdido esa convicción, especialmente cuando se trata de la evangelización. Las modalidades del evangelismo en nuestro tiempo son aquellas que enfatizan señales y maravillas o bien presentaciones sensibles a los que están en la búsqueda (tales como aquellos que se especializan en las necesidades sentidas). Con estos énfasis es fácil pasar por alto el importante lugar que tiene la Palabra en el evangelismo. Es posible que aquellos que enfatizan el evangelismo de poder y aquellos que utilizan enfoques sensibles a los buscadores hagan evangelismo bíblico responsable. Los ministerios de John Wimber, quien enfatizaba el "evangelismo de poder", y el de Bill Hybels y su Asociación Willow Creek, que enfatizan el "evangelismo sensible al buscador" muestran este equilibrio. Pero algunos de los seguidores de estos movimientos están tan enamorados de los recursos utilizados para atraer personas al mensaje que han descuidado algunos rasgos vitales del mensaje mismo.

La Biblia dice específicamente que el poder de la Palabra de Dios ayuda en el proceso de la conversión. Pablo estableció que las Escrituras *pueden darte la sabiduría necesaria para la salvación* (2Ti 3.15). Pedro dijo: [...] *ustedes han nacido de nuevo, no de simiente perecedera, sino de simiente imperecedera, mediante la palabra de Dios* (1P 1.23).

En la parábola de Jesús, el hombre rico que estaba en el Hades le pidió a Abraham que enviara a Lázaro a llevar el mensaje a sus hermanos para que no terminaran en ese lugar. [...] *Abraham le contestó: "Ya tienen a Moisés y a los profetas; ¡que les hagan caso a ellos!" "No les harán caso, padre Abraham —replicó el rico—; en cambio, si se les presentara uno de entre los muertos, entonces sí se arrepentirían". Abraham le dijo: "Si no les hacen caso a Moisés y a los profetas, tampoco se convencerán aunque alguien se levante de entre los muertos"* (Lc 16.27–31). El argumento de Abraham (o más bien el de Jesús) era que las Escrituras son suficientes para enseñar el camino de la salvación y el modo en el que se debe vivir. Si no quieren escuchar a las Escrituras, tampoco escucharían a alguna persona que se levantara de entre los muertos.

El poder de la Palabra

¿En qué consiste el poder de las Escrituras? Por cierto, no se trata de que las palabras en la Biblia tengan en sí mismas alguna capacidad mágica. Puedo pensar en por lo menos cuatro maneras en que las Escrituras son poderosas.

1. La Palabra del Creador

El poder de la Palabra reside en el hecho de que *es la Palabra del Creador a su creación.* Dios conoce mejor que nadie el corazón humano, porque nos creó a su imagen. Dios es quien mejor conoce lo que el ser humano necesita. Dios es el Gran Médico que sabe exactamente qué sanará al alma enferma por el pecado. Dios ha dado su receta en un libro. Entonces, no cabe duda de que ese libro será poderoso para producir cambios en las personas.

2. Testimonio de Cristo

Esta Palabra es poderosa porque *testifica de Cristo.* Jesús dijo: *Ustedes estudian con diligencia las Escrituras porque piensan que en ellas hallan la vida eterna. ¡Y son ellas las que dan testimonio en mi favor!* (Jn 5.39). Las Escrituras guían a la gente a Cristo porque Jesús es el tema grandioso de la Biblia. La gente puede quedar impresionada por la manera en que el Antiguo Testamento anunció a Cristo, y sentirse compelida a considerar las declaraciones de Cristo a causa del cumplimiento de las profecías acerca de él. Esto es lo que impresionó al etíope eunuco y dio como resultado su salvación (Hch 8.26–39). Es un hecho bien comprobado que en las encuestas de opinión muchas personas manifiestan un bajo concepto que tienen de la iglesia, pero la mayoría de la gente se siente atraída por Jesús. La Biblia provee la principal fuente y testimonio de su vida, su carácter, enseñanza, muerte y resurrección.

3. Respuesta a las necesidades humanas

Las Escrituras también *indican a la gente de qué manera ha provisto Dios una respuesta a sus anhelos.* Esto se ilustra en la historia del joven que buscaba un dios que lo cuidara en caso de que su madre muriera. Cuando la gente escucha la Palabra de Dios, algo en su interior exclama: "¡Ah! ¡Esto es lo que estaba buscando!". Se podrían relatar muchas historias de personas que se sintieron cautivadas al leer o escuchar un texto de las Sagradas Escrituras. El pionero en Sri Lanka del ministerio cristiano de rehabilitación de las adicciones, Raja Wijekoon, se convirtió en la cárcel al leer un folleto con las palabras: *Vengan a mí todos ustedes que están cansados y agobiados, y yo les daré descanso* (Mt 11.28). Había sido budista y líder de una pandilla, pero esas palabras lo cautivaron y lo incitaron a averiguar más acerca de Jesús.

Ésta es la razón por la que tenemos confianza cuando proclamamos la Palabra. Sea que la gente la acepte o no, sabemos que estamos proclamando el mensaje que su creador ha dado en respuesta a sus necesidades más profundas. En efecto, la prédica expositiva relevante en una iglesia puede dar como resultado la conversión de las personas. Los predicadores que exponen la Biblia de una manera que establezca contacto con quienes no tienen trasfondo cristiano han descubierto que la gente que no asistía a la iglesia capta el mensaje.

4. Herramienta del Espíritu Santo

La Palabra es un poderoso *agente del Espíritu Santo,* por medio del cual *convencerá al mundo de su error en cuanto al pecado, a la justicia y al juicio* (Jn 16.8). La Palabra fue inspirada por el Espíritu Santo (Hch 1.16; 2Ti 3.16; 2P 1.21). Sería natural esperar que use la Palabra para convencer de pecado. Es así, en efecto, porque la convicción que se produce se basa en lo que la Biblia afirma que es bueno o malo. Por eso Pablo describe a la Palabra de Dios como *la espada del Espíritu* (Ef 6.17). Hebreos 4.12 dice: [...] *la palabra de Dios es viva y poderosa, y más cortante que cualquier espada de dos filos. Penetra hasta lo más profundo del alma y del espíritu, hasta la médula de los huesos, y juzga los pensamientos y las intenciones del corazón.* En esto, concretamente, el Espíritu está usando la Palabra para hacer su trabajo.

Algunos desafíos concretos

¿Experiencia o verdad?

En esta era posmoderna ha disminuido el valor de la verdad objetiva, y la gente acepta determinado modo de vida a partir de consideraciones de la experiencia más que de fundamentos vinculados con la verdad. Si un sistema religioso me resulta bueno en determinado momento, lo acepto y recibo sus beneficios. Pero no se trata necesariamente de un compromiso para toda la vida. Me resulta "cool" ahora, y me apegaré a él a menos que encuentre algo que me satisfaga más.

Conforme a la actitud posmoderna de Occidente y al enfoque en las necesidades de muchas personas en el mundo no occidental, la mayoría de las personas se acerca hoy a Cristo porque responde a alguna necesidad personal. Puede ser de salud, de seguridad, riqueza, paz, un grupo que les dé aceptación e identidad, o alguna otra necesidad vivencial. Algunas de estas personas todavía no han entendido plenamente el evangelio con su énfasis en la obra de Cristo a favor de la redención del pecado. Sin embardo, dirían que se han adherido al cristianismo. Lo hacen porque Cristo satisface una necesidad. Pero se quedarán cuando se den cuenta de que Cristo es también la verdad.

Después de la alimentación a los 5000, muchas personas dejaron de seguir a Jesús porque descubrieron que a él le interesaba más darle el pan de vida que el pan material (Jn 6). Después de ser alimentados estaban dispuestos a hacerlo rey para que él colmara sus necesidades, pero no se encontraban dispuestos a aceptarlo como la verdad a la que debían seguir. Después de que muchos lo abandonaron, Jesús preguntó a sus discípulos: *¿También ustedes quieren marcharse? —Señor —contestó Simón Pedro—, ¿a quién iremos? Tú tienes palabras de vida eterna. Y nosotros hemos creído, y sabemos que tú eres el Santo de Dios* (Jn 6.67–69). Se quedaron porque habían aceptado que él era la verdad.

Lo que acabamos de describir podría sugerir que la obra de evangelización no se completa cuando alguien decide seguir a Cristo. Pero debemos continuar enseñando las verdades objetivas del evangelio, para que la razón principal de ser cristianos sea el hecho de que Cristo es la verdad y es el camino a la salvación, más que el hecho de que Cristo satisfaga alguna necesidad.

La evangelización entre personas que no tienen mentalidad occidental

Debido a que las cosmovisiones de personas de otras religiones que pertenecen a pueblos no occidentales son tan diferentes de las de nuestra cultura, la evangelización entre ellos conlleva desafíos particulares. En Sri Lanka, la mayor parte de nuestro trabajo en la iglesia y con Juventud para Cristo se ha realizado entre personas de condición pobre, sin influencia occidental y sin trasfondo cristiano. Muchas personas se han acercado a Cristo, y la mayoría de ellos lo hizo porque vieron que Cristo respondía a algunas de las necesidades que tenían.

Sin embargo, mantenían un concepto de Dios y una cosmovisión similar a la que tenían antes de convertirse al cristianismo. Buscaban a Dios como quien busca un médico, porque respondía a sus necesidades personales. Con ese concepto de Dios, no pensaban que debían presentarle toda su vida, incluyendo su manera de pensar y sus actos privados, y someterlos al señorío de Cristo. El mensaje de salvación del pecado por medio de la obra de Cristo tiene muchos conceptos ajenos a ellos, y lleva tiempo que sean absorbidos. Es decir que debe ocurrir un cambio en su cosmovisión antes de que puedan comprender plenamente el cristianismo bíblico. Esto pone a la luz la importancia de enseñar una cosmovisión auténticamente bíblica (como vimos en el capítulo 3).

La experiencia nos ha llevado a la convicción de que hay tres factores esenciales para lograr este cambio.

En primer lugar, si bien la satisfacción de las necesidades materiales es lo más atractivo para muchas personas, debemos esforzarnos por presentar otras verdades del evangelio, en especial las que se refieren a la redención que Cristo obtuvo para nosotros. Puesto que se trata de un concepto tan ajeno, tenemos que esforzarnos por encontrar maneras creativas de comunicar el mensaje de la cruz.

Los evangelistas deben hacer de esta búsqueda una de las grandes ambiciones de su vida. En mi libro publicado en 1995, *The Supremacy of* Christ (La supremacía de Cristo), traté de dar respuesta a muchas de las preguntas que los no cristianos me han hecho a lo largo de los años.

No debemos caer en la trampa de dejar que los enfoques de la propaganda (es decir, lo que la gente quiere escuchar) determinen el contenido de nuestra prédica. Lamentablemente, muchos predicadores no pueden resistir la tentación y pasan todo el tiempo hablando acerca de lo que la gente quiere oír sobre el poder de Dios, pero descuidan la presentación sobre la obra de Cristo para alcanzar nuestra redención del pecado. Incluso en tiempos de Pablo esta era una doctrina difícil de proclamar (1Co 1.21–25), pero con fidelidad Pablo hizo de esto su mensaje central (1C 2.2). En la actualidad hay iglesias que enfatizan el poder y otras que enfatizan la verdad del evangelio y la apologética. Una de los descubrimientos sorprendentes que hice mientras estudiaba el libro de Hechos fue que en las iglesias primitivas aquellos que hicieron milagros extraordinarios —por ejemplo Pedro, Esteban, y Pablo— eran también extraordinarios apologetas. ¡Es inusual ver esta combinación hoy!

En segundo lugar, los líderes cristianos deberían acercarse a aquellos que se han acercado a Jesucristo y esforzarse por comprenderlos. Esto debe tener el carácter de un ministerio encarnado (Jn 1.14). Esta práctica da a los líderes un sentido de solidaridad entre aquellos a quienes ministran (ver, por ejemplo, Hch 20.17–38) y provee a los convertidos con un ejemplo de cómo practicar la vida cristiana (1Co 4.16; 11.1; Fil 3.16; 1Ts 1.6). De este modo se pueden impartir verdades por medio de la experiencia de comunidad que incluye la enseñanza sistemática y la relación personal íntima. Al estar cerca de las personas, los líderes llegan a entender sus desafíos particulares y pueden darles una respuesta bíblica.

En tercer lugar, necesitamos grupos pequeños de estudio de la Biblia, donde las Sagradas Escrituras no solo se estudien sino que se apliquen a la vida de la gente mediante el diálogo y un sistema de rendir cuentas en el sentido espiritual, de modo que las personas compartan de qué manera progresan en la vida cristiana. Esta manera dinámica de incorporar la verdad bíblica con una mente activa permite que la Palabra de Dios sea internalizada por los nuevos cristianos. (Este tema se abordará más plenamente en el capítulo 6, *Usar la Biblia en grupos*).

La evangelización entre la gente posmoderna

En el mundo occidental encontramos un desafío similar a causa de las actitudes posmodernas prevalentes. En este ambiente estamos observando la disminución del valor de la verdad objetiva. Se le da mucho más peso a la experiencia subjetiva, como ya dijimos. Por lo tanto, no produce asombro que en el mundo occidental (igual que en el mundo ajeno a la influencia occidental) esté prosperando el movimiento carismático, con su énfasis en la experiencia de Cristo por medio del Espíritu Santo. Algunos analistas identifican hoy al movimiento carismático como un movimiento típicamente posmoderno, aunque otros discutirían esta interpretación.

¿Cómo podrá sobrevivir en este mundo posmoderno un evangelio fundado en verdades objetivas, en acontecimientos que tuvieron lugar en la historia y que son la base de la salvación que se ofrece? Se ha producido mucho debate al respecto, con un amplio espectro de opiniones dentro de la iglesia. Muchos han reaccionado contra la insistencia evangélica en la ortodoxia doctrinal que, según consideran, impide el testimonio cristiano en un ambiente posmoderno. Pero si bien siempre debemos asegurarnos de que nuestro mensaje haga contacto con la cultura existente o con la que está emergiendo, debemos ser cuidadosos de no perder las verdades esenciales que la Biblia enseña.

Sin entrar en este debate que está ocurriendo en el seno de la iglesia, compartiré aquí mis convicciones, elaboradas a partir de mi esfuerzo por alcanzar a los jóvenes de mejor condición económica en Sri Lanka, más expuesto a la influencia occidental. Recientemente me hice cargo de la dirección de este ministerio de Juventud para Cristo. En muchos sentidos, los jóvenes ricos de Sri Lanka son muy parecidos a los jóvenes posmodernos en el mundo occidental. Apenas termine de escribir esto, saldré a participar de un campamento de evangelización de cuatro días, con adolescentes de este trasfondo. A continuación menciono algunas de las convicciones y de las prácticas que hemos adoptado.

1. En este campamento tendremos mucha diversión, juegos, música y representaciones teatrales. Habrá buena oportunidad para disfrutar de la amistad entre los asistentes. Pero el principal objetivo del campamento es la presentación del evangelio.

2. Presentaremos la respuesta cristiana a las necesidades sentidas de estos jóvenes. De esta manera les mostraremos de qué forma el seguir a Cristo puede ayudarles a responder a las necesidades que más ocupan sus pensamientos. Enfocaremos estas necesidades mediante el uso de técnicas de dramatización, juegos, música y *clips* de películas y videos musicales. No nos conformaremos con el análisis de la situación y la descripción del problema, que es donde se detienen muchas de las canciones, las películas y las obras de teatro. Procuraremos mostrarles también de qué manera el evangelio bíblico puede responder a esas necesidades. En este campamento en particular cubriremos las siguientes cuestiones: autoimagen; presión de los pares; inseguridad acerca del futuro, especialmente en cuanto al amor y al matrimonio; y relación entre los adolescentes y sus padres.

3. Presentar las cuestiones básicas del cristianismo tal como están registradas en la Biblia seguirá siendo nuestra tarea primordial en el evangelismo, y esto es aún más importante que dar la respuesta cristiana a las necesidades sentidas. Durante las cuatro mañanas en el campamento cubriremos seis verdades extraordinarias y universalmente relevantes del evangelio:

    *   Quién es Dios (si los asistentes son en su mayoría provenientes de otras religiones hablaremos a partir de la evidencia de que existe un Dios supremo).
    *   Por qué el mundo está en caos (la caída y sus consecuencias, también el juicio).
    *   Quién es Jesús (su vida, su ministerio y su carácter).
    *   Lo que Jesús hizo y lo que hará (su muerte, resurrección, ascensión y su segunda venida para culminar la historia).

* Nuestra respuesta a Dios mediante el perdón que recibimos, la sujeción al señorío de Cristo y el sumarnos a su plan para el universo mediante el evangelismo y el servicio por medio de una nueva humanidad en la que se derrumban las diferencias terrenales.

* Cómo vivir la vida cristiana en el poder del Espíritu Santo.

Estas verdades del evangelio serán comunicadas de varias maneras. Cada mañana temprano los jóvenes recibirán textos breves de la Biblia referidos a los temas que abordarán durante la mañana, así como algunas preguntas sobre los textos. Rodeados por la belleza del paisaje, se los alentará a meditar a solas en esos textos con ayuda de las preguntas. Durante el tiempo de adoración conjunta alabaremos a Dios por las verdades de las que nos estemos ocupando esa mañana. Esto se hace por la convicción que tenemos de que los cristianos podemos alabar a Dios por estas verdades del evangelio, y los no cristianos pueden tomar nota de estas verdades al participar del encuentro de adoración. El mensaje central de la mañana presentará más acerca de la verdad escritural y de sus consecuencias.

Después de la charla, los acampantes se distribuirán en pequeños grupos para analizar lo que se les presentó esa mañana. Cada grupo contará con la asistencia de un líder. En algunos momentos del programa se podrá comunicar las verdades por medio de la lectura dramatizada de las Escrituras. Por ejemplo, cuando me refiera a la caída, un grupo representará algunos segmentos de la historia de la caída leyéndola de Génesis 3. Después de la dramatización de cada segmento, agregaré una breve exposición del evangelio a partir de ese texto. Luego representarán la sección siguiente. Para ilustrar un concepto podemos usar dramatizaciones breves antes de la charla principal, canciones cristianas y no cristianas, testimonios y entrevistas, así como videos tomados de programas populares, películas o *clips* que muestran a personalidades que los jóvenes conocen bien. Incluso las oraciones, especialmente las de alabanza, pueden servir para comunicar la verdad. El rasgo importante de todos estos elementos es que son el medio para comunicar la verdad bíblica.

La estrategia se relaciona con el hecho de que la generación actual está acostumbrada a buscar información mediante bocados pequeños de sonido y de imagen, de modo que el mismo mensaje básico que se presentó más temprano en una disertación, se presentará después en muchas dosis pequeñas mediante diversos recursos de comunicación.

En todo esto, los métodos son siervos de una verdad que no cambia y que podemos encontrar en la Palabra de Dios. La principal preocupación es: "¿Cómo podemos lograr que estas verdades lleguen al oyente?". No vamos a diluir algunos de los aspectos desagradables del evangelio, que no son apetecibles para el oyente. En Atenas, aunque los atenienses creían que ellos provenían de una cepa superior al resto de la humanidad, cuando Pablo presentó el evangelio no escondió la convicción cristiana de que todos los seres humanos descienden de un solo hombre (Hch 17.26). Tampoco escondió la doctrina de la resurrección de Cristo, aunque muchos de los que estaban en el auditorio la encontraban repulsiva (Hch 17.32).

Ser relevante en el sentido cristiano no es lo mismo que presentar solamente aquello que a la gente le gusta escuchar. Diferentes aspectos del mensaje cristiano resultan poco apetecible para diferentes personas en diferentes momentos. Nuestra tarea es presentar esas verdades de una manera que la audiencia quiera escucharlas y les resulten convincentes. En la actualidad, muchos cristianos son renuentes a presentar el mensaje de juico como parte de la evangelización. Pablo no tuvo miedo de hablar sobre el juicio a los sofisticados atenienses (Hch 17.31), y nosotros tampoco deberíamos tenerlo.

Cuando Pablo le habló al gobernador romano Félix disertó *sobre la justicia, el dominio propio y el juicio venidero* (Hch 24.25). Pablo creía que en lo profundo del corazón de todo ser humano hay un sentimiento de que el pecado debe ser castigado. Aunque analizar la doctrina del juicio parezca culturalmente inapropiado, en realidad es muy relevante porque hay una percepción del mismo en todo corazón humano. Es una verdad de la que cada ser humano necesita estar consciente. Una de las tres cosas sobre las que el Espíritu Santo convence al mundo es el juicio (Jn 16.8).

En los comienzos de nuestro ministerio con los jóvenes de buena posición también intentaremos comunicar el punto de vista de que los cristianos deben ser solidarios con las personas pobres y de grande carencias; que los cristianos deben comprometerse a llevar alivio y justicia a quienes están en esa condición.

De manera que, sin olvidarnos de las verdades desagradables, trataremos de presentar a la gente todo el consejo de Dios, como lo hizo Pablo (Hch 20.27). Esta tarea no es siempre fácil en el mundo contemporáneo. Sin embargo, algunos de los mejores resultados del cristianismo se han producido porque los cristianos respondieron a los duros desafíos que enfrentó la iglesia. Contamos con varias epístolas extraordinarias de Pablo que fueron respuesta a los problemas que enfrentaba la iglesia. Y contamos también con los escritos de los primeros padres de la iglesia, quienes desarrollaron excelentes obras apologéticas en respuesta a los tremendos desafíos presentados por la incredulidad y la herejía.

Los evangelistas se enfrentan hoy con el desafío de presentar el evangelio bíblico a personas cuya cosmovisión es muy diferente a la de la Biblia. Que este desafío provoque el surgimiento de una gran creatividad en la iglesia y de expresiones brillantes del inalterable evangelio bíblico.

Sugerencias para el estudio

1. Es fácil recurrir a "textos probatorios" cuando explicamos el mensaje cristiano. Como alternativa, es de mucho beneficio estudiar un pasaje en su contexto, identificando el evangelio en el párrafo. Estudie los siguientes pasajes y señale los temas sobre el carácter de Dios, la naturaleza de la humanidad, la persona y la obra de Cristo, así como nuestra respuesta. Después seleccione algunos de los pasajes y bosqueje a partir de ellos una presentación del evangelio.

    *   Marcos 8.27–38
    *   Juan 1.1–18
    *   Juan 3.1–21
    *   Romanos 3. 9–31
    *   1 Corintios 15.1–4
    *   Colosenses 1.15–23
    *   1 Pedro 2.21–25
    *   1 Juan 1.1–2.6

2. Los sermones en Hechos son ejemplos ilustrativos de la prédica evangelizadora. Considere los siguientes pasajes:

    *   Hechos 2.14–41
    *   Hechos 4.8–22
    *   Hechos 13.16–43
    *   Hechos 17.16–34

    Para cada sermón escriba sus respuestas a las siguientes preguntas:

    *   ¿Qué aspectos clave del evangelio cristiano se mencionan?
    *   ¿Qué pasajes del Antiguo Testamento se usan, y por qué?
    *   ¿De qué manera influye la audiencia en el contenido, el vocabulario y el desarrollo del mensaje?
    *   ¿Qué "puentes" utiliza el orador para vincularse con su audiencia?

3. Algunos podrían sugerir que usar la Biblia en la evangelización es un punto de partida inadecuado, debido a los presupuestos

acerca de un texto autoritativo que quizás el oyente no acepte. ¿Cómo defendería usted el uso de la Biblia y qué ejemplos bíblicos utilizaría para respaldar su argumento?

Referencias y lecturas recomendadas

The Mission of an Evangelist, William W. Conard (ed.) (Minneapolis, World Wide Publications, 2001).

The Supremacy of Christ, Ajith Fernando (Wheaton, Crossway Books, 1995; y en Londres, Hodder & Stoughton, 1997).

NIV Application Commentary: Acts, Ajith Fernando (Grand Rapids, Zondervan, 1998). Hay trad.: *Comentario Bíblico con Aplicación, NVI: Hechos de los Apóstole*s.

The Great Divorce, C. S. Lewis (N. York, Macmillan, 1946). Hay trad.: *El gran divorcio.*

Portrait of Integrity: The Life of Ray C. Stedman, Mark S. Mitchell (Grand Rapids, Discovery House, 2005).

Proclaiming the Good News: Evangelistic Expository Messages, Stephen F. Olford (versión electrónica WORDSearch, 2005; originalmente publicado por Baker, 1998).

Truth and the New Kind of Christian, R. Scott Smith (Wheaton, Crossway Books, 2005).

The Authentic Jesus, John Stott (Basingstoke, Marshall, 1985).

Capítulo 6

Usar la Biblia en grupos

Catalina Padilla

Comencemos por observar atentamente nuestra iglesia —la iglesia en la que crecimos, la iglesia en la que por primera vez escuchamos el evangelio, la iglesia a la que nos ligan lazos de afecto y lealtad, la iglesia en la que ahora participamos y servimos—. Examinemos *las maneras en que se usa la Biblia* en la *liturgia*, la *predicación*, la *enseñanza*, la *vida cotidiana* de los miembros —incluyendo a la persona que mejor conocemos, nosotros mismos—. Dedique un momento para anotar sus observaciones y las conclusiones a las que llegó.

Cómo se usa la Biblia en nuestra iglesia

Si usted se encuentra usando esta guía de estudio en un grupo, es oportuno compartir sus observaciones y analizar las conclusiones o las sugerencias.

¿Qué descubrió? ¿Cuáles son sus conclusiones acerca de la manera en que se usa la Biblia? ¿Coincide usted en que una de las características de muchas de nuestras iglesias es la falta de contacto valioso con la Biblia por parte de muchos cristianos? Quizás escuchemos sermones que comienzan con textos bíblicos; tal vez enseñemos a los niños a memorizar versículos bíblicos elegidos (con demasiada frecuencia sacados de contexto) y a veces entonemos frases bíblicas en nuestras canciones. ¿Permitimos realmente los cristianos que nuestra vida sea *modelada* por la Palabra de Dios, el mensaje del amor de Dios hacia nosotros, y el plan de Dios para su iglesia y su mundo (en lo que estuvimos reflexionando en el capítulo 3)?

Nuestra sugerencia es que los grupos pequeños de estudio bíblico llevados a cabo en las casas, liderados por hombres y mujeres laicos, con frecuencia brinden a los cristianos un aprendizaje directo y práctico de la Palabra. Estos grupos dan la oportunidad para el crecimiento espiritual y compartir el evangelio con miembros de la familia, amigos y vecinos. En primer lugar consideraremos de qué estamos hablando cuando nos referimos a grupos de estudio bíblico. Después nos ocuparemos de dos tipos de estudio bíblico en grupo, y daremos algunas sugerencias para los facilitadores y los participantes en estos grupos.

Grupos de estudio bíblico en las casas

En este momento estamos pensando en grupos en los hogares o en los vecindarios. Pueden organizarse en torno a metas o intereses o compartidos, acercando personas que viven en el mismo vecindario o participan en el programa de evangelismo y discipulado de la iglesia local. En el caso de un grupo que se reúne para estudiar la Biblia, los participantes comparten el mismo interés de investigar qué dice la Biblia, descubrir lo que significa para la vida cotidiana, y crecer en la vida cristiana. La única autoridad es la Biblia misma, el centro de atención. La reunión no es otro servicio estructurado de la iglesia y no hay un sermón preparado, ya que se trata de un encuentro en común con Dios alrededor de su Palabra escrita, en el entorno de un hogar que se abre para ese propósito.

La necesidad de los grupos de estudio bíblico

En primer lugar, la vida contemporánea en las grandes ciudades —que es la realidad de muchísima gente hoy— se caracteriza por la superpoblación, la falta de raíces, la alienación y la ausencia de relaciones personales significativas. El problema se agrava por las extensas jornadas laborales y las horas de anonimato en el transporte público. En estos y otros aspectos, la vida moderna está dejando de lado los valores tradicionales. Antes la gente encontraba su grupo primario de referencia en la familia, y el hogar era su centro de actividad. La popularidad del video y de los reproductores de DVD, por ejemplo, ilustran la importancia del hogar como centro de recreación para muchas personas durante su tiempo libre. ¿No debería la iglesia tomar ventaja de esta necesidad sentida de tener actividades en el hogar, y organizar pequeños grupos de índole familiar para el crecimiento cristiano y la comunicación del evangelio?

En segundo lugar, usted habrá notado en el Nuevo Testamento la manera en que Jesucristo combinaba la comunicación pública del evangelio, orientada a las multitudes, con el evangelismo personal y la enseñanza en grupos familiares. Jesús usaba el entorno del grupo casero para comunicar el mensaje en un ambiente de diálogo, en el que los oyentes tenían libertad para hacer preguntas y expresar dudas, y entonces recibir una respuesta personal a sus inquietudes. Me vienen a la mente varios ejemplos: la manera en que Jesús aprovechó la casa de Marta y María (Lc 10.38–42), de Mateo o Leví (Lc 5.29–32; Mt 9.9–13), de Simón (Lc 7.36–50; Mt 26.6–13; Mr 14.3–9), de Zaqueo (Lc 19.1–10) y también de muchos otros (cf. Mt 8.14; 13.36; Mr 1.29).

En tercer lugar, los primeros cristianos siguieron el ejemplo de su Señor, como podemos ver en el libro de Hechos y las epístolas. Por supuesto, uno podría decir que los primeros seguidores de Jesús no contaban con otro lugar de reunión aparte del hogar de los creyentes, pero en realidad la descripción de la vida de la iglesia de Jerusalén resulta significativa. Llevaban a cabo una prolongada reunión abierta en los atrios del templo, combinada con encuentros en las casas donde tenían confraternidad, evangelismo, enseñanza y oración (Hch 2.46; 5.42; 12.12). La reunión de evangelización de Pedro en la casa de Cornelio (Hch 10) ofrece un claro ejemplo de la comunicación del evangelio en un ámbito familiar. Pablo usaba a menudo el hogar como base de su enseñanza más personalizada, para complementar su ministerio público (Hch 18.7–8; 20.20; 28.30–31). En el resto del Nuevo Testamento, es interesante observar cuán a menudo se menciona *la iglesia en la casa de* [...] (ver 1Co 16.19; Ro 16.3–5; Col 4.15; Flm 2), como evidencia de la tarea misionera de parte de los cristianos "corrientes y comunes" que llevaron el evangelio a todos los rincones del Imperio romano, por medio del testimonio personal, las reuniones familiares y las iglesias en las casas.

Las características de la sociedad contemporánea y el ejemplo de Jesucristo y de la iglesia primitiva muestran el valor de que la iglesia del siglo XXI promueva un programa de estudio bíblico y evangelización a través de los encuentros en grupos pequeños en las casas.

La centralidad de la Biblia

Hasta aquí hemos usado varias veces el término "estudio bíblico", porque es lo que deseamos enfatizar. Mucha gente joven demuestra hoy un conocimiento muy limitado de la Biblia, y los nuevos convertidos que entran en nuestras iglesias conocen poco sobre la enseñanza bíblica, la doctrina o las cuestiones éticas. Al mismo tiempo, en muchos de nuestros servicios, el énfasis exagerado en la "adoración" y el canto ha reducido el tiempo dedicado a la enseñanza y la exposición de la Palabra. Muy pocas iglesias tienen clases sistemáticas y serias de enseñanza bíblica. Los cristianos poseen una urgente necesidad de encontrarse con Dios en la Palabra de una manera nueva y significativa, una forma que tenga sentido para la vida y se exprese en el modo en que pensamos y vivimos, sea en el hogar, el trabajo, la política, el comercio.

En el centro de los grupos pequeños se encuentra la Palabra de Dios, abierta para que todas y todos puedan leerla, analizarla e incorporarla a la vida cotidiana. La reunión está enfocada en la Biblia como Palabra escrita de Dios; Jesucristo está en el centro y el Espíritu Santo enseña a través de la Palabra.

Evangelismo responsable

En muchas de nuestras iglesias sucede que los nuevos convertidos se integran como miembros con una comprensión sumamente limitada del evangelio, con poco conocimiento sobre la esencia de la conversión y la vida cristiana, y una vaga idea de la decisión que acaban de tomado. Si la iglesia quiere crecer en profundidad y madurez para confrontar los requerimientos de la sociedad moderna y posmoderna, debe usar métodos de evangelismo que promuevan una conversión genuina. Ésta es una conversión en la que la persona total responde al evangelio total con todos sus requerimientos, no simplemente una respuesta emocional a la personalidad del evangelista. Se trata de una conversión a Cristo Jesús como Señor que incluye una aceptación humilde de su señorío sobre toda la vida; una conversión que afecta todos los aspectos de la persona: su mente, su corazón y su voluntad; una conversión que no solo incluye los aspectos positivos de al vida, sino, también los negativos (ver 1Ts 1.9–10).

Desarrollar grupos pequeños de estudio bíblico orientados al evangelismo es un complemento del programa de evangelización de la iglesia y asegura que los nuevos miembros tengan un conocimiento adecuado del evangelio como para tomar una decisión razonada, auténtica y duradera.

Grupos de estudio bíblico para el discipulado o el cuidado pastoral de los cristianos

Ahora giramos nuestra atención desde este pantallazo general hacia el primer tipo de estudio bíblico, uno que ofrece enseñanza y compañerismo a los cristianos, a menudo designado como grupo de discipulado o de atención pastoral. Esto no significa que no sean bienvenidos los que todavía no creen en el Señor Jesucristo. De hecho, muchas personas han llegado a conocer al Señor del evangelio en grupos de cristianos que se enfocan al estudio de temas teológicos o de literatura profética. Toda la Palabra de Dios habla del maravilloso plan redentor de Dios el Padre. En esta sección, sin embargo, nos concentraremos en los grupos de estudio bíblico cuyo objetivo principal es el crecimiento de los creyentes en fe, madurez y servicio.

El propósito del estudio de la Biblia

Lea la Palabra de Dios en 2 Timoteo 3.10–17. Este pasaje es un buen resumen de la meta de cualquier grupo de estudio de la Biblia. ¿Qué necesitamos a fin de "capacitarlos para toda buena obra"? ¿Cuáles son las buenas obras para las que necesitamos estar preparados? ¿Cómo responde la Biblia a nuestras preguntas? Escriba sus respuestas a estas preguntas.

Comunidad, participación y libertad

Con demasiada frecuencia las características de la vida moderna se trasladan de la sociedad a la iglesia. Por el deseo de tener congregaciones cada vez más numerosas, nuestras iglesias se han vuelto tan impersonales y desprovistas de relaciones interpersonales significativas como ocurre en la sociedad urbana. Las reuniones en grupos pequeños reconocen la importancia del individuo, la necesidad de una comunidad, la validez de las dudas y las preguntas honestas, así como el valor de la experiencia y la opinión personal. Las personas florecen en una atmósfera de aceptación, libertad y participación. Todos los asistentes, a este tipo de grupos, se sienten libres para comentar y plantear preguntas sin temor a ser criticados o puestos en ridículo, porque cada persona es aceptada y considerada valiosa. La gente se siente libre para sacarse la máscara de "ir el domingo al culto", y busca con sinceridad respuestas para sus dudas. Al mismo tiempo, el lugar central que tiene el texto bíblico protege a la reunión de convertirse en un espacio para exponer opiniones, relatar problemas o experiencias espirituales, o discutir sobre las diferencias entre denominaciones.

La calidad de las relaciones

Todos los miembros de un grupo de estudio bíblico casero pueden contribuir, no importa su trasfondo o su experiencia previa, a la vida y la experiencia de aprendizaje de los otros miembros del grupo. ¿Ha pensado alguna vez en las formas en que los cristianos podemos compartir y ser mutuamente serviciales si se nos da la oportunidad de conocernos y de cultivar la amistad? Observe las siguientes instrucciones para la vida cristiana: lo que podemos hacer por otros y lo que deberíamos estar dispuestos a que ellos hagan por nosotros. En cada texto encontrará una actitud o una actividad que forma parte de nuestra responsabilidad mutua como cristianos. Haga una lista de ellas y piense en lo que significarían para la vida de su comunidad de fe.

* Romanos 1.11–12
* Gálatas 6.1–2
* Efesios 5.21
* Filipenses 2.3–4
* Colosenses 3.13–14
* Colosenses 3.16

Un grupo pequeño de comunión o de discipulado es el ámbito ideal donde los cristianos pueden comenzar a vivir esta calidad de vida comunitaria.

Liderazgo laico en los grupos

El liderazgo debería estar en las manos de los "laicos": de todo el pueblo de Dios, no de un privilegiado y exclusivo grupo de clérigos ordenados para el ministerio pastoral. Con demasiada frecuencia los pastores o los graduados de seminarios conducen desde una posición de poder, con la sensación de que deben mantener el control y de que *deben* tener todas las respuestas, y a menudo lo hacen usando un vocabulario teológico que nadie entiende realmente y nadie se atreve a preguntar. Frecuentemente los cristianos "comunes y corrientes" se sienten inhibidos por la presencia del pastor y vacilan en expresar sus interrogantes. El líder debe ser un facilitador del proceso de investigación, descubrimiento y aprendizaje; un guía, no un dictador; un verdadero maestro que sigue el método de Jesús de responder a una pregunta con otra, y luego otra, hasta que la gente encuentra su propia respuesta. Solo entonces se ha producido un aprendizaje genuino.

El liderazgo laico de los grupos de estudio bíblico es una expresión del sacerdocio de todos los creyentes, y brinda oportunidad para que los miembros ejerciten los dones que el Espíritu Santo les ha dado y sean activos en el ministerio de la Palabra. Algunos usarán sus dones para enseñar o liderar; otros utilizarán dones de servicio o de hospitalidad al abrir sus hogares para recibir a sus vecinos; otros emplearán sus dones de aliento ("consolación") a aquellos miembros que están sufriendo; y otros usarán sus dones para dar a los que tienen necesidad… (ver Ro 12).

¿Dónde caben los pastores en este esquema? ¿Deben ser completamente excluidos? ¡En absoluto! Quienes han recibido los dones de liderazgo ("pastores y maestros") tienen la responsabilidad de preparar y equipar a los líderes "laicos", varones y mujeres, para su ministerio (palabra que a menudo se traduce "servicio"; ver Ef 4.11–13). Los pastores deberían estar entrenando y capacitando a los líderes laicos para los grupos caseros. El liderazgo de los grupos de estudio bíblico en las casas es una importante área de servicio para el cual los miembros de la iglesia deberían ser preparados, equipados, ordenados, enviados y respaldados en oración por toda la comunidad de la iglesia.

Definiciones

Antes de continuar, debemos definir con más precisión qué significa cuando hablamos de *grupos de estudio bíblico en las casas conducido por personas laicas.*

1. Es un **grupo**; un encuentro relativamente pequeño de personas (por lo general entre 6 y 15 personas como máximo) unidas por amistad e intereses comunes o simplemente vecinos. El grupo reúne a cristianos y se nutre de los vínculos reales de la vida cotidiana que provee del contexto humano para el crecimiento espiritual. En una sociedad urbanizada impersonal y sin raíces, un grupo pequeño brinda la calidez y la aceptación que son dimensiones esenciales del evangelio.

    La dinámica de este *grupo* demuestra las siguientes características:

* Todos los participantes se expresan de manera franca, libre, abierta y sincera.

* Todos los miembros participan, porque todos ellos son importantes y pueden expresar sus puntos de vista, dudas y preguntas sin temor de ser criticados.

* Cada persona es respetada como individuo.

* Todos los miembros toman en serio la importancia de las relaciones interpersonales en el contexto de compartir y alentarse mutuamente.

* Todos respetan la dinámica del grupo y las confidencias personales nunca se usan como fuente de chisme.

2. Es un grupo que **se reúne en una casa,** en una atmósfera familiar e informal; se asienta en la familia, la unidad natural de la sociedad, donde las personas se sienten libres para ser más auténticas.

    Al encontrarse en una *casa*, ese grupo muestra las siguientes características:

* Se beneficia de la calidez y la informalidad de la casa, así como de las relaciones naturales de familia, amistad y vecindad.

* Todos los miembros se conocen personalmente; no son simplemente parte de una masa de personas pasivamente sentadas en una reunión numerosa.

* Puede dar la oportunidad para que se encuentren entre sí cristianos de diferentes denominaciones.

3. Es un **grupo de estudio bíblico** que se encuentra en una casa. Toma en serio el propósito básico de las Escrituras y facilita la interacción del individuo con la verdad de cada persona con la verdad bíblica. El encuentro se enfoca en la Biblia, la cual a su vez orienta hacia Jesucristo, y el Espíritu Santo enseña a través de la Palabra.

    Como *grupo de estudio bíblico* muestra las siguientes características:

* No es otro culto ni otra prédica.

* Es *bíblico*: proporciona una base sólida sobre la cual los cristianos pueden crecer en respuesta a la Palabra de Dios y no a un mensaje humano o a las emociones del momento.
* No es un intercambio de opiniones o experiencias religiosas.
* No es una discusión sobre las diferencias entre iglesias o denominaciones.
* Es un *estudio*; apela al intelecto y la voluntad de cada persona, y provee conocimiento y comprensión de las escrituras, pero no está orientado a personas intelectuales ni requiere un nivel académico elevado.

4. Es un grupo de estudio bíblico en una casa con **liderazgo laico de varones y mujeres**; no depende del liderazgo ordenado de la iglesia, sino que da oportunidades de servicio a los miembros laicos.

   Como ministerio con *liderazgo laico*, muestra las siguientes cualidades:

   * Brinda oportunidades para el ejercicio de los diferentes dones del espíritu en el ministerio de la iglesia.
   * No depende del liderazgo ordenado ni se limita a los graduados del seminario. Los facilitadores o moderadores son miembros del grupo, y aun pueden rotar en el liderazgo. Es mejor que el facilitador no sea un pastor ordenado, porque en muchos casos la presencia del pastor restringe la libertad del grupo.
   * Muestra que la Biblia es para todos, que todos pueden leerla y entender su mensaje; alienta a las personas a continuar leyendo por sí mismas.
   * Brinda oportunidades para ahondar en el compañerismo.

En resumen, esta visión considera la formación de pequeños grupos de parientes, amigos y vecinos, que se encuentran en un ámbito informal en las casas con el propósito de leer y estudiar el texto de la Biblia. Esto puede realizarse en una atmósfera abierta y amigable que estimula el diálogo y la comprensión, facilita la respuesta personal al evangelio, y promueve la madurez y la estabilidad en la vida cristiana.

Sugerencias prácticas
para los grupos de discipulado

1. Hacer planes para el grupo

En cada grupo debe haber varias personas que se preparen para conducir los estudios, así como una familia anfitriona que abra su casa y brinde una atmósfera de bienvenida. Estas dos responsabilidades son muy importantes y requieren el ejercicio de los dones apropiados. Es muy difícil que una sola persona logre cubrir los dos roles a la vez. Algunos grupos prefieren mantenerse abiertos a todo el que quiera participar, en tanto que otros entienden que un grupo más o menos constante, con una membresía cerrada, alienta el compañerismo, la libertad y la responsabilidad mutua.

2. Prepararse para el estudio

El grupo selecciona los pasajes o los temas que estudiará, tomando en cuenta las necesidades del grupo y los recursos disponibles. Hay una gran variedad de guías de estudio disponibles. Si el coordinador se siente inseguro, es mejor comenzar con una guía ya elaborada, pero ésta nunca reemplaza la preparación cuidadosa. Una vez que adquiera experiencia, el coordinador podrá prepararse para el estudio sin el auxilio de materiales ya elaborados.

El *líder* o *facilitador* es parte del grupo y sirve como guía para los demás en su exploración del mensaje de la Biblia; el facilitador no predica un sermón ni da una conferencia ni presenta su opinión personal antes de que se la pidan.

Los *líderes* deberían estar preparados espiritualmente, en oración y en la comprensión del pasaje. Si el pasaje no les ha hablado a ellos, no podrán orientar a otros hacia la verdad de aquel y hacia el significado para su vida.

3. Prepararse para liderar un grupo de estudio bíblico

Hay varios pasos fundamentales en la preparación para liderar un estudio. En esta etapa es decisivo el trabajo que se describió en el capítulo 2.

* Al leer el pasaje por primera vez, los facilitadores deben buscar el concepto principal o tema central del párrafo y expresarlo en el lenguaje cotidiano. ¿Cómo abordarían este tema los miembros del grupo? ¿Cómo entenderían el texto? ¿Qué preguntas harían?

* Es fundamental leer el texto párrafo por párrafo o por unidades de pensamiento; la división del texto en versículos a menudo interrumpe el flujo de las ideas.

* La cuidadosa **observación del texto** es de máxima importancia. Los facilitadores deben estudiar el texto atentamente, examinando los detalles y anotando observaciones clave, a fin de *saber* lo que el texto realmente dice.

* En el siguiente paso, la **interpretación**, los facilitadores deben reflexionar en los conceptos clave del párrafo hasta entender su significado y ser capaces de expresar el sentido esencial en el lenguaje cotidiano. Deben buscar sus propias respuestas a preguntas como la siguiente: ¿Qué sentido tenía para quienes participaron en el evento y para los lectores originales? ¿Qué lecciones o doctrinas enseña el pasaje? Esto no implica que el facilitador vaya a dar un discurso. Solamente significa que deben estar preparados en su propia comprensión del texto bíblico.

* El paso siguiente, de la **aplicación**, requiere reflexión sobre la significación del mensaje de ese texto para la vida contemporánea: ¿Cómo influyen estas enseñanzas en la vida actual en situaciones concretas en la experiencia de los miembros del grupo? ¿En las decisiones políticas?, ¿en los negocios?, ¿en la práctica profesional?, ¿en la familia?

* Los facilitadores deben preparar una serie de **preguntas** que cubren los pasos de *observación, interpretación* y *aplicación*, preguntas que orientarán al grupo a descubrir las verdades del pasaje. Estas preguntas deberán ayudar al grupo a concentrarse en el texto, a entender los conceptos claves del pasaje y a reflexionar en su significación para la vida cotidiana.

* Los facilitadores deben preparar una **introducción** apropiada que provea un puente entre las situaciones de la vida diaria de

las personas en el grupo y el texto que van a leer y analizar, una introducción que atraiga la atención de los participantes y los motive a buscar en el texto las respuestas para sus preguntas.

* Los líderes deben preparar una **conclusión** adecuada que estimule a los participantes a reflexionar en el mensaje del texto, a tomar decisiones y a poner en práctica lo aprendido.

* **Los anfitriones** deben tener la casa preparada para recibir a sus invitados: las sillas dispuestas para que las personas puedan verse unas a otras y conversar con comodidad; iluminación adecuada para leer; ejemplares de la Biblia, etc.

4. Liderar el grupo de estudio

Es de máxima importancia generar una atmósfera informal y amistosa en la que todos se sientan cómodos, no una copia de la solemnidad de una iglesia tradicional.

* Es importante hacer una breve presentación que sirva como puente entre la vida cotidiana y el pasaje bíblico. Puede ser una referencia a algún acontecimiento conocido del momento, una cita literaria, una situación contemporánea que ilustra el tema del estudio. Debe atraer la atención de todos los participantes, motivarlos a buscar el mensaje del texto y preparar al grupo para que se concentre en el estudio del pasaje.

* Liderar el estudio consiste en hacer preguntas que ayuden al grupo a descubrir el mensaje del texto. Los facilitadores deben haber preparado estas preguntas de antemano, durante el tiempo de estudio personal, pero no han de aplicarlas en forma mecánica. Deberían ser flexibles, expresar esas preguntas de distintas maneras y hacer todo lo posible por alentar al grupo a dialogar con el texto. El estudio comienza con preguntas de *observación* (¿qué dice el texto?). Continúa con preguntas de *interpretación* (¿qué significa?). Concluye con preguntas de *aplicación* (¿qué nos dice hoy a nosotros?, ¿qué deberíamos hacer en consecuencia?). Es fundamental que todos los participantes sepan y entiendan el mensaje del texto antes de hacer aplicaciones personales de él. La guía de preguntas no debería ser demasiado sencilla ni demasiado

complicada; deberían ser preguntas que alienten el estudio del pasaje y estimulen el análisis del mensaje.

* En español y en muchos otros idiomas, tenemos un número confiable de traducciones modernas que ayudan de manera inconmensurable a nuestra comprensión del significado del texto. Puede ser muy enriquecedor remitirnos a esas diversas traducciones.

* Un hábito adecuado en este ámbito, como en todo estudio de la Biblia, es pensar en párrafos, no en versículos. Nunca implementen la lectura versículo por versículo. El rol del facilitador consiste en dos aspectos. Primero, él o ella deben orientar al grupo para que todos los asistentes descubran personalmente el mensaje del texto; y en segundo lugar, dirigir el debate de manera que todos analicen su manera de reaccionar a lo que están aprendiendo del texto y reflexionen en su importancia para la vida cotidiana. El facilitador debe ser sensible al tipo de preguntas planteadas. Tiene que evaluar los comentarios sin juzgar ni criticar, y sugerir dónde buscar respuestas a las preguntas que han quedado sin responder. El facilitador debe mostrar mucha flexibilidad y creatividad.

* Cuando se planteen preguntas difíciles, los coordinadores nunca deben vacilar en decir "No sé". Un honesto "no sé" no desacredita a los líderes ante el grupo, porque se han presentado como miembros del grupo, no como autoridades que tienen todas las respuestas. En esa ocasión el facilitador puede devolver la pregunta al grupo, con un "¿Qué piensan ustedes?", pedirles opinión o decir sencillamente "No sé". Pero ese *no sé* debe ir seguido por un "Para la próxima vez que nos encontremos, todos deberíamos investigar sobre esta pregunta y estar preparados para compartir nuestros hallazgos".

Grupos de estudio bíblico de evangelización

El segundo tipo de grupo de estudio bíblico casero que vamos a considerar es muy similar al que hemos estado describiendo, pero con una diferencia importante: el propósito principal es que los cristianos compartan la Palabra con sus amigos, parientes y vecinos interesados. Podemos llamarlo estudio bíblico de evangelización, aunque no usaríamos esa denominación al momento de invitar a nuestros amigos y amigas a asistir. Piense en un nombre que les resulte atractivo, por ejemplo: *Conozca la Biblia, ¿Qué dice la Biblia?, ¿Podemos realmente saber algo sobre Jesús?* (Formule un par de títulos que pudieran interesar a sus amistades y anótelos).

"¿Cómo podemos siquiera estudiar la Biblia con personas que no son cristianas?, ¡ni siquiera creen en ella!, ¡no creen que la Biblia sea un libro inspirado!". Probablemente estas sean nuestras primeras reacciones cuando comencemos a considerar la idea de convocar a un grupo de estudio de la Biblia como un medio para compartir el evangelio con nuestra familia, amigos y vecinos. Piense en algunas de las razones por las que fueron escritos los diferentes libros. Juan comunica explícitamente su propósito al escribir su Evangelio (Jn 20.30–31). ¿Por qué lo escribió? Ahora exprese el propósito de Juan en sus propias palabras. Pablo también menciona los propósitos por los cuales Dios nos dio las Escrituras. ¿Cuál es el propósito fundamental que menciona en 2 Timoteo 3.15? (Si está usando esta Guía de Estudio en grupo, probablemente quieran comentar sus respuestas).

Escritores como Juan y Pablo presentan el mensaje de Dios *al mundo*, no solamente *a la iglesia*. Es un error insistir en que antes de leer la Biblia la persona deba aceptar que es un libro inspirado. Todo el que esté dispuesto a invertir un poco de tiempo en leer la Biblia con la mente y el corazón abiertos lo descubrirá en su mensaje de amor y salvación.

El propósito de los grupos de estudio bíblico para la evangelización

Espero que usted esté de acuerdo en que nuestro propósito al invitar a amistades no cristianas a leer la Biblia con nosotros sea que lleguen a conocer y a confiar en el Señor Jesucristo como su Señor y Salvador, que encuentren en Él la salvación y que luego vivan conforme a su fe. Ésta, por supuesto, es nuestra meta suprema. Sin embargo, es bueno que nos sintamos satisfechos con algunas metas intermedias a lo largo del camino. Podríamos decir que el propósito en nuestro primer encuentro es brindarles a nuestros invitados cierta familiaridad con la Biblia, para que deje de ser un libro cerrado y ajeno a ellos. En estas primeras etapas nuestro foco será principalmente la persona de Jesucristo. Nuestra meta siguiente podría ser que nuestros amigos descubran que realmente pueden entender lo que la Biblia dice, y sentir que vale la pena invertir un poco de tiempo en leerla y analizar el mensaje que contiene sobre Jesucristo. En este momento no hay necesidad de involucrarnos en debates sobre la inspiración y la historicidad de las Escrituras. Tomamos la Biblia tal como es y dejamos que hable por sí misma. A medida que progresa nuestra lectura de la Palabra de Dios, nuestros invitados crecerán en comprensión de su mensaje, y lo que esperamos es que lleguen a conocer a su autor.

Definiciones

Es preciso definir exactamente qué queremos decir cuando nos referimos a **grupos de evangelismo de estudio bíblico en las casas, liderados por varones y mujeres laicos**, para que reconozcamos las diferencias entre estos grupos y los grupos de estudio de carácter pastoral. Muchos de los aspectos serán iguales, por supuesto, pero este tipo de grupo reúne a los cristianos con sus amigos no cristianos. El encuentro se alimenta en relaciones reales de la vida cotidiana que brindan el contexto humano para la comunicación del evangelio. En este sentido hay algunos aspectos adicionales de los que debemos dar cuenta.

1. Se trata de un grupo en el que tienen mucha importancia las siguientes cuestiones:

    *   Los participantes son respetados como individuos, con sus diversos trasfondos y convicciones religiosas; nadie es juzgado ni criticado por sus opiniones o declaraciones poco ortodoxas. Todos son alentados a expresar sus preguntas y sus dudas.

* La dinámica grupal es respetada por todos: los participantes solo necesitan estar de acuerdo en que se trata de un tiempo valioso dedicado a leer la Biblia con otros.

* Los cristianos en el grupo toman en serio la importancia de las relaciones interpersonales en la comunicación del evangelio. Respaldan al que hace el papel de facilitador, pero nunca intentan mostrar conocimiento superior respondiendo a todas las preguntas, ni tratan de "predicar todo el evangelio". Sí se les puede pedir que compartan brevemente su testimonio.

2. Se trata de un grupo que **se encuentra en una casa**, en un ámbito familiar e informal. Esto brinda los siguientes beneficios adicionales:

   * Evita el rechazo popular hacia la iglesia como institución, especialmente de parte de las personas que pertenecen a otro trasfondo religioso. Al no tener que ingresar al edificio de la iglesia, las personas no tienen que cruzar una barrera religiosa o artificial a fin de escuchar el evangelio.

   * Todos los participantes se conocen personalmente; no son simplemente parte de una masa de personas sentadas en un estadio para un evento de evangelización con música movilizadora o llamados emocionales.

3. Se trata de **un grupo de estudio bíblico** que se reúne en una casa. Toma en serio el propósito evangelizador de las Escrituras y posibilita la interacción de las personas con la verdad bíblica. La reunión se enfoca en la Biblia, Jesucristo es el centro y el Espíritu Santo habla por medio de la Palabra, de modo que todos los puntos presentados arriba todavía son válidos.

4. Es un grupo de estudio bíblico para **la evangelización**: su propósito es presentar el evangelio de Jesucristo a la familia, las amistades, los vecinos. Esto significa que tiene los siguientes objetivos:

   * El objetivo inmediato de cada encuentro es que las personas respondan positivamente a la Biblia y quieran seguir leyendo e investigando su mensaje.

* El objetivo final es que las personas entreguen su vida a Cristo Jesús como Señor y Salvador, que comiencen a servirle y se integren a la comunión de la iglesia.

5. Es un grupo de estudio bíblico para la evangelización que se reúne en una casa, **liderado por varones y mujeres laicos**. No depende del liderazgo ordenado de la iglesia, sino que da oportunidades de servicio a los laicos. Esto significa, además de los conceptos ya señalados sobre este aspecto, que:

   * Provee un medio de evangelización a muchos cristianos que difícilmente predicarían un sermón o se pondrían de pie en el púlpito.
   * No depende del liderazgo "ordenado" ni se restringe a los graduados del seminario. El facilitador o moderador es un miembro del grupo. Es bueno que el moderador no sea un pastor ordenado, porque a muchas personas la presencia del pastor les limita la libertad de expresión en el grupo.
   * Brinda oportunidades para el testimonio personal y el seguimiento individual, a partir de las relaciones naturales de amistad que se generan durante la experiencia de leer juntos la Biblia.

En síntesis, esta visión considera la formación de pequeños grupos de parientes, amigos y vecinos que se encuentran de manera informal en las casas para leer e investigar el texto de la Palabra de Dios. Esto se puede llevar a cabo en una atmósfera abierta y amigable que alienta el diálogo y la comprensión, y que facilita la respuesta personal al evangelio.

Beneficios para los cristianos y la iglesia

Con este modelo de evangelización, muchos cristianos que nunca predicarían o hablarían en público pueden participar en el esfuerzo de evangelismo de la iglesia. Lo hacen al dar su testimonio personal y al usar sus dones especiales: dones para hablar, al liderar el estudio; dones de hospitalidad, al abrir sus casas; dones de servicio, cuando se enteran de las necesidades particulares de los miembros del grupo, etc. Brinda oportunidades para el trabajo en equipo, demostrando cómo funciona la iglesia cuando todos sus miembros cumplen con sus responsabilidades específicas.

Un grupo informal de este tipo ofrece un ámbito neutral al que los cristianos pueden invitar a sus amistades no cristianas a escuchar el evangelio de Jesucristo sin temor de ser criticados por su condición ni presionados a tomar una decisión antes de estar listos para hacerlo. El estudio de la Palabra de Dios provee el conocimiento objetivo necesario para que una persona acepte a Cristo Jesús, y se complementa con los testimonios personales de los creyentes. A la vez, el grupo de estudio abre un espacio de conversación para que los cristianos tímidos compartan su fe con sus amistades de manera natural.

La iglesia que organiza grupos de evangelización en las casas alivia al pastor (o a los pastores) de la carga de la responsabilidad total por el evangelismo. En lugar de ello, la tarea se comparte con todos los miembros, muchos de los cuales tienen un contacto más natural con el entorno más amplio de gente del que puede tener el pastor.

En esta visión, la evangelización en los grupos caseros complementa y completa de dos maneras la proclamación del evangelio en la iglesia:

> En los grupos, la gente lee la Biblia y escucha el testimonio de los cristianos, y se derrumban los prejuicios contra la iglesia. Entonces están dispuestos a aceptar el mensaje del evangelio cuando se les predica.

> El evangelismo en masa a menudo deja dudas y preguntas importantes en la gente. O bien no aceptan el evangelio o, de lo contrario, podrían hacer una profesión de fe muy superficial, sin entender las implicancias de la decisión tomada. A estas personas, los grupos de estudio bíblico les dan la oportunidad de hacer preguntas, plantear objeciones y buscar respuestas. Así, su profesión de fe tiene la posibilidad de ser más auténtica, reflexiva y duradera.

Beneficios para los no cristianos

Muchas personas, cansadas de la iglesia institucional o en rebeldía contra sus exigencias y prohibiciones, están de todos modos interesadas en la Biblia o por lo menos curiosas acerca de su contenido. Ellos, probablemente nunca entren a un templo, pero quizás encuentren en un grupo casero el ambiente informal en el que puedan expresar sus sentimientos y su rebeldía, y comenzar el peregrinaje hacia una nueva vida.

Otros, dubitativos o temerosos de entrar en un templo de una denominación diferente de aquella a la que pertenecían, porque tal vez sientan que la están traicionando, quizás estén más dispuestos a aceptar la invitación a la casa de un amigo o un vecino.

Asimismo, otros, que no están dispuestos a recibir respuestas fáciles, tal vez encuentren que el estudio bíblico en grupo les ofrece la oportunidad de investigar el evangelio por sí mismos, plantear preguntas, expresar dudas, compartir con otros que están en la misma búsqueda, y descubrir sus propias respuestas, todo en un marco de aceptación, acompañados por cristianos que están orando por ellos.

En el estudio bíblico en grupo, se alienta a los participantes a responder a Jesucristo a medida que lo conocen por medio la Palabra. No están respondiendo a un sermón o a una disertación de seres humanos, a la personalidad del evangelista, al efecto emocional de un evento multitudinario o de una música movilizadora, o al atractivo de una iglesia o denominación particular. Se los estimula a seguir estudiando la Biblia y el grupo provee el contexto para el crecimiento espiritual. Desde allí, el paso hacia la comunión de la iglesia es mucho más natural.

Sugerencias prácticas
para los grupos de evangelismo

La mayoría de las sugerencias que se dieron antes para la planificación y la preparación de un estudio bíblico para creyentes cristianos, se aplican a la preparación de los grupos de evangelización. Incluimos aquí algunas ideas adicionales para el momento en que considere comenzar y dirigir un grupo que se reúna para compartir la buena noticia de la Biblia con sus amistades.

1. Comenzar un grupo de evangelización

Hay tantas maneras en que se puede comenzar un grupo como cristianos diferentes y diversidad de situaciones locales. Aquí mencionamos algunas.

- Un grupo que ya se reúne para leer y estudiar la Palabra de Dios, tener comunión y orar, podría tomar conciencia de la necesidad de compartir el evangelio con otras personas. Para ello, podría invitar a sus parientes y amistades no cristianas y cambiar el carácter de su reunión para dar a los nuevos participantes la oportunidad de investigar el evangelio y conocer a Cristo.
- Un creyente en Cristo considera comenzar un grupo de estudio bíblico cuando un amigo le expresa una necesidad espiritual o muestra interés en conocer más acerca de la Biblia. Entonces suma a otro cristiano y juntos invitan a algunas amigas y algunos amigos para comenzar el grupo.
- Una iglesia local adopta este método de evangelismo como parte de su programa anual y organiza encuentros de grupo en la casa en distintos puntos de la ciudad donde viven miembros de la iglesia que están dispuestos a abrir sus casas e invitar a sus vecinos.

¿Puede sugerir otras maneras de comenzar un grupo de evangelización en su comunidad? Anótelas. Ofrecemos algunas:

2. Planificar el grupo de evangelización

- Las invitaciones se hacen sobre la base de la amistad genuina y de un testimonio de fidelidad en palabra, conducta y servicio de amor. Es importante que las personas invitadas sepan a qué se las ha invitado. No hay espacio para el engaño o la trampa (por ejemplo, invitar a sus amigos a una comida que al final resultará siendo una reunión religiosa). La invitación debe ser clara y entusiasta.

➤ El programa inicial debería prepararse para un lapso definido (por ejemplo, una serie de cuatro encuentros durante Adviento en preparación para la Navidad; cinco encuentros durante la Pascua; los cuatro miércoles de determinado mes). Cuando haya terminado la serie, si todos los participantes están interesados, se puede comenzar una nueva serie u organizar un programa más permanente.

➤ En muchos casos es útil comenzar con estudios de un evangelio (o pasajes seleccionados de este) para presentar la persona de Jesucristo y mostrar de qué manera se relacionaba con personas diversas en sus situaciones particulares. La pregunta básica que se debe responder en este contexto es *¿Quién es Jesucristo?*

➤ Es importante que se estudie un solo pasaje, que se descubra su mensaje y se deje que el propio pasaje hable. No es conveniente saltar de un libro a otro para responder a preguntas preparadas con anticipación que conducen a una respuesta anticipada. Los libros de la Biblia fueron escritos como unidades; cada libro tiene su objetivo, su estructura, su mensaje particular, y esto debería respetarse.

➤ Cuando el líder prepare el pasaje de la Biblia, se aplicarán a su tarea todas las sugerencias que hemos dado para los grupos de discipulado. En ambos casos la actividad principal es la lectura y el análisis de un pasaje de la Biblia. Puede ser útil repasar las sugerencias hechas más arriba sobre los detalles de la preparación para conducir un grupo de estudio bíblico.

3. Liderar un grupo de estudio bíblico para evangelización

Los mismos principios básicos y las sugerencias prácticas que dimos para los grupos de discipulado y acompañamiento pastoral se aplican aquí. En el caso de que participen personas no cristianas, también es importante tener en cuenta lo siguiente:

➤ Es apropiado hacer una breve presentación que sirva como puente entre la vida cotidiana y el pasaje de la Biblia. Debe captar la atención de todos los presentes y motivarlos a buscar el mensaje en el texto, además de preparar al grupo para concentrarse en el estudio del pasaje. Debería tomarse de la experiencia cotidiana de la gente común, no solamente desde la perspectiva cristiana o vinculada con la iglesia.

➤ Los facilitadores deben ser muy cuidadosos con las preguntas o los comentarios que tienden a distraer la conversación sobre el tema central. Es importante mantener el estudio centrado en el texto bíblico, cubrir la totalidad del pasaje y llegar a una conclusión. Solo de esa manera la gente podrá llevarse una idea clara del mensaje y estará en condiciones de responder al evangelio. Si se presentan preguntas importantes que no están directamente relacionadas con el tema, es mejor hablar individualmente con esa persona después del estudio. En una reunión de participación abierta, con frecuencia hay personas que tienen problemas personales que muestran mucha necesidad de hablar y de ser escuchadas, y es posible que monopolicen la conversación e impidan la continuación del estudio. En este caso, el coordinador debería acordar con tacto que hablarán personalmente después de la reunión. También podría otro participante cristiano llevar a esa persona para conversar fuera del lugar de la reunión (un ejemplo del tipo de apoyo que podrían ofrecer otros cristianos en el equipo).

➤ Los demás cristianos que concurren al estudio bíblico sirven como miembros del equipo: ayudan al coordinador pero no dominan la conversación. No es conveniente que den res-puestas que les parezcan muy obvias, teniendo en cuenta que los demás participantes no están familiarizados con la Biblia ni con el vocabulario cristiano. Ayudan a crear una atmósfera de estudio y de investigación, así como también de amistad y comprensión. Alientan a los nuevos miembros a buscar sus propias respuestas y a expresar sus dudas, sin juzgar ni criticar. Hacen preguntas que otros no plantean pero que están en la mente de todos. Pueden contribuir con un testimonio breve cuando sea adecuado. Deben ser sensibles a las necesidades de los demás y a la guía del Espíritu Santo, a fin de no presionar a las personas a tomar decisiones antes de estar preparados. Por otro lado, deben estar disponibles para ayudar a las personas a entregar su vida a Cristo cuando el momento sea apropiado. En el marco del grupo harán nuevas amistades y seguirán en contacto con ellas después del horario establecido de las reuniones. Los creyentes conocerán necesidades materiales y de otra índole, y demostrarán el amor de Dios de una manera práctica.

➤ Es muy poco probable que las personas estén decididas a aceptar a Cristo como salvador en su primer contacto con el evangelio. Nunca deberíamos forzar a un texto bíblico a decir más de lo que realmente dice, en un esfuerzo por "predicar todo el mensaje". Sin embargo, estas nuevas amigas y estos nuevos amigos necesitan escuchar cómo pueden conocer al Salvador viviente al que conocen por medio del texto bíblico. Debemos confiar en que el Espíritu de Dios obrará en su vida por medio de la Palabra y estar preparados para acompañar a una persona a dar el paso de entrar en una nueva vida de fe en Jesucristo.

Sugerencias para el estudio

En este capítulo se incluyeron varios ejercicios. Repase las notas que tomó mientras trabajaba y elabore su propia lista de asuntos convenientes e inconvenientes que debe recordar a la hora de usar la Biblia en un grupo.

Lecturas recomendadas

Better Bible Study, A. Berkeley y Alvera Mickelsen (Glendale: G/L Publications, 1977).

Bible Study Can Be Exciting, Mary Garvin (Grand Rapids: Zondervan, 1976).

Transforming Bible Study, Bob Grahmann (Downers Grove, IVP, 2003).

Leading Better Bible studies, Karen Morris y Rod Morris (Sydney, AquilaPress, 1997).

Sitios en línea

<www.allaboutgod.com> small-group-bible-study.htm

<www.bcbsr.com> Boston Christian Bible Study Resources

<www.christianitytoday.com/biblestudies>

<www.globalopps.org/papers/investig.htm>

<www.intervarsity.org> Look for Bible Study under Campus Resources

<www.neighborhoodbiblestudies.org> Neighborhood Bible Studies

Capítulo 7

El uso de la Biblia en las culturas orales

Steve Evans

Se estima que alrededor del ochenta por ciento de la población mundial son comunicadores orales por necesidad o elección, cifra que asciende a casi cinco mil millones de personas. Este número incluye a aquellos que son completamente analfabetos, a los analfabetos funcionales y a los que están dentro de la categoría de no lectores. Muchas personas que saben leer y escribir viven en culturas que principalmente se comunican verbalmente. La mayor parte de la enseñanza y el aprendizaje y la transmisión de la información y los valores se hacen de manera oral, no a través de textos escritos.

Para comunicarnos eficazmente dentro de dichas culturas, debemos presentar lo que queramos comunicar de una forma que concuerde con sus preferencias y estilos de aprendizaje oral. Los formatos narrativos son los mejores para comunicar, obviamente centrados en las historias, pero también usando canciones, proverbios, poesía y arte dramático, así como varias formas de multimedia. De hecho, a los comunicadores orales les resulta difícil entender las presentaciones alfabetizadas, especialmente las que contienen elementos analíticos, como esquemas, listas, pasos y métodos.

Junto al hecho del predominio de la cultura oral en el mundo, también deberíamos tomar nota de que, de los más de 6800 idiomas hablados, menos de 450 cuentan con una traducción completa de la Biblia y que unas 1000 culturas más solamente tienen el Nuevo Testamento. Aproximadamente otros 900 idiomas cuentan con por lo menos un libro de la Biblia, pero más de 4450 aún no tienen ni siquiera eso. Pasarán décadas antes de que todos los pueblos del mundo tengan la Palabra de Dios impresa en su propio idioma (Sinclair, 2006: 273–4).

Pero incluso si tuvieran la Biblia impresa, ¿eso les resolvería todos los problemas a los comunicadores orales? ¿Podrían leerla con el entendimiento suficiente para recibir su verdad, responder a ella y ser capaces de difundirla a otras personas? ¿Podrían servir en una iglesia viable y sostenible? ¿Cuánto tiempo deben esperar los comunicadores orales para recibir la Buena Nueva de la Palabra de Dios de una manera que puedan comprender completamente y, entonces, dar una respuesta sincera?

Tres ejemplos de uso de la Biblia en culturas orales

En todo el mundo, quienes trabajan con comunicadores orales están descubriendo maneras nuevas, eficaces y reproducibles de compartir la Buena Nueva, de discipular a los nuevos creyentes, preparar a los líderes y fundar iglesias. Pero, al leer las páginas de la Palabra de Dios, podemos darnos cuenta de que el método, ciertamente, no es nuevo. La Biblia muestra que Dios siempre ha tenido en cuenta a los comunicadores orales y les proporcionó lo necesario para su labor. En el libro de Deuteronomio, por ejemplo, Dios instruyó a Moisés para que no solamente escribiera la Ley en un libro, sino que también la pusiera en una canción que el pueblo recordara y llevara en su corazón. Durante la vida del rey David, el profeta Natán le contó una historia para producirle convicción de su pecado de adulterio y asesinato. Por último, los evangelios dicen que Cristo Jesús nunca le hablaba a la multitud sin utilizar una historia y, cuando estaba con sus discípulos, Él se las explicaba. A decir verdad, antes de ser escrita, gran parte de la Palabra de Dios se originó en la comunicación oral (p. ej., en la predicación de los profetas o de Jesús, en el canto, en la compartición de los proverbios, etcétera). Incluso aquello que tuvo su origen como texto escrito (p. ej., las cartas del apóstol Pablo) fue recibido al ser leído y escuchado. Entonces, ¿qué se está haciendo hoy en día para transmitir la Palabra de Dios a los comunicadores orales? Veamos algunos ejemplos (Lovejoy, 2005).

Asia del Sur

"Fui rescatado de una familia hindú en 1995, gracias a la obra de un misionero transcultural", contó el pastor Dinanath de India: "Entonces, quise aprender más sobre la Biblia, así que el misionero me envió al seminario bíblico. Terminé los dos años de estudios teológicos, volví a mi aldea y comencé a compartir la Buena Nueva de la manera que había aprendido. Para mi sorpresa, las personas no pudieron entender mi mensaje y solo unos pocos aceptaron al Señor, después de mucho trabajo. Yo seguía predicando el evangelio, pero había pocos resultados. Me desanimé, estaba confundido y no sabía qué hacer".

Fue entonces cuando el pastor Dinanath descubrió algo que revolucionó su ministerio. "En 1999, asistí a un seminario en el que aprendí cómo transmitir el evangelio usando variados métodos orales", dijo:

> Entendí que el problema de mi comunicación era que yo usaba más que nada el método discursivo, junto con los libros impresos. Después del seminario, regresé a la aldea, pero esta vez cambié mi manera de comunicar. Empecé a compartir la Palabra de Dios por medio del método narrativo en mi lengua materna y usaba canciones del evangelio con la música tradicional del pueblo. Esta vez, las personas de la aldea comenzaron a entender mejor el evangelio. Como consecuencia, muchos de ellos se acercaron. Muchos aceptaron a Cristo y fueron bautizados. Antes de concurrir al seminario, solo había una iglesia que tenía unos pocos miembros bautizados. Para el 2004, teníamos 75 iglesias con 1350 miembros bautizados.

América del Sur

El pueblo puinave de Colombia fue "rediscipulado" cuando los misioneros descubrieron que el cristianismo allí estaba muy mezclado con la religión tradicional local, cuyo resultado era lo que se denomina sincretismo. Aunque los puinave culturalmente se habían convertido en cristianos en la década de los años 1950, incorporaron la magia a su visión de cómo debían creer y comportarse los cristianos. En la década de 1970, cuando los obreros misioneros pasaron siete años aprendiendo y usando el idioma puinave de la región en lugar del idioma español nacional, se sorprendieron de las creencias sincréticas que sostenía el pueblo. Al principio, trataron de corregir el problema enseñándoles la Biblia con métodos de enseñanza tradicionales. Los puinave asentían con la cabeza, pero se perdían los puntos clave de las enseñanzas, lo cual hizo que no se produjera ningún cambio en su estilo de vida ni en sus creencias.

Sólo mediante la presentación narrativa cronológica de la Palabra de Dios, comenzando por el Antiguo Testamento y siguiendo con los evangelios, historia por historia, los misioneros pudieron representar gráficamente la naturaleza santa y el carácter de Dios, la condición pecadora de la humanidad, el dominio que tiene Satanás sobre este mundo y la solución redentora que se encuentra en Jesucristo a la situación difícil de la humanidad. Los puinave se dieron cuenta, por primera vez, de que eran pecadores perdidos y que necesitaban la ayuda que sólo Jesús podía brindarles. Vieron que no eran sus actividades religiosas las que producían la relación con Dios. Reflexionando sobre el panorama redentor de la provisión de Dios, el anciano de la aldea levantó su pulgar cerca de su dedo índice y dijo: "Estuve así de cerca de ir al infierno".

África

Diecisiete jóvenes del norte de África, muchos de los cuales apenas sabían leer y escribir y algunos ni siquiera eso, participaron de un programa de dos años de duración para entrenar líderes eclesiásticos usando cronológicamente la "narración de historias" bíblicas (es decir, el aprendizaje sistemático y el volver a contar historias bíblicas escogidas en el orden bíblico). Al término de los dos años, fueron expertos en las 135 historias bíblicas, según el orden cronológico correcto, del Génesis al Apocalipsis. Tenían la capacidad de relatar las historias, cantar de una a cinco canciones que crearon para cada historia y representar obras teatrales sobre cada una. Durante el examen final de seis horas, que fue oral, los estudiantes demostraron la habilidad de responder preguntas tanto sobre los hechos como sobre la teología de las historias. También mostraron una excelente comprensión del mensaje del evangelio, de la naturaleza de Dios y de su nueva vida en Cristo. Los estudiantes se remitían rápidamente y con habilidad a las historias para responder una variedad de preguntas teológicas. Si se les pedía, podían relatar las historias y explicar cómo abordaban la pregunta o el tema teológico en particular. Por último, los estudiantes fueron capaces de aplicar de manera individual las historias a situaciones de la vida real dentro de la iglesia y de la vida de los creyentes.

El profesor concluyó que el programa de entrenamiento había alcanzado exitosamente los objetivos de posibilitar que los estudiantes contaran una gran cantidad de historias bíblicas con exactitud, de contar con un buen entendimiento sobre esas historias y la teología que transmitían y de tener avidez por compartir el mensaje cristiano. La comunidad recibió las historias y las canciones con entusiasmo. Un cacique de la región dijo que las historias y las canciones habían transformado sus aldeas. Las personas en la región habían convertido a las historias y las canciones en una parte de la cultura local y de la vida de la iglesia.

Un mayor entendimiento de la situación global

¿Cuál es el común denominador en estos tres ejemplos? Está claro que hubo una proclamación verbal de la Palabra de Dios a las personas que no podían o preferían no recibirla en formatos impresos. Las historias bíblicas se usaron en un orden sistemático y cronológico para sentar las bases para entender el carácter, la provisión y los propósitos de Dios: guiar a alguien para que acepte a Cristo, discipular a otros y, aun, preparar a los líderes y fortalecer las iglesias. Sin embargo, esto no es un hecho común entre los que van y sirven como ministros en el nombre de Cristo dentro de las comunidades orales.

El evangelio se está predicando a más personas que en cualquier otro momento de la historia, pero muchos de aquellos a quienes se les predica, en realidad, no lo "escuchan". Lamentablemente, la mayoría de los que participan en el ministerio cristiano no tienen idea de que existe un problema, y las personas afectadas por él son los comunicadores orales del mundo, aquellos que no pueden, no quieren o no se comunican a través de medios alfabetizados. Irónicamente, más del 90 por ciento de los obreros cristianos usan tipos de comunicación alfabetizada cuando presentan el evangelio, haciendo que resulte difícil, si no imposible, que sea escuchado o entendido por la mayoría de las personas del mundo. Los tipos de presentación actuales son, generalmente, mediante la letra impresa o por medio de presentaciones que usan un alto grado de exposición y análisis de la Palabra de Dios (Sinclair, 2006: 273–4).

Lo que hace falta es un método comprensible, práctico y fácilmente reproducible para compartir la Palabra de Dios con los comunicadores orales, que les permita usarla en la devoción personal, el evangelismo, el discipulado, la fundación de iglesias y el desarrollo del liderazgo. Observemos dicho método.

El proceso de diez pasos para usar la Biblia en las culturas orales

Cuando se les transmite la Palabra de Dios a quienes están dentro de las culturas orales, es importante tener en cuenta varias cosas relacionadas con la verdad bíblica. Estos factores incluyen saber cómo responden las culturas específicas a la verdad bíblica; las maneras adecuadas de compartir los contenidos de la Biblia con las personas de una cultura específica y cómo aplicar la verdad bíblica en situaciones reales dentro de las culturas orales. A continuación hay diez pasos que nos ayudarán a trabajar sobre estos temas:

1. **Identifique el principio bíblico** que quiere comunicar. Asegúrese de que sea específico, claro y simple. ¿Quiere que las personas comprendan la naturaleza y el carácter de Dios? Entonces, exponga eso. O ¿es importante que entiendan sobre el Único Dios viviente que creó el universo? Aclare eso. ¿Qué de la necesidad que

tienen las personas de entender el pecado y sus consecuencias? Pues, dígalo. Si se trata de tener un claro sentido de la salvación a través de Jesús, es necesario que eso se entienda. También es importante saber si su mensaje general se relaciona con el pre-evangelismo, el evangelismo, el seguimiento, la vida devocional cristiana, el discipulado, la madurez cristiana, el desarrollo de la iglesia, la capacitación de los líderes eclesiásticos, la preparación de los evangelistas y los misioneros, etc. Por ello, necesitamos pensar claramente en el contenido bíblico que nos proponemos transmitir, así como en el nivel, el contexto y el propósito de comunicarlo a cualquier grupo particular de participantes.

2. **Tenga en cuenta las cuestiones de la cosmovisión** de las personas con las que quiere comunicarse, ya sea todo un grupo de personas, un segmento particular de una sociedad o un grupo de determinada edad con el que quiere trabajar. Conozca sus puntos de vista y percepciones sobre la vida, la realidad, Dios, la familia, la comunidad, las relaciones, el bien y el mal, etc. No se puede sobrestimar la importancia ni hay un método rápido para esto. Es una parte vital y "encarnacional" de la comunicación genuina del evangelio. Entender la cosmovisión de un pueblo es entender su corazón, y ahí es donde queremos tocarlos con la Palabra de Dios: en el corazón.

   Es importante profundizar en la cosmovisión de aquellas personas entre las que usted trabaja. Pero es igualmente importante comprender bien la cosmovisión bíblica de la fe cristiana, que proviene de entender la gran historia de toda la Biblia: la creación, la caída, la redención y la nueva creación. Nuestra enseñanza de partes separadas de la Biblia debe desarrollarse dentro del marco general de la historia completa, porque es esa historia la que moldea el entendimiento cristiano de la vida, el mundo, nosotros mismos, nuestros problemas y la solución, y nuestra esperanza final.

3. **Identifique los obstáculos, los puentes y los vacíos relevantes** que pueden ayudar o entorpecer la recepción de la Palabra de Dios. Hágase la pregunta: "¿Qué elemento de la cosmovisión de estas personas podría *dificultarles* escuchar, entender y aceptar

la verdad de la Biblia?". Y también pregúntese: "¿Qué parte de la cosmovisión de esta gente podría *ayudarlos* a abrirse a escuchar la Biblia y su verdad?". Podría suceder que el concepto que tienen de Dios o lo que entienden sobre el pecado no coincida con la verdad bíblica. O podría tratarse de alguna cosa del sistema expiatorio que los mantiene alejados. Por otra parte, puede ser que la idea de un Dios personal y amoroso los atraiga; o que el concepto bíblico sobre la paz les guste. Busque los *vacíos* que resulten evidentes en sus maneras de relacionarse con algún principio bíblico particular. Con respecto a esto, pregúntese a usted mismo: "¿De qué manera puedo tender un puente para ayudarlos en su entendimiento?".

4. **Elija las historias bíblicas adecuadas** que sean necesarias para comunicar los principios bíblicos deseados y que aborden la cosmovisión o las barreras, los puentes y los vacíos culturales. Podría suceder que se necesiten varias historias para abordar un asunto particular. Por ejemplo, si en determinada cultura no existe un concepto claro de pecado o algún concepto sobre lo bueno y lo malo que coincida con los valores bíblicos, sería importante usar varias historias que transmitan la naturaleza pecadora de la humanidad y sus consecuencias. Si la idea del Dios personal y amoroso es atractiva para determinado pueblo, sería bueno utilizar varias historias que lo demuestren.

En este punto, es sumamente importante que usted entienda que debe elegir *historias* bíblicas y no solamente *versículos* de la Biblia. Una historia tiene un comienzo y un final, personajes, acción, una trama y, posiblemente, algún diálogo entre dos o más personajes. Los comunicadores orales usan la historia u otras presentaciones narrativas como la canción, la obra de teatro, los proverbios, etc., para comunicar la información y la verdad. Para ellos, la verdad está metida dentro de la historia o el relato. Citar o usar solamente versículos bíblicos que se relacionen con cuestiones particulares no alcanza y lo más probable es que no sea muy eficaz. Seleccione historias bíblicas que tengan que ver con los principios que usted quiere transmitir, y que aborden aquellos obstáculos, puentes y vacíos en la cosmovisión que usted identificó.

5. **Prepare o dele forma a la historia** de manera que resalte las cuestiones clave que necesite abordar en ella. La historia debe ser simple, fácil de recordar y reproducir. Omita los detalles innecesarios y los nombres y lugares difíciles en caso no son realmente importantes para entenderla o si no se utilizarán en otras historias futuras. Cuando cuente la historia emplee el diálogo si éste aparece en el texto bíblico. En resumen, no la predique, no la enseñe, no la sintetice y no hable de ella; simplemente, cuéntela. Así que prepárela cuidadosamente en su mente, de manera que pueda contarla con eficacia.

6. **Cuente la historia de un modo culturalmente adecuado** y asegúrese de que se entienda como una historia *verdadera*, y no como un cuento de hadas o un relato inventado. Cuéntela con un estilo narrativo natural. Sus oyentes no deben percibirla como algo que usted memorizó y nada más. Para llegarle al corazón, la historia debe provenir del corazón. En algunas culturas, se puede permitir que los oyentes interactúen con ella o den algún tipo de respuesta vocal (al terminar una parte del relato, el oyente da permiso para que el narrador continúe). Ya que la canción y el teatro son partes integrales del mundo oral de la persona, casi siempre es apropiado incorporarlos a una sesión narrativa. Pida a los oyentes que inventen una canción sobre la historia que acaban de escuchar o que elaboren una representación teatral.

7. **Facilite un tiempo para el diálogo, el debate y el descubrimiento,** ayudando a los oyentes para que recuerden y repitan la historia, así como para que descubran su sentido y lo apliquen a la vida real. Revise los hechos del relato: qué sucedió primero, a continuación, etc. También pregunte qué pueden descubrir a partir de los hechos; por ejemplo, "Si Dios hizo esto en la historia, ¿qué pueden descubrir sobre Él y su naturaleza?". Hable de las relaciones que se encuentran en la narración. Permita que los miembros del grupo adopten los roles de los diferentes personajes de la historia y hablen de sus reacciones. Converse con el grupo sobre todas las aplicaciones que puedan extraer de ella. Mediante una serie de preguntas (no de enseñanzas), ayúdelos a descubrir el principio bíblico que se encuentra en la historia. Por último,

como se ha dicho antes, es importante que los participantes se vayan de la sesión habiéndose aprendido la historia y el modo de volver a contarla. Es sorprendente lo que la Palabra de Dios y el poder del Espíritu Santo pueden hacer en la vida de una persona.

8. **Ayude a que el grupo obedezca el principio bíblico que está en la historia.** Una vez que los participantes de la sesión narrativa hayan discutido cualquier aplicación que puedan haber encontrado y de qué manera la historia afectaría sus vidas, decidan como grupo qué cosa querría Dios que hicieran a causa de haber escuchado la historia. Hablen de qué maneras podrían obedecer el principio y rendir cuentas de ellos.

9. **Instaure la responsabilidad grupal.** Diga: "Vamos a hacernos responsables unos con otros de obedecer y aplicar este principio a nuestra vida". La próxima vez que el grupo se reúna, puede pedirles a los participantes que compartan entre ellos las experiencias relacionadas con la obediencia al principio bíblico que aprendieron de la historia.

10. **Viva el principio y vuelva a contar la historia.** La Palabra de Dios tiene la sorprendente capacidad de tocar el corazón de las personas, básicamente transformando su manera de ver la vida y sus vidas mismas. A medida que los participantes de su grupo de historias comiencen a vivir el principio bíblico de una historia, al mismo tiempo deben empezar a compartir la historia con otros en sus familias y comunidades. De hecho, pueden tomar estos mismos diez pasos y llevarlos a cabo con otras personas. De este modo, la Palabra de Dios se multiplicará dentro de una cultura oral de manera eficaz y reproducible.

Al trabajar con culturas orales, muchas veces es beneficioso desarrollar un conjunto completo de historias para que sean usadas, reconociendo que la Biblia es, de hecho, una larga historia de la actividad redentora de Dios a lo largo de la historia, que se divide en muchas historias más pequeñas. Esta idea del enfoque sistemático y cronológico para compartir la Palabra de Dios se ajusta bien a los estilos de enseñanza y a los procesos de pensamiento comunicador oral. Una descripción panorámica de la Biblia usando varias historias que reflejen los temas bíblicos más importantes proporcionará: una comprensión básica del carácter de Dios, la bondad de la creación, la naturaleza humana, el pecado, la actividad redentora de Dios el Padre a lo largo del Antiguo Testamento, el punto culminante de la obra salvadora de Dios a través de Cristo Jesús, la vida del discípulo en la iglesia, la misión de Dios para todos los pueblos, el propósito final de la redención de Dios para toda su creación y la gran esperanza bíblica para el futuro, con el regreso de Cristo, el juicio final y la nueva creación.

Convertir en historias las partes de la Escritura que no son de carácter narrativo

Sería fácil suponer que las historias bíblicas solamente pueden usarse con los segmentos narrativos más obvios de la Biblia, como los evangelios y el libro de Hechos. No olvide que gran parte del Antiguo Testamento es simplemente la historia de la actividad redentora de Dios a lo largo de la historia. A decir verdad, algunos eruditos dicen que un setenta por ciento de la Biblia, o más, está en formato de narración. Pero ¿qué sucede con las epístolas o con algunos de los escritos de los profetas?, puede preguntarse usted, o ¿qué pasa con los Salmos?, ¿cómo se pueden contar en historias estos tipos de pasajes bíblicos? Sin embargo, un análisis profundo revela que en realidad hay elementos narrativos en muchos de ellos.

Las cartas

Tome, por ejemplo, la carta de Pablo a los Filipenses. En ella, él empieza explicando cómo está bajo arresto domiciliario, encadenado, vigilado por los guardias del palacio (un estudio sobre Hechos nos permite saber que Pablo se halla encarcelado en Roma, esperando apelar ante el emperador). La situación de Pablo allí se ha dado a conocer entre todos los guardias y otros, y los creyentes se animan a compartir su fe a causa del testimonio de Pablo. Mientras está en la cárcel, Pablo recuerda con cariño a los de Filipos y las visitas que les hizo (también detalladas en el libro de Hechos), y decide escribirles una carta. Todos estos son elementos de una historia. Al combinarlos con los recuerdos que tiene Pablo de su visita a Filipos, junto con las palabras de aliento que compartió en su carta a los creyentes allí, ¡podemos elaborar una historia muy cautivante y poderosa! Y al contarla así, podemos incluir de una manera natural el contenido de su enseñanza, de un modo que probablemente sea más fácil de recordar.

Los Salmos

Algunos Salmos están relacionados desde el título con sucesos específicos de la vida de David. Aunque los títulos no son partes originales de los Salmos, claramente fueron puestos ahí por los primeros intérpretes que vieron el valor de entender algunos en relación con ciertas narraciones. De manera que pueden usarse, donde existan, como una manera de enseñar el contenido del salmo en el contexto de volver a contar esa historia. El ejemplo más obvio es el Salmo 51, que está asociado desde su título con la atrapante historia de David y Betsabé, que se encuentra en 2 Samuel 11–12. El rey David comete adulterio y hace matar al esposo. Dios envía al profeta Natán para que confronte a David con su pecado, y Natán cuenta una historia que a David le atraviesa el corazón. "He pecado contra el SEÑOR", declara David, y Natán le asegura el perdón de Dios. En este punto, la historia podría correrse al Salmo 51, que es la sentida oración de confesión de David y su pedido de perdón por haber pecado contra Betsabé y su esposo Urías. Combinar dicho salmo con determinado contexto histórico es una buena manera de compartir parte del contenido de estos escritos poéticos de la Biblia.

Otra forma de relacionar los Salmos con los relatos del Antiguo Testamento es preguntar: "¿De dónde sacó el compositor este concepto de Dios?". Por ejemplo, el Salmo 96 invita a los adoradores a alabar el *nombre* del Señor, a proclamar su *salvación*, a declarar su *gloria* y sus *obras maravillosas*. Puede preguntarles a los participantes qué historias revelaron el nombre de Dios o cuáles describen su salvación o mostraron su gloria o sus obras maravillosas. Tales conceptos no surgen de la nada, sino de la historia de Dios con Israel.

El Salmo 33 (junto con muchos otros) habla de la rectitud, la verdad, la fidelidad, la justicia y el amor de Dios (Sal 33.4–5). ¿En qué historias estaba pensando el autor para respaldar tales afirmaciones (el Éxodo, el desierto, quizás)? En los versículos 6–7 escribe un poema sobre la Creación, el cual rápidamente recuerda la historia de la creación de Génesis 1. Después, habla de cómo Dios observa a todas las personas del mundo, viendo y sabiendo lo que hacen. ¿Qué historias del Antiguo Testamento ilustran esa verdad: las de Agar, Ana, David? Así sucesivamente. Con una imaginación creativa, podemos enriquecer nuestro entendimiento de los Salmos como auténtica adoración, evocando las historias que tenían en mente quienes los escribieron.

A continuación hay dos ejemplos de cómo algunos de los pasajes menos obvios de la Escritura pueden ser transmitidos con el formato de una historia. Uno trata de una profecía de Isaías, mientras que el otro se refiere a la carta de Pablo a los Tesalonicenses.

La promesa (Isaías 53)

Después del rey David, el pueblo de Dios siguió pecando y desobedeciendo a Dios. Finalmente, él permitió que los pueblos vecinos entraran y los conquistaran, y el pueblo se dispersó por toda la tierra. Pero Dios no olvidó a su pueblo. Les envió un vocero, Isaías, para darles un mensaje de esperanza. Él les dijo:

> *Dios va a enviarnos un Salvador. Algunos lo odiarán y lo tratarán mal. Él sufrirá. Él llevará nuestras cargas y nuestras tristezas […] Será azotado y golpeado para traernos paz.*
>
> *Somos como las ovejas. Ustedes saben cómo son las ovejas. Se apartan del camino y se pierden, y nosotros nos apartamos de la senda de Dios. Pecamos y desobedecemos a Dios. Pero Dios está poniendo todos nuestros pecados en el Salvador.*
>
> *De hecho, él es como un cordero que es llevado al matadero. Él no dirá nada. Y será castigado y lo matarán*

*por nuestros pecados. Pero lo sorprendente es que él volverá
a ver la vida.*

*Y por causa de esto muchas personas restablecerán su
relación con Dios.*

Ése es el mensaje que Isaías le dio al pueblo, y a partir de ese momento,
el pueblo esperó con ansias la llegada del Salvador prometido.

El regreso (basado en Hechos 17.1–10)

Pablo y Silas viajaban por la región cercana a Filipos. Un día llegaron
a la ciudad de Tesalónica. Allí Pablo les habló a muchas personas que
eran descendientes de Abraham acerca de Jesús. Les dijo: "Este Jesús
que les anuncio es el Mesías".

Muchas personas creyeron en las palabras de Pablo. Pero algunos
de los descendientes de Abraham tuvieron envidia, así que juntaron
algunos ociosos (RVA) de las calles para formar una turba y comenzar
una revuelta. Atacaron la casa de un seguidor de Jesús buscando a
Pablo y a Silas para poder arrastrarlos afuera a la multitud.

Al no encontrarlos allí, en su lugar sacaron a rastras a algunos
de los otros creyentes y los llevaron ante las autoridades de la ciudad.
"Uno de estos hombres permitió que Pablo y Silas se quedaran en su
casa. Pablo y Silas han causado problemas en todo el mundo, y ahora
están perturbando nuestra ciudad", vociferaron.

Aunque por causa de esas denuncias la ciudad estaba convul-
sionada, las autoridades finalmente liberaron a esos creyentes. De
manera que, para protegerlos, esa misma noche los creyentes des-
pidieron a Pablo y Silas.

Pero Pablo nunca se olvidó de los creyentes de Tesalónica. De
hecho, una y otra vez trató de visitarlos pero no pudo hacerlo. Así
que Pablo envió a un amigo llamado Timoteo para que animara a
los creyentes de Tesalónica. Cuando Timoteo volvió y le informó al
apóstol Pablo sobre ellos, éste se llenó de alegría al saber que estos
creyentes continuaban siguiendo a Jesús a pesar de la persecución.
Entonces decidió escribirles una carta a los creyentes de Tesalónica,
una carta de parte de él, de Silas y de Timoteo. Escribió:

Siempre damos gracias a Dios por todos ustedes y continuamente los tenemos presentes en nuestras oraciones.

[...] recibieron el mensaje con la alegría del Espíritu Santo, a pesar del gran sufrimiento que les trajo [...] Como resultado, han llegado a ser un ejemplo para todos los creyentes de Grecia [...] [Estos creyentes] también comentan cómo ustedes esperan con ansias la venida, desde el cielo, del Hijo de Dios, Jesús, a quien Dios levantó de los muertos.

Y cuando Jesús vuelva, él mismo descenderá del cielo con un grito de mando [...] Primero, todos los cristianos que hayan muerto resucitarán [...].

Luego, junto con ellos, nosotros los que aún sigamos vivos sobre la tierra, seremos arrebatados en las nubes para encontrarnos con el Señor en el aire [...] estaremos con el Señor para siempre. Así que anímense unos a otros con estas palabras.

(Basado en 1Ts 1.1–10; 2.17–18; 3.2–8; 4.16–18)

Una mirada más detallada de la sesión narrativa

Una vez que ha llegado al punto de tener un grupo de personas que se reúnen para escuchar historias de la Palabra de Dios, ya sea para evangelizar, para el discipulado o para una "reunión casera", sea meticuloso al prepararse para estas sesiones. Moldee o prepare bien sus historias y compruebe que sean entendibles, culturalmente sensibles y bíblicamente precisas. Planifique las sesiones: cómo presentará la historia, cómo la contará y cómo la continuará. Piense cuidadosamente las preguntas que hará, sabiendo por qué quiere preguntar cada una. Finalmente, no se olvide de orar, teniendo presente que el éxito de estas sesiones no depende de usted, sino del poder de la Palabra de Dios y su Espíritu Santo. Proverbios 16.3 dice: *Pon en manos del Señor todas tus obras, y tus proyectos se cumplirán.*

En general, la sesión narrativa consta de tres partes:

1. La presentación inicial y una charla o discurso previo a la historia
2. El relato de la historia
3. La charla o debate posterior a la historia

No es muy importante cómo se llamen las partes de la sesión narrativa. Sin embargo, lo que sí importa es que se cumplan las funciones de cada una. Cuando las historias bíblicas se cuentan cronológicamente a lo largo de un tiempo, a los participantes les parece obvio que haya una continuidad entre una historia y la siguiente, formando la historia más grande y global de la Biblia.

La presentación inicial y la charla o discurso previo a la historia

Luego de preparar la sala para la sesión narrativa y de saludar de manera apropiada a cada persona que llega, repase la historia de la última sesión. Pida que alguien vuelva a contarla. Haga algunas preguntas sobre la historia para asegurarse de que la entendieron y la recuerdan. Conversen brevemente si no recuerdan la historia o si no fue bien comprendida. Es posible que incluso tenga que volver a contarla. Verifique si hay alguna pregunta sobre la historia o si alguien tiene nuevos puntos de vista, descubrimientos o aplicaciones a la vida relacionadas con ella. Pregunte si hay voluntarios que quieran compartir alguna experiencia referida a la obediencia al principio bíblico de la historia y analicen estas experiencias, junto con las reacciones o respuestas a ellas.

A continuación, prepare a los participantes para la nueva historia. Tal vez haya acontecimientos actuales que sean relevantes para la historia, o quizás tenga algunas preguntas retóricas que hagan pensar en ella. Asegúrese de conectar o relacionar las historias pasadas con la nueva historia que contará durante la sesión. Si es necesario explicar alguna cosa sobre los elementos de la historia, éste es el momento para hacerlo y no mientras esté relatándola. Aun así, recuerde que no es la oportunidad para dar comienzo a un tiempo prolongado de enseñanza. Es el momento para aclarar las cosas que quizás no se entendieron o fueron mal entendidas. ¿Quiénes eran los samaritanos? ¿Qué es la Pascua?

Luego, asigne **una tarea al escuchar** la nueva historia. Podría preguntar: "¿Cómo actúa Dios con respecto a su pueblo?" o "¿Qué fue lo que hizo el pueblo de Dios que a Él le molestó tanto?".

Ahora es momento de pasar a la siguiente parte de la sesión narrativa.

Contar la historia

Es importante que cuando usted presente la historia, las personas sepan que pertenece a la Palabra de Dios: la Biblia. Algunos narradores lo hacen sosteniendo en sus manos una Biblia abierta en la parte donde se encuentra la historia. Cuando terminan de contarla, cierran la Biblia y luego indican que cualquier cosa que se diga desde ese momento en adelante no proviene de ella. Otros prefieren no agarrar la Biblia, sino dar indicadores verbales de que la historia pertenece a la Palabra de Dios. Comienzan diciendo: "Este relato es de la Biblia" o "Ésta es una historia de la Palabra de Dios". Al final dicen: "… y ésa es la historia de la Biblia" o "… y ésa es la historia de la Palabra de Dios".

Existen varias buenas razones por las que algunos practicantes simplemente prefieren decir que la historia es de la Palabra de Dios, en lugar de sostener la Biblia en sus manos. Algunos no quieren que la gente piense que se necesita saber leer para contar una historia de la Palabra de Dios. Otros trabajan con personas que se ofenden o se enojan por la presencia de la Biblia, así que no la toman ni la exhiben para mantener así una escucha continua.

Sea natural cuando cuente la historia. Transmítala en el estilo narrativo al que su grupo esté acostumbrado. Además, recuerde estar suficientemente familiarizado con ella para contarla desde su corazón y no solo de memoria. Las personas se dan cuenta cuándo uno está narrando simplemente de memoria, en lugar de compartir algo que tiene un profundo significado para nosotros. Trate de "experimentar" usted mismo la historia antes de compartirla con otros. Relátela como una historia "contada", en lugar de usar formas y estilos literarios. El estilo literario (con su estructura verbal y gramatical) está pensado para la lectura (como cuando leemos una novela para nosotros mismos), no para relatarse oralmente, y las personas reconocen la diferencia. No se *meten* tanto en la historia cuando no está contada con el estilo de la oralidad. Sea fiel a la historia, y a la vez sea responsable de contarla de maneras que comuniquen, que sean entendibles y se puedan reproducir. Cuando termine la historia, vaya directamente a la siguiente parte de la sesión narrativa.

La charla o el debate posterior a la historia

Usted tiene varios objetivos para esta parte de la sesión narrativa:

➤ quiere que las personas entiendan la historia;
➤ desea que sean capaces de volver a contarla;
➤ busca que descubran los principios bíblicos según los cuales deben vivir.

La idea no es que usted les enseñe algo, sino que ellos descubran por sí mismos la verdad de la Palabra de Dios. De hecho, todo el proceso de contar historias en grupo socaba radicalmente la dinámica tradicional en la cual el *maestro* domina todo el contenido y sabe todas las respuestas, mientras que los *aprendices* no saben nada y deben ser "llenados" como si fueran envases vacíos. Por el contrario, la sesión narrativa es interactiva; es un proceso de descubrimiento en el que el aprendizaje y la enseñanza, en efecto, van en ambos sentidos. Además, es posible que usted tenga en mente cosas que quiere que el grupo aprenda de la historia. Pero lo mejor es que esté abierto a escuchar las cosas que el Espíritu Santo les enseñará y que ellos le enseñarán a usted. Pueden ser cosas en las que nunca pensó, a medida que sus oyentes se meten en la historia desde su propio trasfondo cultural y su propio entendimiento.

Para facilitar esta enseñanza en ambos sentidos y para iniciar el diálogo o el debate, hay tres tipos de preguntas que puede hacer y que debería animarlos a hacerse a sí mismos:

➤ Las preguntas sobre los datos

> ➢ Las preguntas sobre lo descubierto
> ➢ Las preguntas de aplicación

Las preguntas sobre los datos ayudan a confirmar si los oyentes retuvieron los datos de la historia, si recuerdan los personajes, los sucesos y el argumento. Si tienen los datos de la historia, es más probable que la recuerden y vuelvan a contarla. Esto también permite que Dios y su Espíritu Santo obren en la vida de las personas, usando la historia bíblica para traer convicción, descubrimiento, crecimiento o aplicación. Las preguntas sobre los datos tienen que ser las más fáciles de los tres tipos de preguntas que responderá el comunicador oral.

En este punto puede solicitarle a alguien que vuelva a contar la historia (también puede hacerlo antes de formular las preguntas sobre los datos, para que cualquier duda sugiera qué preguntar). Si nadie se decide a narrarla nuevamente, puede pedir que cada una de las personas cuenten una parte de la historia siguiendo un orden cronológico. Anime a que el grupo haga las correcciones cuando los hechos no estén bien contados, sean omitidos o no estén ordenados. Esta cualidad "autocorrectora" es característica de las culturas orales y debe ser alentada, especialmente dentro de la iglesia, ya que es importante mantener la pureza y la precisión de las historias bíblicas.

A continuación, pídale a una persona (a dos, a tres o a todos) que vuelvan a contar la historia. Parte de la idea es que, si alguien escucha una historia tres veces o más, es más probable que la recuerde lo suficientemente bien como para volver a narrarla después. La escucharán una vez de la narración original, dos veces al repasarla usando las preguntas sobre los hechos, tres veces cuando el grupo vuelva a contarla y cuatro veces, o más, al escucharla contada por otras personas del grupo.

Si dio una tarea para tener en cuenta al escuchar, pida una respuesta y dé lugar al debate. Esto deberá conducir al momento de descubrimiento.

Las preguntas sobre lo descubierto le brindan a la persona la oportunidad de descubrir la verdad con base en los sucesos que hay en la historia. "¿Qué pueden descubrir?", es la pregunta predominante.

¿Qué pueden descubrir de Dios en ese hecho o en esa acción?, ¿qué les dice esto acerca de las personas?, ¿pueden aprender alguna cosa de ello? Para los participantes es mejor descubrir la verdad por sí mismos, en lugar de que se les diga qué creer mediante la enseñanza tradicional de estilo occidental. Entonces, la verdad llega a ser de "ellos". Después de las preguntas sobre los datos, las preguntas sobre lo descubierto son las más fáciles que siguen para que respondan los comunicadores orales.

En cuanto a **las preguntas de aplicación**, no se desanime si las personas no pueden responderlas inmediatamente. A veces, eso lleva un tiempo y, en algunos casos, para el comunicador oral es difícil expresar verbalmente cómo aplicarlo; lo "saben", pero no pueden explicarlo. La aplicación puede llegar la semana siguiente o, incluso, un mes después. Ésta es una de las razones por las que es importante repasar siempre las historias anteriores. Al fin y al cabo, muchos de nosotros, ¡incluso después de una vida de conocerlas!, aún estamos aprendiendo cómo reaccionar de maneras prácticas ante las historias bíblicas.

Ya hemos mencionado la idea de analizar las relaciones que encontramos en la historia y dejar que los miembros del grupo adquieran los diversos roles de los personajes. Muchas veces, esto se puede concretar haciendo que los participantes representen la historia por medio del drama. Al identificarse con uno o varios personajes, los participantes empiezan a tener una perspectiva y un entendimiento diferentes de la Palabra de Dios. A veces la aplicación a su propia vida se vuelve más fácil. Hable de estas cosas con los miembros del grupo, haciendo que surjan sus pensamientos, reacciones, descubrimientos y aplicaciones.

Por último, como se ha mencionado antes, ayude a los participantes a descubrir el principio bíblico que está dentro de la historia y guíelos a obedecer el principio y a hacerse responsables de lograrlo.

Si los miembros del grupo hacen las preguntas, vuelva a señalarles la historia, preguntándoles: "¿Qué dice la historia?". Si la historia no contesta la pregunta, ayúdelos a descubrir esa conclusión. No obstante, es posible que una historia anterior tenga la respuesta, y usted querrá ayudarlos a explorar esa posibilidad. De no ser así, puede decirles que tal vez una futura historia les dará la respuesta. Durante esta tercera parte de la sesión de historias, tendrá que prestar atención para saber si las cuestiones de la manera de ver la vida están cubiertas o salieron a la luz. Querrá considerar los puentes y los obstáculos y buscar los vacíos que haya en la comprensión. No se meta en discusiones ni en debates con los miembros del grupo y sea culturalmente oportuno y sensible cuando interactúe con ellos.

En definitiva, querrá que los miembros del grupo sean capaces de contar las historias por su cuenta y conducir sus propios grupos de narración. Sin embargo, muchas veces a los comunicadores orales les resulta difícil saber o recordar qué preguntas hacer durante los momentos de charla posteriores a la historia. Para ayudarlos a superar esta dificultad, sería bueno proporcionar una serie de preguntas que puedan usarse con cualquier historia y en cualquier situación. Aquí hay un conjunto de preguntas que se usan comúnmente:

➤ ¿Qué les gustó de la historia?
➤ ¿Qué cosa no les gustó de la historia?
➤ ¿Qué dice la historia sobre la naturaleza y el carácter de la gente?
➤ ¿Qué dice la historia sobre la naturaleza y el carácter de Dios?
➤ ¿Qué puede aplicar de esta historia a su propia vida?

Conclusión

A menos que la Palabra de Dios esté presente en medio de un pueblo, es difícil, si no imposible, sostener y expandir la iglesia. No es posible enseñarles adecuadamente a los creyentes ni formar apropiadamente a los líderes. Por lo tanto, debemos hacer todos los esfuerzos posibles por hacerle llegar la Palabra de Dios al pueblo que no puede o no quiere recibirla a través de los medios alfabetizados. Ellos tienen que recibirla de modo tal que los faculte para dominar la Palabra de Dios y usarla en los ministerios del evangelismo, el discipulado, la fundación de iglesias y el desarrollo del liderazgo. También deben recibirla de maneras que sean fáciles de recordar y reproducir. Es importante no sólo entender cómo usar la Biblia en las culturas orales, sino también ser sensibles al mundo que las rodea y aplicar nuestro conocimiento a la experiencia práctica.

Sugerencias para el estudio

1. Elija una de las parábolas de Jesús y cuéntela con sus propias palabras. Piense en las preguntas sobre los datos, los descubrimientos y las aplicaciones. Si puede trabajar como grupo, es posible que le agrade la idea de turnarse para contar la historia y también ser el público.

2. Escoja un salmo y conviértalo en una historia, una canción actual o una obra. Piense en las preguntas sobre los datos, los descubrimientos y las aplicaciones. Si es posible, trabajen en grupo.

3. ¿Cuáles son algunos de los principios bíblicos que el no creyente necesita conocer y entender? ¿Puede pensar en algunas historias que transmitan esos principios? ¿Qué pasaría si esa persona fuera un creyente nuevo? ¿Cuáles son algunos de los temas del discipulado que deberían compartirse junto con las historias?

4. Piense en las personas que viven cerca de usted. ¿Cuáles son algunas de las cuestiones de su cosmovisión (sus valores, creencias, costumbres y percepciones de la realidad) que podrían impedir que respondieran positivamente al evangelio? ¿Puede pensar en algunas historias bíblicas que ayudarían a superar esos obstáculos? Por otra parte, ¿qué aspectos de su cosmovisión podrían ayudarlos a reaccionar de manera positiva al evangelio?

5. ¿Las culturas orales locales utilizan otros métodos de comunicación como la canción o el teatro? ¿Puede pensar maneras en las que éstas se puedan usar para presentar la Biblia en forma de narración?

Referencias y lecturas recomendadas

Tell the Story: A Primer on Chronological Bible Storying, Hayward Armstrong (Richmond, VA, International Centre for Excellence in Leadership [Centro Internacional para la Excelencia en el Liderazgo], 2003).

Church Planting Movements: How God is Redeeming a Lost World, David Garrison (Midlothian, VA, WIGTake Resources, 2004). Hay trad.: *Movimientos de Plantación de Iglesias: Como Dios está redimiendo al mundo perdido.*

Making Disciples of Oral Learners, ed. Grant Lovejoy (Richmond, VA, ION/LCWE, 2005).

A Vision of the Possible: Pioneer Church Planting in Teams, Daniel Sinclair (Waynesboro, GA, STL/Authentic, 2006).

Storying Training for Trainers: Church Planting and Discipleship for Oral Learners, ed. Stephen Stringer (Arkadelphia, AR: WIGTake Resources, 2008).

Basic Bible Storying: Preparing and Presenting Bible Stories for Evangelism, Discipleship, Training, and Ministry, J. O. Terry (Fort Worth, TX, Church Starting Network [Red de Fundación de Iglesias], 2006).

Following Jesus: Making Disciples of Primary Oral Learners, ed. Avery Willis (San Clemente, CA, Progressive Vision, 2002).

Capítulo 8

El uso de la Biblia con las mujeres

Emily Onyango

La Biblia es el libro más importante para los cristianos y tiene la autoridad de Dios; por eso es la mayor fuente de empoderamiento para las mujeres cristianas. El mensaje de las Sagradas Escrituras es que Dios creó a los varones y las mujeres a su propia imagen. A cada uno de ellos, los creó únicos y con dignidad. Sin embargo, es triste decir que la Biblia, a menudo, ha sido usada para someter y debilitar a las mujeres. Los textos de la Palabra de Dios, como Génesis 2 por ejemplo, se han usado para justificar la opinión de que las mujeres tienen una naturaleza secundaria e inferior por orden de Dios.

Por ello, es muy importante tomar la Biblia como un todo. Deberíamos enfocarnos principalmente en la actitud que tuvo el Señor Jesús hacia las mujeres, que fue bastante revolucionaria para su época. Por una parte, la Biblia les habla a varones y mujeres de manera similar porque contiene el mensaje de la salvación, que está disponible en los mismos términos para ambos. Sin embargo, debido a las diferentes experiencias de vida que tienen los varones y las mujeres, así como al hecho de que la Biblia ha sido mal usada para someterlas, las mujeres leerán y verán la Escritura de una manera muy diferente. En este capítulo, veremos primero varias formas de usar la Palabra de Dios con las mujeres, y luego recurriremos al libro de Rut como un caso de estudio de algunos de los principios que encontramos.

Los contextos para usar la Biblia con las mujeres

Usar la Biblia con las jóvenes

Podemos usar las historias bíblicas y enseñarlas para motivar y empoderar a las mujeres. Una de las áreas más importantes es el empoderamiento de las niñas y las jóvenes. En Kenya, nos hemos enfocado en el estudio bíblico para niñas en las escuelas o en los grupos juveniles como una manera de desarrollar su autoestima y dignidad. Muchas jovencitas nos cuentan que la Biblia ha sido mal usada para infundirles un sentimiento de inferioridad. Las niñas fueron obligadas a vivir pasivamente, siendo dóciles y dependientes, especialmente, mediante la exaltación del dominio masculino. Como consecuencia, y para poder sobrevivir, muchas niñas desarrollan el hábito de complacer a las personas y mostrar falta de iniciativa. Las niñas siempre citan la enseñanza de que el proceso natural de la mujer las hace impuras y contaminadas. Algunos predicadores también citan el hecho de que Eva fue la primera en ser engañada y, por lo tanto, las mujeres son más propensas a ser engatusadas.

Un método para contrarrestar las ideas anteriores es estudiar algunas historias bíblicas para recuperar la idea bíblica de feminidad. Podemos comenzar señalando que la enseñanza sobre la impureza ritual de Levítico 15 era tanto para los varones como para las mujeres, en lo que respecta a las consecuencias del "proceso natural". Y en ambos casos era, generalmente, muy temporal. Eso no convertía a las mujeres en ciudadanas de segunda que siempre estaban impuras. Y, de todas maneras, la impureza ritual del viejo pacto nunca está respaldada en el Nuevo Testamento. Ciertamente, la distinción de puro e impuro queda abolida en relación con los alimentos (Mr 7.18–19; Hch 10) y eso implicaba también a sus otras formas. En el estudio bíblico con las jóvenes, también nos enfocamos en la historia de la mujer que tenía una hemorragia continua que la hacía impura, una condición que significaba que carecía de prestigio ante la sociedad. Cristo Jesús la sanó y la hizo plena y, sobre todo, le dio dignidad (Mr 5.24–34).

También podemos hacer que las niñas y las jóvenes presten atención a aquellas historias bíblicas donde las niñas tienen un papel importante en el relato. Tal vez demuestren una gran valentía o iniciativa, o sean el objeto del amor y la atención especial de Dios. Moisés nunca habría sobrevivido de no ser por la vigilancia inteligente de su hermana María (Éx 2.1–10). Fue una jovencita cautiva la que dio testimonio del poder del Dios de Israel y, así, causó la sanidad y la conversión de Naamán (2R 5.2–4). Agar y Ana probablemente hayan sido dos muchachas con circunstancias muy desfavorables, pero Dios atendió especialmente sus necesidades (Gn 16 y 19; 1S 1). Rut era una viuda relativamente joven con una enorme iniciativa y compromiso. Probablemente Ester era bastante joven cuando tomó las riendas de su vida para que su pueblo sobreviviera. María, la madre de Jesús, posiblemente estaba en la adolescencia cuando respondió con una sumisión humilde a la voluntad que Dios tenía para ella (Lc 1.26–38). Cristo también resucitó a la hija de Jairo y la devolvió a la vida y le dio dignidad (Mr 5.21–43). Luego podemos hacer hincapié en Gálatas 3.28, donde el énfasis está en la igualdad radical en Cristo, con base en la redención y en convertirnos en una nueva creación en Cristo.

Desde luego, en la Biblia hay otras historias en las que las mujeres son tratadas espantosamente. Pero, en general, son ejemplos de la violencia pecadora y de la crueldad de los hombres, no de la actitud de Dios hacia las mujeres. Por ello, necesitamos escoger sabiamente las historias y las enseñanzas bíblicas que compartimos con las niñas y las mujeres, para darles el punto de vista adecuado de su valor ante la mirada de Dios.

Usar la Biblia para motivar la transformación en las mujeres

La Biblia también puede usarse para motivar a las mujeres a que sean parte de la transformación de la iglesia y la sociedad. En su reunión inaugural en Ghana en 1989, el Círculo de Teólogas Africanas Comprometidas (una entidad continental) tuvo como tema: "Niña, levántate". El foco principal fue desafiar a las mujeres africanas a participar en la transformación del continente. Teresa Okure expuso en profundidad sobre el tema de la conferencia usando las historias de la mujer con hemorragia y de la hija de Jairo (Lc 8.40–56). Señaló que la hija de Jairo no tenía un nombre propio y su condición era dependiente, enferma y moribunda. Pero, además, dentro de su contexto sociocultural no se esperaba que actuara por su cuenta: su padre tuvo que hablar en su nombre. Pero Jesús le confirió poder cuando le habló directamente a ella y le dijo: "¡Niña, levántate!". Al decir estas palabras, Jesucristo no solo le devolvió la vida, sino que también le dio poder para que se levantara por sus propios medios y ella caminó. Luego, Jesús la hizo salir y la convirtió en una figura pública (Okure, 1992: 225). Las mujeres africanas se enfrentaron al desafío de levantarse de su silencio y hablar en nombre de las demás. Tenían que levantarse y asumir el liderazgo de transformar el continente.

Okure también contó la historia de la mujer que padeció durante doce años la condición anormal de tener una hemorragia. Esa mujer no podía acercarse públicamente a Jesús por las tradiciones religiosas y sociales de su cultura. Según la ley levítica, el flujo de sangre era causa de impureza ritual. Además, en la sociedad judía era indecente que una mujer le hablara en público a un hombre, y ni qué decir de tocarlo. Sin embargo, la mujer, valiente, corajuda y decidida, tocó a Jesús y ella se sanó. Él quiso hacerlo público y le dijo que diera un paso al frente. La mujer pasó al frente temblando y confesó lo que había hecho. Jesús no la expuso para pelearse con ella ni para condenarla, sino para liberar su mente. La mujer con hemorragia luchaba consigo misma; pero tenía una ventaja, que era su determinación. Desafío a la sociedad y se abrió paso para tocar a Jesús. No fue vencida por las circunstancias; en lugar de eso, Jesús le dijo que su fe la había beneficiado. A causa de su fe, habló más alto y hasta se levantó más alto.

La mujer que tenía hemorragia había sido cosificada y humillada. Había sido silenciada por la religión, la cultura y las condiciones socioeconómicas. Sin embargo, tenía coraje y determinación. Muchos problemas como la cosificación, la falta de dignidad y de autoestima, la carencia de agua potable, la pobreza y el escaso lugar donde refugiarse, también han silenciado a las mujeres en muchas partes del mundo, incluida África. Okure concluyó diciendo que Jesús primero respaldó a las dos mujeres y después trabajó en ellas un sentimiento de dignidad y plenitud. Terminó planteándoles a las teólogas africanas el desafío "¡Levántate!". Ellas debían levantarse y escuchar a Cristo, levantarse y organizar grupos, levantarse y compartir su fe.

El uso de la Biblia con mujeres para trabajar por una sociedad más justa y equitativa

Otra manera de usar la Biblia con mujeres es facilitar los estudios bíblicos y las charlas, que pueden motivarlas y capacitarlas para trabajar por una sociedad más justa. La Unión de Madres de la diócesis de Maceno-West, Kenya, organizó un congreso en el que invitaron a la Asociación de Padres. Juntos conversaron acerca de capacitar a las familias para que tomaran la iniciativa de construir una sociedad más fuerte e igualitaria. Las charlas trataban, principalmente, de los conceptos bíblicos del lugar del líder y de la sumisión. Tradicionalmente, estos conceptos han sido usados para justificar la dominación masculina. El grupo exploró el concepto del lugar del líder en la Biblia, especialmente en pasajes como 1 Corintios 11.2–16, Efesios 5.21–33; 1 Timoteo 2.11–15.

Los participantes también hablaron sobre Génesis 2, que se ha utilizado para justificar el *statu quo* cultural. La principal cuestión que levantaron los hombres fue que las mujeres fueron creadas en segundo lugar y que, por lo tanto, seguramente fue parte del plan de Dios que ellas estuvieran sometidas a los hombres. También invocaron el hecho de que las mujeres pecaron primero, lo cual indica que eran débiles de carácter. Pero en respuesta podemos señalar que en Génesis 1, varón y mujer fueron creados juntos, sin ningún indicio de prioridad o superioridad. Asimismo, se puede decir que si Eva fue engañada, entonces Adán pecó siendo plenamente consciente de lo que hacía, ya que él debía haber tenido un mayor conocimiento. Génesis 3.6 dice que él estaba "con ella"; por lo tanto, presenció toda la conversación. ¿Entonces, de quién fue el mayor pecado? También hubo un debate acalorado en torno al significado de Génesis 3.16, donde a la mujer se le dijo: [...] *tu marido* [...] *gobernará sobre ti*. Seguramente, esto tiene que ser la descripción de aquello en que se convirtió la vida por nuestro estado pecador de seres caídos, y no de lo que Dios planeó.

El conductor del congreso redondeó el debate explicando la historia de la creación y señalando que tanto el hombre como la mujer fueron creados a la imagen de Dios y, por consiguiente, recibieron las mismas oportunidades. Subrayó que la Biblia respalda la reciprocidad y la igualdad. La caída fue explicada como la fuerza que introdujo la dominación y el patriarcado en lugar del amor. Sin embargo, los cristianos fueron redimidos y, en consecuencia, no deben exaltar la dominación.

El uso de la Biblia para ocuparse de la violencia y del abuso sexual

Uno de los mayores desafíos del trabajo pastoral de la iglesia es el abuso sexual y el abuso en general en contra de las mujeres. En el intento por justificar que la posición sumisa de la mujer está dentro de la voluntad de Dios, algunas personas han usado mal los pasajes de la Palabra de Dios. Algunos hombres que abusan violentamente de sus esposas justifican sus actos usando el principio bíblico del liderazgo masculino y la sumisión de la mujer. Las culturas que ya menosprecian a las mujeres se reafirman en estas enseñanzas que, falsamente, son proclamadas como bíblicas. Los hombres sienten que son los dueños de sus mujeres y de sus hijos y, por consiguiente, se sienten libres de imponer el dominio. Por ello, las mujeres se han vuelto vulnerables al abuso y a la violencia. Lamentablemente, en algunos casos, las Escrituras se han usado incorrectamente para fomentar que las mujeres vivan sometidas, aun frente al abuso y la violencia. También han sido llevadas a aceptar la violencia y el abuso, porque se exalta el sufrimiento pasivo como algo bíblico.

Hay quienes también han utilizado la Biblia para respaldar el abuso sexual. Relacionan la feminidad con la impureza y la seducción. Las mujeres son consideradas las responsables de la entrada del pecado en el mundo; les dicen que siempre distraen espiritualmente a los hombres.

Por lo tanto, es importante contrarrestar esta clase de pensamiento usando la Biblia con las mujeres que han padecido abusos y golpizas, para que puedan recuperar su autoestima. Se puede organizar un taller para líderes cristianos que trabajen con mujeres golpeadas. En ese contexto, sería importante hablar de lo que realmente dice la Biblia sobre la sexualidad femenina, y contrarrestar esas interpretaciones que retratan la sexualidad femenina como algo negativo o como un objeto para la posesión o el dominio del hombre. El bello lenguaje de Cantares, por ejemplo, no debe usarse solo como una alegoría del amor de Dios por la iglesia, sino tomarse como lo que es: la celebración de la belleza de la mujer y del varón, así como el disfrute que puede causar el amor sexual apropiado bajo la bendición de Dios.

El taller puede tratar sobre las creencias religiosas tradicionales y culturales que reafirman la pasividad y, de esa manera, hacen a las mujeres más vulnerables al abuso. También es importante desafiar la manera en que algunos textos son mal utilizados para describir a las mujeres como pecadoras, inferiores, calladas, dando a luz con dolor, sometidas a la autoridad absoluta de los hombres. El estudio adecuado de la Biblia puede mostrarles a las mujeres que ella está de su lado y que, por ese motivo, deben trabajar en su autoestima. Algunas de las enseñanzas y las historias mencionadas anteriormente se pueden utilizar para esto.

Pero, sobre todo, deberían estudiarse cuidadosamente y en detalle los mandamientos de Pablo y Pedro de que los maridos deben *amar* a sus esposas. Los hombres a menudo enfatizan estos pasajes porque les ordenan a las mujeres a que *se sometan* a sus esposos. Pero la orden en sí misma suele usarse erróneamente como una excusa para que los maridos "hagan que sus mujeres se sometan", que no es en absoluto lo que el texto propone. Por el contrario, en esta carta a los Efesios, Pablo habla de la sumisión *mutua* (5.21). La mayor parte del texto está dedicado a hablarles a los esposos sobre su deber de amar, del cuidado sacrificial por sus esposas, modelado bajo el amor de Cristo por su iglesia (Efesios 5.21–33; Colosenses 3.18–19; 1 Pedro 3.1–7).

Usar la Biblia con las mujeres para resolver los conflictos y consolidar la paz

La Biblia también se puede usar con las mujeres que viven situaciones conflictivas para ayudarlas a superar los obstáculos y participar en un proceso de diálogo y consolidación de la paz. Musa Dube utiliza la historia de la mujer samaritana como un ejemplo de un proceso de consolidación de la paz y superación de barreras. Esa mujer le plantea a Jesús una pregunta fundamental: "¿Cómo se te ocurre pedirme agua si tú eres judío y yo soy samaritana?".

El relato ilustra varias barreras que existen en el mundo actual. Las historias de personas de grupos étnicos distintos que se niegan a soportarse son un problema mundial cotidiano. En las Escrituras, en Juan 4.8, la mujer samaritana le plantea una pregunta sobre la diferencia y la tirantez religiosa. Luego dice: *Nuestros antepasados adoraron en este monte, pero ustedes los judíos dicen que el lugar donde debemos adorar está en Jerusalén.* No obstante, la mujer tiene un diálogo con Cristo Jesús. Musa sugiere volver a contar la historia para captar las tensiones religiosas y culturales predominantes en el mundo de hoy y la necesidad de diálogo. También resalta el género como un área de tensión. Cuando los discípulos volvieron, se sorprendieron de que Jesús estuviera hablando con una mujer (Jn 4.27). Los discípulos hombres no opinaban que fuera apropiado que Jesús hablara directamente con una mujer, especialmente dentro del contexto judío. Eso también refleja la marginación a las mujeres en muchas partes del mundo, incluso hoy en día. En el caso de la mujer samaritana, hay una transformación a medida que Jesús le permite que exprese sus anhelos y se esfuerce por liberarse y restaurarse a su comunidad.

Otro ejemplo notable de una mujer que interviene para resolver un conflicto o, por lo menos, evitar que derive en una violencia descontrolada, es la apelación de Abigail a David en 1 Samuel capítulo 25. Es un pasaje que bien merece ser estudiado para ver qué argumentos usó Abigail, apelando a la conciencia de David, así como a su interés, para persuadirlo de que deje a un lado sus planes violentos.

El uso de la Biblia para permitirles a las mujeres trabajar en su ministerio cristiano

Los cristianos de todas partes del mundo tienen puntos de vista teológicos diferentes sobre el papel de las mujeres en el ministerio cristiano, sobre todo en relación con el liderazgo. Sin embargo, no hay duda de que la Biblia afirma que Dios les ha encomendado una gran variedad de ministerios a varones como a mujeres. La Biblia puede ser empleada para animar y permitir que las mujeres cumplan con todos los niveles de su ministerio. En un congreso organizado para mujeres en el ministerio se analizaron y reinterpretaron diferentes pasajes que han sido usados contra el liderazgo de la mujer en la iglesia. Las mujeres que participaron de las discusiones grupales sostuvieron que es importante sentar las bases del ministerio de las mujeres en María Magdalena. María estuvo entre los primeros que vieron al Señor resucitado y en predicar la buena noticia de la resurrección, y la llevó precisamente a los apóstoles. De hecho, fueron las mujeres las primeras en dar la buena nueva a los once discípulos.

Las participantes del congreso también analizaron los textos que exhortan a las mujeres a guardar silencio en la iglesia (1Ti 2.11–12; 1Co 14.34–36). Las participantes hicieron un estudio sobre las palabras, enfocándose en su significado. Observaron que el mandamiento a estar en silencio ya había sido usado dos veces en 1 Corintios capítulo 14. Se aplica a cualquier persona de la congregación, incluidos los hombres, antes de ser usado a propósito de las mujeres. En el versículo 28, es un mandato para alguien que tiene el don de lenguas, cuando no hay un intérprete presente. En el versículo 30, es una orden para un profeta, si alguna otra persona quiere llevar una palabra. Así que, el contexto general, claramente dice que es para el buen orden, no un mandamiento exclusivo que hace callar solamente a las mujeres. Además observaron que la palabra traducida como "silencio" (*hesychia*) en 1 Timoteo 2.11 no significa el silencio absoluto que prohíbe completamente el hablar, sino el ambiente calmo de tranquilizarse para aprender; esto es lo apropiado para cualquier situación de aprendizaje, incluso para los hombres.

También analizaron en qué contexto fueron escritos los pasajes. Por ejemplo, se enfocaban en la situación perturbadora de la iglesia de Corinto y en la necesidad de mantener el orden. En Éfeso, la situación probablemente fue que algunos cultos alentaban a las mujeres a que expresaran su liberación sacándose de encima toda restricción y dominando a los hombres.

También surgieron varios otros asuntos, como el velo en la adoración y la idea de que las mujeres son moralmente inferiores y que por eso son más propensas a caer en el engaño. Asimismo, se comentó la tesis de que las mujeres distraen espiritualmente a los hombres y que por ello no deben ser dirigentes en la iglesia. Además, se habló de la idea de que el proceso natural de las mujeres las vuelve impuras, por lo cual son indignas de presidir la comunión. Luego, los líderes se explayaron sobre los pasajes referidos a la pureza ritual y también a la relación entre la Biblia y la cultura, incluidos los del Israel del Antiguo Testamento y la influencia de la cultura africana local que a menudo, subconscientemente, se proyecta en los textos bíblicos.

Utilizar personajes femeninos bíblicos como ejemplos para el liderazgo de mujeres es una herramienta muy eficaz para la capacitación de ellas como líderes. Usamos este método en Kenya en la capacitación de mujeres evangelistas. Revisamos las historias de Miriam, Débora, de las mujeres en el sepulcro de Jesús y de Priscila. También nos enfocamos en la mujer samaritana como la primera evangelista mujer. Ella entabló una discusión teológica con Jesús y después regresó a la aldea a evangelizar y a llevar a las personas a Cristo (Jn 4.28–30; 39–42). Kanyoro ve también a una evangelista en la mujer con hemorragia. Ella había tratado de mantenerse en secreto y ocultar el hecho de que había tocado a Jesús. Sin embargo, Él hizo que diera un paso adelante, obligándola a salir al público y a compartir la buena noticia para que ella se convirtiera en otro ejemplo de salvación por fe.

Otro uso interesante de la Biblia para este propósito es ver la cantidad de mujeres involucradas en el ministerio de Pablo. Mencionamos a Priscila (a quien muchas veces se la nombra antes que su esposo en su función de maestros). Asimismo, las listas de saludos de Pablo al final de algunas de sus cartas revelan una fascinante cantidad de mujeres. Algunas parecen haber sido líderes de iglesias caseras, como Lidia (Hch 16.13-15), o diaconisas, por ejemplo Febe (Ro 16.1). A una de ellas, Junías, Pablo incluso la contaba entre los apóstoles (Ro 16.7), y a la mayoría las elogió cálidamente y repetidas veces por compartir con él la lucha por el evangelio (Ro 16).

El uso de la Biblia para dar autoridad a las mujeres en el liderazgo en la sociedad

Musa Dube utiliza la opresión y la marginalidad de la mujer samaritana para abordar diferentes crisis políticas y socioeconómicas actuales. Identifica los poderes opresores, tanto locales como extranjeros, aunque a lo mejor se desvía demasiado en la alegorización cuando interpreta los cinco maridos de la mujer como imperios conquistadores anteriores que habían explotado a la tierra palestina. En una reunión de las líderes locales, reflexionamos sobre la historia de Débora en Jueces 4 y 5. El foco estuvo en qué significaba llamar a Débora una "madre para Israel". Luego nos focalizamos en la maternidad, especialmente en la manera en que se aplica a Débora (Jue 5.6–7). "Madre", al pie de la letra, es una figura común. Son mencionadas como madres porque han dado a luz hijos célebres. Pero, al estudiar más profundamente este pasaje, vemos que las madres, especialmente Débora, no son "comunes", después de todo. Su influencia es trascendental (Exum, 1985: 82–5). "Madre", como se usa en la Biblia, es una mujer fuerte e independiente. Como madre de Israel, Débora presume de logros extraordinarios. Tiene funciones tanto legales como administrativas; es una líder carismática y militar y también una profetisa. Sus logros incluyen aconsejar, motivar y ser una líder. Débora trae liberación para los oprimidos, brinda protección y garantiza la seguridad para su pueblo.

En una sesión de capacitación sobre liderazgo y administración, nos enfocamos en Proverbios 31. Allí, la mujer, que sin duda fue ideada como una descripción personalizada de la sabiduría que todo el libro elogia, está retratada como una administradora competente y sabia. Sus actividades no se limitaban al ámbito privado; también tenía un papel muy público. La mujer era muy hacendosa y productiva. Edificaba la casa y construía la mesa que presidía. Manejaba los diferentes aspectos domésticos y controlaba la economía familiar. Es más, se dedicaba al comercio internacional. Se encargaba de su esposo y de su familia y, en agradecimiento, era honrada y elogiada por ellos.

Vale la pena reflexionar en que cuando los autores del Nuevo Testamento, como Pablo y Pedro, hablan de las cualidades de una buena esposa, el modelo que ya habían conocido de las Escrituras está aquí, en Proverbios 31. Y esta mujer, la esposa ejemplar, se halla muy lejos de la imagen de la esclava oprimida que agacha la cabeza, de quien no se espera otra cosa que una sumisión resignada a su marido.

Al usar la Biblia con las mujeres, sería bueno combinar un estudio sobre las normas de convivencia hogareñas en Efesios, Colosenses y 1 Pedro, con una lectura igualmente cuidadosa de Proverbios 31.

Reflexión sobre el libro de Rut

Una manera importante de usar la Biblia con las mujeres es mediante el estudio y la reflexión sobre libros particulares de ella. En esta parte vamos a realizar un estudio del libro de Rut, mirándolo dentro de su contexto histórico y analizando las palabras. También analizaremos el significado de los términos dentro del contexto en el que fueron usados. Estos antecedentes ayudarán a las mujeres a hablar de algunos de los temas planteados y a verlos como cristianas a partir de su propio contexto.

La supervivencia y la seguridad

En muchas partes del mundo las mujeres buscan sobrevivir y estar seguras. Esto siempre se debe a múltiples factores. Cada cultura tiene sus propias estrategias de supervivencia. Sin embargo, las mujeres cristianas están influenciadas, principalmente, por la fe en las decisiones que ellas toman. Este artículo es una reflexión sobre el libro de Rut y las decisiones tomadas por tres mujeres. Estudiar esas decisiones puede ayudar a las mujeres a reflexionar sobre sus situaciones individuales y a hablar sobre qué decisiones pueden proponer en su contexto.

El esposo era una figura sumamente principal en la sociedad del Antiguo Testamento. Esto lo confirma el uso de la metáfora de *Esposo* para Yavé. Como esposo, Yavé era líder, proveedor y protector de Israel. En el libro de Rut, uno de los principales temas es la lucha de los personajes femeninos por la supervivencia y la seguridad. Israel era una sociedad patriarcal y, por consiguiente, los hombres resultaban fundamentales para la supervivencia femenina. El matrimonio era muy importante porque a las mujeres les daba dignidad y seguridad. Asimismo, económicamente era importante porque, por medio de él, la mujer tenía asegurados sus derechos de propiedad. La idea está claramente ilustrada en la bendición que Noemí da a sus nueras: *Que el Señor les conceda hallar seguridad en un nuevo hogar, al lado de un nuevo esposo* (Rt 1.9).

El matrimonio también era importante para poder tener hijos. Éstos —los varones en particular— eran una importante inversión a futuro. El hijo mantenía vivos el nombre del padre y la herencia. Los hijos conservaban la propiedad familiar. Si la persona moría sin tener hijos, se moría del todo. Por consiguiente, el hijo evitaba que el padre fuera exterminado. Por ello, cada persona debía conseguir uno para que, por medio de él, su nombre siguiera existiendo a futuro. A causa del papel fundamental de los varones, también era decisivo que la esposa contrajera un matrimonio de "levirato": si el esposo se moría y la dejaba sin un hijo, el hermano del difunto debía tomar a su viuda para perpetuar el nombre del muerto haciendo que la mujer tuviera un hijo de él. El primero que diera a luz la viuda se consideraría hijo del difunto. Dentro de este contexto entendemos el lamento de Noemí por sus nueras *¿Acaso voy a tener más hijos que pudieran casarse con ustedes?* (Rt 1.11). El libro de Rut trata sobre tres mujeres que habían perdido toda posibilidad de seguridad y supervivencia. Noemí había abandonado la seguridad de su patria y perdido a su esposo y a todos sus hijos. Rut y Orfa habían perdido a sus esposos y tampoco tenían hijos.

Decidir, tomar la iniciativa

Frente a las calamidades naturales y sus desgracias, las tres mujeres tuvieron que decidir de qué manera proceder. ¿Qué rumbo debían tomar sus vidas? Noemí recopiló información y evaluó la situación. Se dio cuenta de que su vida como emigrante no había sido muy productiva. Mientras tanto, analizó la situación que había en su hogar, en Judá, y se dio cuenta de que Dios había bendecido al país; la situación había mejorado y no escaseaba la comida. Por lo tanto, Noemí decidió que la mejor opción que tenía para sobrevivir era volver a su patria.

Además, tomó la iniciativa de analizar la situación con sus nueras y encontrar las mejores estrategias posibles para sobrevivir. Sentía que la mejor opción era que Rut y Orfa volvieran a la *casa de su madre*. Ésta era una sugerencia rara porque las casas siempre se mencionaban como la *casa del padre*. Tal vez Noemí les dijo que volvieran a la *casa de su madre*, porque no había hombres. Los maridos, que eran las cabezas de familia, habían muerto. Por consiguiente, no existían figuras de autoridad. Ante la ausencia de varones, las mujeres se necesitaban unas a otras. Eso también subrayaba qué pequeño era el mundo en las cuestiones de la supervivencia. Sin embargo, la *casa de su madre* quizás implicara también el lugar donde podían encontrar descanso, consuelo y seguridad. El hogar era donde estaba el bienestar y el alivio para la pena y el dolor.

Noemí también era consciente de que, además de que no tenía más hijos con quienes Rut y Orfa pudieran casarse, eran extranjeras: mujeres moabitas. Los israelitas generalmente menospreciaban el matrimonio con los extranjeros porque se relacionaba mucho con adoptar una religión foránea. Los moabitas eran especialmente despreciados (*cf*. Nm 25). Por lo tanto, Rut y Orfa serían despreciadas y marginadas. La discriminación y la marginalidad de sus nueras solo le causarían más dolor a Noemí.

Sin embargo, Rut no estuvo de acuerdo con las ideas de Noemí y la estrategia que tenía para ellas, por lo que decidió ser valiente y resolver los asuntos en juego. En primer lugar, tomó la decisión de desarmar la noción de que el único medio de sobrevivir que tenía era conseguir un marido. Por ello, decidió trabajar en solidaridad con una mujer, quien, casualmente, era su suegra. Al elegir irse con Noemí, también estaba decidiendo superar varias barreras y construir puentes. Rut decidió que el Dios de Noemí sería su Dios y que el pueblo de Noemí sería su pueblo.

Elegir el Dios y el pueblo de Noemí

Al elegir el Dios de Noemí, Rut también tuvo que manejar la cuestión del origen étnico y de la identidad. Le dijo a Noemí:

¡No insistas en que te abandone o en que me separe de ti!

Porque iré adonde tú vayas,
*   y viviré donde tú vivas.*
Tu pueblo será mi pueblo,
*   y tu Dios será mi Dios.*

(Rt 1.16)

Rut tuvo que decidir su manera de proceder en un contexto multirreligioso y multicultural. En este caso particular, tomó la decisión de adoptar la fe y la cultura de Israel. Según la fe del Antiguo Testamento, las personas de otros países podían incorporarse a Israel. La condición más importante era que tenían que aceptar a Yavé como su Dios. Pese a sus antecedentes étnicos, la fe de Rut en Yavé le dio credibilidad. La historia ilustra cómo una mujer de otro grupo étnico, una moabita, llegó a ser la bisabuela de David porque había aceptado a Yavé. Esto le dio una identidad común con los israelitas.

Que Rut aceptara a Yavé, y su carácter, fueron instrumentales para ayudarla a superar varias barreras. Tuvo que soportar la posición desfavorable causada por su edad, género y clase social. Primero, desarrolló una amistad y un respeto mutuo con su suegra. Era una relación que en muchos casos se caracteriza por las tensiones, pero Rut la convirtió en algo positivo. También tuvo que ocuparse de sus necesidades económicas tomando la iniciativa y trabajando mucho. Le dijo a Noemí que se iría a los campos a recoger el grano.

El triunfo del carácter

Rut llamó la atención por su carácter. El encargado que manejaba el campo de Booz dijo lo siguiente acerca de ella: *No ha dejado de trabajar desde esta mañana que entró en el campo, hasta ahora* (Rut 2.7). El carácter de Rut también quedó al descubierto cuando le dijo a Booz: *¿Cómo es que le he caído tan bien a usted, hasta el punto de fijarse en mí, siendo sólo una extranjera?* Booz le contestó:

> *Ya me han contado [...] todo lo que has hecho por tu suegra desde que murió tu esposo; cómo dejaste padre y madre, y la tierra donde naciste, y viniste a vivir con un pueblo que antes no conocías. ¡Que el* Señor *te recompense por lo que has hecho! Que el* Señor, *Dios de Israel, bajo cuyas alas has venido a refugiarte, te lo pague con creces.*
>
> (Rt 2.10–12)

Luego, Booz describe a Rut con una palabra que el narrador ya había usado para describir al mismo Booz: *Todo mi pueblo sabe que eres una mujer "ejemplar"* (Rt 3.11; *virtuosa*, NTV). Compare esto con Rut 2.1, donde se traduce la misma palabra como *influyente*, en referencia a Booz. También es la palabra usada en Proverbios 31.10 para describir la esposa modelo, donde NTV traduce como *capaz*.

Usar el sistema conjuntamente

Noemí y Rut utilizaron los procedimientos y procesos con los que la Ley del Antiguo Testamento ayudaba a las personas desamparadas a satisfacer sus necesidades. Rut tuvo que reunir información sobre Noemí y otros para enterarse acerca de cómo funcionaba el sistema. Decidió cosechar en el campo de Booz para mantenerse a sí misma, conforme lo estipulaba la ley israelita: *Cuando llegue el tiempo de la cosecha, no sieguen hasta el último rincón del campo ni recojan todas las espigas que queden de la mies. Déjenlas para los pobres y los extranjeros. Yo soy el* Señor *su Dios* (Lv 23.22).

Los grandes temas del libro de Rut son la colaboración, el trabajo conjunto, la solidaridad y la responsabilidad para con los paisanos: todo parte de los valores de la ley israelita. Rut decidió que la mejor opción para sobrevivir no era tener la típica relación dependiente, sino asociarse con otra mujer. Tampoco le pertenecía a un esposo ni a Noemí, pero eligió actuar *con* ella. Esto subraya la idea de solidaridad y colaboración, muy importantes en la vida social y económica de Israel. Los miembros de la familia tenían la obligación de ayudarse y protegerse unos a otros. Rut era muy valiente y también tomó la iniciativa, pese a ser una extranjera y desamparada. Colaboró con diferentes personas para poder resolver sus problemas económicos. En primer lugar, se relacionó con las otras muchachas que trabajaban en los campos y trabajó hombro a hombro con ellas. En segundo lugar, tomó la iniciativa y le pidió permiso al encargado para cosechar y recolectar entre las gavillas que dejaban los cosechadores. Éste era un privilegio reservado solamente para los miembros del clan, y solo el dueño del campo podía conceder ese permiso. Por la manera en que colaboraba con los demás, Booz la notó.

Sin embargo, por ser una persona temerosa de Dios, Booz fue más allá de lo que mandaba el deber y la responsabilidad familiar de ayudar a Rut. Primero le pidió que se quedara en su campo y, así, la protegió de la violencia, que parecía preponderante en otros campos (Rt 2.9; 22). Aunque Rut era una desamparada y ni siquiera tenía el estatus de las sirvientas, Booz la respaldó públicamente. Esperó hasta la hora del almuerzo y, a la vista de los trabajadores (hecho que bien podría tener una implicancia legal), la sentó entre los demás. Él en persona llenó su tazón con cereal y le dio un permiso que nunca antes había concedido. Booz ordenó: *Aun cuando saque espigas de las gavillas mismas, no la hagan pasar vergüenza. Más bien, dejen caer algunas espigas de los manojos para que ella las recoja, ¡y no la reprendan!* (Rt 2.15–16). En resumen, Rut se convirtió en miembro del clan de Booz.

Booz también desempeñaba el rol del *goel*, o el "pariente redentor", aunque había un familiar más cercano. Noemí volvió a tomar la iniciativa de activar el proceso ofreciendo en venta la tierra de Elimelec. Se vio obligada a venderla debido a la pobreza. La ley israelita estipulaba que *en el caso de que uno de tus compatriotas se empobrezca y tenga que vender parte de su heredad familiar, su pariente más cercano rescatará lo que su hermano haya vendido* (Lv 25.25). La persona que redimiera la tierra también se casaría en levirato con Rut. Eso le permitiría tener un hijo, que garantizara la continuidad del nombre de la familia y asegura los derechos de propiedad.

Noemí le aconsejó a Rut que se acercara a Booz para que desempeñara el papel del pariente redentor. Sin embargo, éste indicó que había un pariente redentor más cercano que él. El propio Booz tomó la iniciativa y habló del tema con el otro pariente redentor delante de los ancianos. No obstante, aunque éste se hallaba dispuesto a comprar la propiedad, no se encontraba dispuesto a casarse en levirato con Rut. Eso pondría en peligro sus propios derechos de propiedad. Finalmente, Booz aceptó el rol del goel y, por lo tanto, compró la propiedad y se casó con Rut en levirato. Las vidas de Noemí, Rut y Orfa, están marcadas por las desgracias. Sin embargo, deciden avanzar y encargarse de sus desdichas. En el caso de Noemí y Rut, su fe en Yavé influye en gran manera sus actos y decisiones. Reúnen la información, evalúan su situación y analizan la manera de proceder. Tienen que ocuparse de varios asuntos como de su creencia, la relación con otras creencias, su contexto multicultural, la etnia, su género y su clase social. También se encargan de las cuestiones de la propiedad, la inversión, la responsabilidad y la solidaridad. El personaje principal, Rut, se muestra como una mujer valiente que toma la decisión de cambiar su situación. Es una persona que tiene integridad moral, determinación, diligencia y un compromiso con Dios y con su suegra, así como también con su comunidad.

Usar la historia de Rut con mujeres tiene implicancias enormes en cuanto a la forma en que ellas ven sus propias vidas. Esto plantea toda clase de preguntas y desafíos sobre la manera en que las mujeres pueden actuar con iniciativa y dignidad, aun en un mundo de predominio masculino.

El libro de Rut también muestra cómo las mujeres *y* los hombres pueden vencer los estereotipos y las expectativas que surgen dentro de la cultura humana caída, y elegir maneras conciliadoras y reparadoras de pensar y actuar. Por lo tanto, nos da un ejemplo maravillosamente productivo de entendimiento y del uso de la Biblia para ratificar los propósitos amorosos de Dios y la potencial belleza y gozo de la vida humana, que se vive de acuerdo con sus caminos y bajo su bendición.

Sugerencias para el estudio

Lea el libro de Rut y analice las siguientes preguntas:

1. ¿Cuál era el origen de la dignidad y la seguridad para las mujeres en este contexto particular? ¿Cuál debería ser la fuente de dignidad y seguridad para las mujeres cristianas en la actualidad?
2. Comente sobre algunas de las barreras que encontraban las mujeres en el libro de Rut (p. ej.: la religión, la clase social, el género, la edad).

    *   ¿Qué estrategias usan para superar esas barreras?
    *   ¿Qué barreras tenemos en nuestro propio contexto y, como cristianas, qué estrategias podemos usar para superar esas barreras?

3. Discuta las diferentes dimensiones de trabajo en conjunto y colaboración en el pasaje anterior. ¿Con qué tipos de trabajo conjunto y colaboración cuenta en su propio contexto y de qué manera podría hacerlos funcionar mejor para beneficiar a las mujeres?
4. Mencione acerca de los derechos de propiedad que tenían las mujeres en el libro de Rut.

    *   ¿Qué podemos decir sobre los derechos de propiedad de las mujeres en nuestro propio contexto?
    *   Como cristianas, ¿qué podemos decir acerca de los derechos de propiedad de las mujeres?

Referencias y lecturas recomendadas

'Introduction: Little Girl Get Up' y 'The Five Husbands at the Well of Living Waters: The Samaritan Woman and the African Woman', M. Dube, en *Talitha Cum: Theologies of African Women,* eds. M. Dube y N. Nyambura (Pietermaritzburg, Cluster Publications, 2001), pp. 1–24.

Women in the Bible, M. Evans (Carlisle, Paternoster Press, 1983).

'Mother in Israel: A Familiar Figure Considered', C. S. Exum, en *Feminist Interpretation of the Bible,* ed. M. L. Russel (Philadelphia, Westminster Press, 1985).

The Will to Arise: Women, Tradition and the Church, eds. M. Kanyoro y M. Oduyoye (New York, Orbis, 1992). Hay trad.: *Mujeres, tradición e iglesia en África.*

Women, Abuse and the Bible, C. Kroeger y J. R. Becker (Carlisle, Paternoster Press, 1996).

Women, Authority and Bible, A. Mickelsen (Downers Grove, IVP, 1986).

'The Will to Arise: Reflections on Luke 8.40–56', T. Okure, en *The Will to Arise: Women, Tradition and the Church,* eds. M. Kanyoro y M. Oduyoye (New York, Orbis 1992), pp. 221–30.

Feminist Interpretation of Scripture, ed. M. L. Russel (Philadelphia, Westminister Press, 1985).

'The Evangelical Debate Over Biblical Headship', D. M. Scholer, en *Women, Abuse and the Bible,* eds. C. Kroeger y J. R. Becker (Carlisle, Paternoster Press, 1996), pp. 28–57.

Capítulo 9

El uso de la Biblia en la familia como una guía para la vida

Anthony y King Lang Loke

El desafío

Muchas iglesias hacen hincapié en la necesidad del estudio bíblico individual para el crecimiento personal. Sin embargo, el énfasis está puesto en lo individual y en cómo la persona crece en su madurez en Cristo. Tendemos a olvidarnos que también somos parte de una familia o de familias extendidas más numerosas. También somos parte de la aún más grande comunidad de fe. Por lo tanto, estudiar y usar la Biblia no solo es un esfuerzo individual, sino también comunitario. Este tema que estamos tratando es algo que interesa no solo para los niños, los jóvenes y los padres, sino también para la comunidad cristiana de fe como un todo. Si bien los padres tienen el papel sumamente importante de ayudar a criar a los hijos, no debemos olvidar que toda la comunidad de fe tiene que desempeñar un rol activo en esta tarea. Todos los miembros del cuerpo de Cristo tienen la responsabilidad mutua de asegurarse de que la Biblia llegue a ser primordial en la vida de cada familia cristiana.

¿En qué consiste, exactamente, esta tarea para la familia cristiana? ¿Es solamente ayudar a que la próxima generación conozca la Biblia para que puedan usarla como una fuente de versículos sueltos? Estamos convencidos de que nuestra tarea es mucho más que eso. Es grabar la Palabra de Dios en nuestro corazón, en el corazón de nuestros hijos y en el de los jóvenes. Grabar significa marcar o tallar la Palabra de Dios en nuestro corazón para que no la olvidemos ni la perdamos fácilmente. No se trata de enseñarles la Biblia a nuestros hijos y a los jóvenes solamente con el fin de impartirles el conocimiento, sino de grabar la Palabra en su corazón y su mente. Nuestro máximo objetivo es ayudarnos unos a otros a conocer verdaderamente a Dios y vivirlo como el Señor de nuestra vida. Porque él es nuestro Señor, debemos amarlo con todo nuestro corazón, nuestra alma y nuestra fuerza (Dt 6.4–5). No hay mejor manera de hacerlo que comprender la Biblia, que es la revelación que Dios hace de sí mismo para nosotros.

¿Hay un enfoque eficaz para lograr nuestro objetivo? Deuteronomio 6.6–9 Hay un resume una estrategia clara:

> *Grábate en el corazón estas palabras que hoy te mando. Incúlcaselas continuamente a tus hijos. Háblales de ellas cuando estés en tu casa y cuando vayas por el camino, cuando te acuestes y cuando te levantes. Átalas a tus manos como un signo; llévalas en tu frente como una marca; escríbelas en los postes de tu casa y en los portones de tus ciudades.*

Éste es un pasaje del Antiguo Testamento, desde luego, pero se halla directamente relacionado con lo que el propio Jesús denominó el mandamiento más grande de la Ley: ama al Señor tu Dios con todo tu corazón y toda tu alma y todas tus fuerzas. Originalmente, la atención al detalle de los versículos siguientes se aplicaba a la Ley de Israel, pero, en principio, el énfasis al deber de los padres de instruir a sus hijos en la Palabra y los caminos del Señor, está refrendado en el Nuevo Testamento también (p. ej., Ef 6.4).

El método de Deuteronomio es intencionado, pero también una combinación de la enseñanza espontánea y sistemática mediante las impresiones verbales, visuales y escritas. Esto significa que realmente queremos y nos proponemos enseñarles la Biblia a nuestros hijos y jóvenes. Es algo que proviene espontánea y naturalmente de nuestro corazón; sin embargo, en ocasiones, también debería ser sistemático y coherente.

Pero es más que la simple transmisión del conocimiento o de un mensaje cerrado. Nuestros hijos y nuestros jóvenes necesitan participar de una experiencia fructífera de aprendizaje, usando los cinco sentidos. Podemos tomarnos la Biblia en serio y enseñarla, a la vez, de una manera interactiva, participativa y relacional. Debemos mantener la unidad entre lo racional, lo emocional y lo práctico: qué deben aprender y saber, qué sienten y con qué se comprometen, y cómo lo llevan a la práctica en la vida real.

El uso familiar de la Biblia

Veamos algunos ejemplos de cómo podemos usar la Biblia en la familia, y también del modo de extender el uso familiar de la Biblia a la iglesia. Escribimos como matrimonio malasio y, por ello, naturalmente, nuestra experiencia y costumbre están moldeadas por la cultura asiática y por lo que hemos encontrado para trabajar en nuestro entorno. Las familias en todo el mundo son diferentes, y las expectativas de los padres respecto de sus hijos varían mucho, de manera que los lectores de otras culturas tendrán que hacer ajustes. Pero esperamos que haya enseñanzas y principios comunes que sean bíblicos y válidos en general.

Compartir experiencias

Algo simple que pueden hacer los padres es hablar con naturalidad sobre el lugar que ocupa la Biblia en su vida. Podemos compartir historias personales con nuestros hijos y los jóvenes de cómo la Biblia es el lugar de donde sacamos la fuerza en varias situaciones de la vida. Por ejemplo, a mi esposa King Lang le pidieron que dirigiera el equipo del ministerio de oración durante el encuentro TeenStreet Malaysia 2006.

TeenStreet es un programa para jóvenes organizado por Operación Movilización para estimularlos y educarlos en la fe cristiana. En un momento durante el campamento de cinco días, King Lang se sintió muy cansada físicamente y superada por los muchos pedidos de oración y las necesidades. Leyó la Biblia y Dios le habló usando los versículos de Isaías 40.29–31. Fue una confirmación de que debía esperar, renovar su fuerza y volver a levantarse en el Señor. Luego compartió esta experiencia de escuchar la Palabra de Dios con el resto de los miembros de nuestra familia. A partir de esta experiencia de escuchar personalmente que Dios "habla" por medio de la Biblia y que nos ayuda en nuestra necesidad, nuestros hijos y los jóvenes tienen presente que Dios todavía "habla" desde su Palabra escrita.

Reclamar las promesas

También podemos hablar con nuestros hijos acerca de conocer y reclamar las promesas de la Biblia. En nuestra familia, ambos hablamos con los niños sobre esos momentos difíciles que hay en el ministerio pastoral. Lo hacemos en el nivel adecuado y, por supuesto, sin sobrepasar los límites de lo confidencial. Nuestros hijos, siendo hijos de pastores, están profundamente conscientes del llamado de sus padres, así que compartimos francamente con ellos algunas de nuestras luchas y cómo Dios nunca nos ha fallado en esos momentos, siempre que estemos aferrados a sus promesas en la Biblia. Esta transmisión de nuestras propias historias de fe entrelazadas con las promesas bíblicas tiene la intención de ayudarlos a saber que nuestro Dios es verdaderamente Dios. Él nos dio promesas en su Palabra escrita y cumple esas promesas. Ambos rememoramos casi veinte años de matrimonio y de ministerio pastoral, en los cuales Dios jamás nos falló, ni en una sola de sus promesas (¡aunque no podemos decir lo mismo de nuestra parte!). Ésa es nuestra experiencia. Otros tienen luchas mayores que las nuestras, y no se trata de una cuestión de jactancia, ante nosotros o nuestros hijos. Simplemente nos encargamos de señalarles cuándo y en qué es fiel Dios.

Estos momentos de comunicación y de hablar de cómo Dios cumple sus promesas suelen producirse durante nuestras comidas familiares o los largos viajes para visitar nuestras ciudades natales, así como en cualquier circunstancia que nos da una oportunidad de hablar naturalmente de nuestra fe. Entonces sacamos algunas promesas de la Biblia y las convalidamos en medio de lo que estemos atravesando. Es una cuestión de hábito, y nos ayuda a seguir siendo conscientes de Dios en la vida cotidiana, lo cual es algo que también deseamos que aprendan nuestros hijos.

Analizar los sermones

A veces, como familia, hablamos del sermón del domingo y del pasaje de las Escrituras elegido para dicho sermón durante el viaje de retorno a casa después del culto. Tratamos de ayudar a que nuestros hijos relacionen lo que escucharon durante el sermón con la lectura que se hizo de la Palabra de Dios. En algunas ocasiones, les preguntamos si ellos creen que el pastor los ayudó a entender el pasaje bíblico, o si realmente el sermón tuvo algo que ver con el pasaje leido. Los niños pueden darse cuenta de esas cosas. Podemos ayudarlos a reconocer y apreciar la enseñanza buena y fiel que explica y aplica la Biblia, y de igual manera, ayudarlos a darse cuenta cuando no lo entiendan.

Es probable que los niños entiendan los sermones desde una edad mucho más temprana de la que creen los adultos. Ninguno de nuestros hijos asistió a las clases de la escuela dominical, ya que a menudo los domingos estábamos predicando en varias iglesias y ellos nos acompañaban. Se sentaban en el banco con uno de nosotros. Desde muy pequeños, les dijimos que "escucharan" el sermón aunque estuvieran haciendo alguna actividad por su cuenta. Llevábamos a la iglesia papel y algún material bíblico sencillo para que leyeran y estuvieran ocupados trabajando en sus propias cosas. Pero, consciente o subconscientemente, nos "escuchaban" y absorbían lo que oían. ¡Por ello, después de predicar, siempre esperábamos alguna crítica honesta de nuestros hijos! Lo importante es ayudarlos a ver cómo la Palabra de Dios puede relacionarse con sus necesidades y experiencias y que aún es pertinente, lo cual debería hacer la buena predicación. Hasta los niños necesitan darse cuenta de cómo la Biblia todavía habla con poder en la actualidad y que no es un libro "cerrado" que pertenece a un pasado antiguo y remoto.

La lectura creativa

Otra forma de usar la Biblia en la familia es leerla creativamente. Por ejemplo, puede planificar una lectura con los diferentes miembros de la familia asignándoles diferentes personajes o roles. Las familias pueden hacer esto en casa durante el tiempo de la lectura bíblica familiar. Supongamos que decide leer el capítulo 1 de Deuteronomio. Puede involucrar a toda la familia en la lectura. Los diferentes personajes que se necesitan son el narrador, Moisés, el grupo de israelitas, el grupo de espías y una persona que hable como Dios. Involucrar a toda la familia en esta manera de leer juntos la Biblia puede ser divertido y, a veces, descubre talentos ocultos. Nuestros hijos pueden adoptar varios roles y leer su parte como si fueran los personajes. Si tiene más tiempo y espacio, incluso puede hacer que participen actuando teatralmente la historia. A menudo, los niños son actores geniales y naturales y les encanta actuar. ¿Por qué no aprovechar ese entusiasmo y aplicarlos a las grandes historias bíblicas? El dicho popular "Los niños deben ser vistos pero no oídos", no debería usarse arbitrariamente como excusa para mantener callados. Más bien, por su naturaleza curiosa, se les debe permitir tener una parte activa en la lectura bíblica familiar.

Esta lectura bíblica familiar también se puede realizar en los servicios en la iglesia. Durante el culto, una familia puede recibir la tarea de leer las Escrituras de ese día. Padre, madre e hijos pueden turnarse para leer versículos alternados de un pasaje. Pueden leerlo con teatralidad, tomando diferentes partes, como sugerimos anteriormente. O pueden leer un párrafo cada uno. Hasta un niño puede tener la tarea de leer la Escritura.

En muchas iglesias creemos que solo a los adultos deberían permitirles leer las Escrituras durante los servicios eclesiásticos. Argumentan que si se les permitiera leer a los niños, podrían arruinar la lectura bíblica. Bueno, esto a veces puede ser verdad, pero si a un niño le dan suficiente tiempo para practicar la lectura de los versículos dados de antemano, habría menos errores. Al fin y al cabo, una niña judía de doce años o un niño judío de trece son considerados una "hija o un hijo de los mandamientos" (*bath* o *bar mitzvah*) y se les permite leer las Sagradas Escrituras en las sinagogas. Iniciar a nuestros hijos en esta costumbre de lectura bíblica es una manera básica de estimular su interés en la Biblia. De hecho, a veces se dará cuenta de que los niños, con práctica, leen la Biblia en la iglesia mucho mejor que algunos adultos.

Practicar la Biblia

Otra forma visual y teatral en la que podemos usar la Biblia es recreando algunas de las grandes tradiciones y fiestas bíblicas, siendo cuidadosos de enseñar lo que significaban y lo que nos enseñan de la historia de la salvación de Dios. Algunas de esas tradiciones son la Pascua (Dt 16.1 8), la renovación del pacto (Dt 26), la Navidad, el Viernes Santo, la Semana Santa y Pentecostés. La liturgia para celebrar estas tradiciones puede ser elaborada o simple. La regla de oro es incluir a los grupos de todas las edades de la comunidad de fe en los planes, la celebración y la evaluación de dicha celebración. Con un poco de imaginación y un uso cuidadoso de la Biblia, no es difícil encontrar maneras de guardar, mantener y propagar algunos de estos aspectos dramáticos y festivos de la fe bíblica. De hecho, son vías de la gracia de Dios para nosotros, nuestras familias y nuestras comunidades de fe.

Estudiar la Biblia

En nuestras familias y la comunidad cristiana, niños y adultos, pueden ser estimulados para estudiar la la Biblia provechosamente. El modelo tradicional de educación (así como de la educación cristiana) ha sido el de las clases guiadas por el maestro en la escuela dominical o en las reuniones de jóvenes. Aunque este enfoque controlado por un maestro puede funcionar bien con los adultos (y aun eso es cuestionable), los niños necesitan ser partícipes de su propio aprendizaje.

Solemos suponer que los niños son demasiado pequeños para adquirir las habilidades para realizar estudios bíblicos personales e interpretar la Biblia ellos mismos. Pero si creemos que son coaprendices, y si recordamos el hecho de que retienen más lo que hacen que lo que escuchan, sería de sumo provecho enseñarles las habilidades básicas para estudiar por sí mismos. El dicho: "Dame un pescado y comeré un día; enséñame a pescar y comeré toda la vida" es válido cuando se aplica a alimentarnos nosotros mismos de la Biblia.

Ver el panorama general

Por supuesto que no esperamos enseñarles a nuestros hijos las cosas "pesadas" con todos los términos técnicos, como exégesis y hermenéutica. Algunas de las habilidades básicas apropiadas para su edad y capacidad de entender serán suficientes por ahora. Una habilidad es enseñarles a ver la "Gran historia" de la Biblia. En su libro, *The Adventure Begins* (Empieza la aventura), Terry Clutterham dice que los niños de más de once años deberían poder entender el plan de Dios para el mundo y el lugar que nosotros tenemos en él. La manera en que muchas escuelas dominicales enseñan la Biblia realmente nunca presenta el "panorama general". A los niños se los alimenta con bocaditos del material bíblico, muchas veces sin relacionarlos con la clase de la semana anterior. Conocen muchas historias aisladas, como la de Abraham ofreciendo a Isaac en sacrificio, o la de José y su manto multicolor, o la de Moisés en la zarza ardiente. Pero muchas veces no saben cómo encajan esas historias unas con otras, o de qué trata la historia más amplia de toda la Biblia. Y entonces crecen hasta la edad adulta sin tener una idea clara de toda la historia de la Biblia.

Así que necesitamos estar seguros de que mientras aprenden las historias, también aprenden la historia como un todo: que la Biblia inicia en la creación; sigue con el gran problema causado por nuestro pecado; luego la historia del perdón de Dios (desde Abraham hasta el acto central de toda la historia: la vida, muerte y resurrección de Jesús); después nos lleva hacia el gran clímax del futuro cuando Cristo regrese, que no es tanto *el fin*, sino el nuevo comienzo, y no solo el *cielo cuando te mueres*, sino una creación completamente nueva. Todas las pequeñas historias deben recibir la importancia y el lugar que tienen dentro de esta gran narración, para que nuestros hijos crezcan sabiendo la historia global que cuenta la Biblia, de la cual todos somos parte.

Abra los ojos

Además, las historias que se cuentan en la escuela dominical, suelen narrarse de una manera positiva; de esta manera, los héroes de la Biblia "usan trajes de amianto" y pueden caminar a través del fuego sin que se les chamusque ni un pelo. Las imperfecciones y debilidades de nuestros héroes bíblicos se disimulan, ya sea debido a que esos temas son tabú o porque de verdad no queremos exponer a nuestros hijos. Los niños pueden crecer con un punto de vista bastante ingenuo sobre la vida y la humanidad, demasiado encerrado y protegido contra los dolores agudos del mundo real. Al darles un "panorama general" y explicarles sus detalles detenidamente, nos aseguraremos de no disimular lo que pensamos que podría no ser apropiado para ellos o lo que preferimos no interpretarles. Ellos necesitan ver todo el panorama, tal como es. Una vez que puedan comenzar a entender que los superhéroes de la Biblia no son inmunes a la tentación y al pecado, crecerán con una comprensión más profunda de la humanidad caída y una imagen más real de la vida (así como de la vida eclesiástica). Esperemos que cuando crezcan no "escondan las cosas debajo de la alfombra".

¿Qué tipo de literatura?

Aun desde una edad temprana podemos ayudar a nuestros hijos a apreciar los diferentes tipos de literatura que se encuentran en la Biblia. Hasta los niños pequeños responden a la poesía y pueden "escuchar" la diferencia entre esta y la prosa. Pronto, pueden saber la diferencia entre un relato y algo que está escrito como una carta. Hay un dicho rabínico que dice: "No limites a los niños a tu propio aprendizaje, porque ellos nacieron en otra época".

Por supuesto, tenemos que ser sensibles a los diferentes rangos de edades de nuestros hijos. En las distintas etapas etarias y de entendimiento, podemos acercarlos poco a poco a los géneros de la Biblia, como las historias, las cartas, el relato histórico, la profecía y la poesía. A la mayoría de los chicos les gustan las historias y les fascinan las historias bíblicas. Podemos ayudarlos a que ellos mismos interpreten la historia. Podemos enseñarles a hacer las preguntas clave sobre las historias. Las preguntas clave son las que empiezan con *quién, qué, por qué, dónde, cuándo y cómo*. Al hacerse estas preguntas, pueden explorar el texto bíblico en toda clase de maneras creativas.

Otra actividad productiva que es posible ejecutar es que nuestros hijos reescriban o vuelvan a contar estas historias bíblicas con sus propias palabras. Esto lo hacen muchas Biblias de historias para niños, desde luego, pero mucho más interactivo sería si se los estimulara para que tratasen de hacerlo por sí mismos. Los niños son narradores naturales. Al parafrasear estas historias, nuestros hijos aprenden a "contextualizarlas" en las circunstancias de su propia vida y su cultura. Es posible que no sepan qué quiere decir *hermenéutica*, ¡pero en la práctica la están haciendo!

Los niños mayores pueden aprender a apreciar el material poético y a formular preguntas para descubrir las imágenes y las descripciones realizadas. A ellos realmente les encanta la poesía y muchas veces pueden escribir sus propios poemas. La poesía de la Biblia tiene una sencillez que atrae a todos los niveles y edades. Se puede estimular a los niños a que averigüen un poco más sobre los sentimientos del salmista cuando escribió algún salmo en particular. Pueden explorar qué estaban tratando de transmitir los escritores de la Sabiduría antigua para legarla a la generación siguiente a través de los libros sapienciales de Proverbios, Job y Eclesiastés. Con el tiempo, también se les puede dar a conocer un estudio más desafiante como el material profético. Podemos guiarlos en cuanto a cómo formular preguntas perspicaces como: *¿Qué estaba diciendo el profeta?, ¿De qué manera nos desafía en la actualidad? y ¿Qué puedo hacer al respecto?*

Al estudiar el Nuevo Testamento, los niños mayores pueden explorar los evangelios sinópticos y ver por sí mismos las semejanzas y las diferencias entre los tres evangelios, así como con el cuarto evangelio. Luego podrían comenzar a apreciar el hecho de tener cuatro "relatos" de testigos presenciales distintos que brindan cuatro facetas diferentes sobre la vida y el ministerio de Jesús. Investigar los distintos relatos de los evangelios sobre los mismos hechos puede ser como un cuestionario de misterio.

En las epístolas, los niños pueden ser desafiados a trabajar un poco como detectives para interrogar quiénes eran los remitentes y los destinatarios de las cartas y cuál era el contexto particular de la carta en primer lugar. A los niños les encanta averiguar las cosas como en una adivinanza, y también aman escribir cartas a personas reales o imaginarias. Así que pueden empezar escribiendo algunas cartas propias, parafrasear con un poco de ayuda las epístolas bíblicas con sus propias "versiones".

En otras palabras, nunca debemos permitir que la frase "estudio bíblico" sea sinónimo de aprendizaje de memoria soso y aburrido. Con un poco de imaginación, y aprovechando la curiosidad natural y la creatividad de los niños, podemos ayudarlos a disfrutar la Biblia mientras la aprenden. Las canciones, las rimas, la pintura, los acertijos y un buen sistema de premios sencillos, todo puede servir.

Utilice una Biblia adecuada

Lograr que nuestros hijos estudien seriamente la Biblia también significa darles una versión adecuada cuando son jóvenes. Nuestros dos hijos recibieron su primera Biblia cuando todavía eran muy pequeños. Para cada uno compramos una versión con letras grandes para que pudieran leerla con cierta facilidad. Aún siguen usando sus Biblias en su adolescencia porque creemos que las que les regalamos son **para toda vida**.

Por supuesto sabemos que la disponibilidad de Biblias varía en las distintas partes del mundo. Para algunos quizás haya muy pocas opciones (puede que exista solamente una traducción de la Biblia en su idioma). Para otras, es un gran privilegio tener al alcance siquiera un ejemplar para toda la familia; olvídese de darles una a cada niño. En tales lugares, sería bueno permitirnos regalar una Biblia.

Si existieran disponibles varias versiones de la Biblia, deberíamos pensar prudentemente cuál usar con nuestros hijos o cuál regalarles. La respuesta sobre qué versión se debe utilizar depende de la comprensión y la capacidad de los niños. Obviamente, lo ideal es que éstos, así como los adultos, tengan una Biblia en su propia lengua materna. Si hubiera una buena traducción en su propio idioma, tendríamos que darle gracias a Dios por ese privilegio. Hay muchas Biblias para niños con ilustraciones coloridas y letras grandes que pueden ser necesarias para captar su atención. También se cuenta con versiones contemporáneas con notas para el estudio personal pertinentes a las necesidades de los jóvenes de hoy. Sin embargo, algunas son muy occidentales en el tratamiento, por lo cual no son realmente apropiadas para otras culturas. Tenemos que saber discernir.

Los jóvenes y la Biblia

En la sección anterior nos hemos enfocado principalmente en el uso familiar de la Biblia, especialmente con nuestros hijos más pequeños. Ahora nos centramos particularmente en el grupo de los más grandes, ya que las necesidades de los jóvenes son algo diferentes. En esta edad ellos se hacen un montón de preguntas. Son inquisitivos y están ansiosos por saber la "verdad" de muchas cosas, como *¿qué es la vida?, ¿de dónde venimos? ¿hacia dónde voy?, ¿qué le pasa al mundo?, ¿cómo debo vivir?* El desafío para los padres y demás adultos es cómo lograr que los jóvenes recurran a la Biblia en busca de las respuestas a sus preguntas. Muchas veces tenemos que usar enfoques creativos para sostener su periodo de atención o interés.

Algunas de las cosas que mencionamos antes sobre los niños más pequeños también se aplican a los jóvenes, como darles su propia Biblia, si estuviera a nuestro alcance, claro. Debemos ayudarlos a sentir que su Biblia personal es un regalo precioso de sus padres. Queremos que los jóvenes se aventuren en el estudio de la Palabra de Dios para toda la vida. La clave se encuentra en ayudarlos a equiparse para poder interpretar la Palabra de Dios por sí mismos. Una vez que descubran los placeres de interpretarla por su cuenta, no se aburrirán de esta práctica interpretativa los años subsiguientes.

Memorizar las Escrituras

Una manera de preparar a los jóvenes para interpretar la Biblia por sí mismos es hacer que la aprendan de memoria. Esto ya no es tan popular como en otra época, pero todavía vale la pena tratar de fomentarlo. Los Navegantes (una organización cristiana que incentiva el discipulado y provee recursos bíblicos) usan para memorizar las Escrituras unas cartas que vienen en prácticos paquetes de bolsillo, los cuales es posible llevar a todas partes. Estas cartas se pueden revisar en cualquier momento, cuando los jóvenes tienen tiempo. Al aprender de memoria los versículos bíblicos y "grabarlos" en su corazón, en el futuro podrán recordar esas palabras preciosas cuando las necesiten. Estas "perlas de sabiduría" pueden ser sumamente útiles en momentos de necesidad para alentarlos y fortalecerlos en su fe. Quizás ahora no se den cuenta, pero un día advertirán que ha sido muy importante y beneficioso el tiempo que hoy pasan aprendiendo de memoria las Escrituras.

Examen de conocimiento bíblico

Esto es posible solamente en algunos países. Pero en caso existiera una carrera reconocida sobre la Biblia, valdría la pena estudiarla. Si fuera razonablemente fiel a las Escrituras, se podría incentivar a los jóvenes para que la tengan como una opción. En Malasia se puede alentar a los adolescentes que todavía están en la secundaria a inscribirse en el nivel "O" del Módulo de Conocimiento Bíblico. Este es un curso reconocido por la Junta Examinadora de Cambridge y se puede tomar como una materia del nivel preuniversitario. Después de muchos años de pasividad, esta materia cada vez está teniendo más popularidad entre los jóvenes cristianos en las universidades malasias. La asignatura involucra el estudio del Evangelio de Lucas y hay un abundante material impreso para ayudar a los estudiantes. Muchas iglesias han comenzado clases para instruir a los que se anotan en la materia. Ésta es una buena manera de hacer que los jóvenes estudien el evangelio como una ponencia evaluable y obtener un título que figurará en el certificado del nivel "O" por el esfuerzo personal. A usted podría resultarle útil investigar un poco para ver si en su país existe una opción como ésta.

Las guías para estudios bíblicos

Podemos contribuir a la capacitación de nuestros jóvenes dándoles buenas guías de estudio para que lean y entiendan la Biblia, si estuvieran disponibles en nuestra región y en nuestro idioma. Muchos padres cristianos son cuidadosos al elegir buenos libros cristianos como regalos de cumpleaños para dárselos a sus hijos mayores. Un libro encantador y sumamente útil que encontré hace muchos años es *The Bible from Scratch* (La Biblia en boceto), de Simon Jenkins. Hace poco se publicó una segunda edición. Con una mezcla razonable de caricaturas, fotografías y dibujos en tinta intercalados con comentarios concisos en cada libro de la Biblia, los jóvenes se sentirán cómodos con este formato particular. *Cómo comprender la Biblia (Understanding the Bible)*, escrito por John Stott, ha sido una gran ayuda durante muchos años. También hay guías útiles como *The Lion Handbook to the Bible* (Manual de la Biblia, Lion). Cada año van saliendo más guías prácticas de referencia y estudio de este tipo, así que debemos mantenernos atentos a lo que hay disponible. Repito, somos conscientes de que en inglés hay muchos más de estos recursos que en otros idiomas. Si ésta no es la lengua materna de su familia, pero sus hijos se hallan aprendiéndola en la escuela y esperan usarla como su segundo idioma, proveerles algunos buenos libros sobre la Biblia en inglés (si no hubiere ninguno en su lengua materna) puede servir al doble fin de ayudarlos con ese idioma y darles un buen material de lectura.

Concursos bíblicos

En algunos países y ciertas culturas, los concursos bíblicos todavía son muy populares. Por ejemplo, está el *Concurso bíblico postal* organizado por la Unión Bíblica. Los jóvenes pueden participar en este certamen que los estimula a tener un buen entendimiento de la Biblia. A fin de prepararlos para el concurso, algunas iglesias locales dan clases para los jóvenes interesados. Las organizaciones locales de jóvenes cristianos pueden unirse para animar a sus jóvenes a que participen en esta prueba a nivel nacional. A muchos jóvenes, aunque no a todos, desde luego, les gustan este tipo de desafíos y la sensación de sana competencia que promueven. Todos los participantes reciben de los organizadores un certificado por participar y los ganadores muchas veces reciben como premio dinero en efectivo, libros, trofeos o medallas. Desde luego, el objetivo y el resultado principal de la organización de dichos concursos es que los jóvenes adquieran un conocimiento más amplio sobre el contenido de la Biblia, como consecuencia de prepararse y participar del examen. El único riesgo que debemos reconocer, de acuerdo con lo que se dijo antes, es que se pueden conocer muchos detalles de la Biblia, pero, al mismo tiempo, desperdiciar el conocimiento del "panorama general", es decir, la historia global y el mensaje de la Biblia como un todo. ¡No debemos rebajar las escrituras a una trivia para memorizar! También es posible, como lo indicaron Jesús y Santiago, saber mucho de la Palabra de Dios, pero no llevarla a la práctica en la vida, lo cual es peligroso y estúpido. De manera que eso nos lleva al siguiente punto.

Estudio bíblico aplicado

Es fundamental que los jóvenes vean la importancia de la Biblia en el mundo en que vivimos. Los jóvenes muchas veces tienen un sentido muy fuerte de la justicia social. Son caritativos y se enojan por las injusticias y la maldad que ven en el mundo que los rodea. Se preocupan por las cuestiones de la ecología, por la pobreza, por el dolor que causa el racismo y la discriminación religiosa. Odian los sobornos y la corrupción; sin embargo, encuentran que parece imposible vivir en su sociedad sin ella.

¡A la Biblia también le interesan con vehemencia estas mismas cosas! Pero muchas veces confinamos el interés de los jóvenes por la Biblia solamente a aquellas partes que enseñan de la salvación personal y de ir al cielo o de la ética personal. Por ello, tenemos que develarles esas porciones de la Biblia que abordan los temas más importantes de la sociedad: la política, la economía, los sistemas de leyes, el uso del planeta, la injusticia, la opresión, etc. La Biblia enseña mucho sobre estas cosas, especialmente en la Ley y los Profetas, y deberíamos incentivar a nuestros jóvenes que lo desentierren y analicen detalladamente, iluminados por su compromiso con Cristo. Hay que animar a los grupos juveniles de la iglesia a encarar los temas difíciles y relevantes de la sociedad que los rodea, con base en sus estudios bíblicos. De otra manera, vivirán una vida aislada y llena de dicotomías.

El uso de la literatura sapiencial

Como padres, podemos ayudar personalmente a que los jóvenes se confronten con algunos de los libros de la Biblia. Una buena recomendación es la literatura sapiencial (Proverbios, Job y Eclesiastés) del Antiguo Testamento. Estos libros son útiles y pertinentes, especialmente porque fueron escritos para educar a los jóvenes israelitas del Antiguo Testamento, quienes iban a ser los futuros líderes de la nación. Resulta raro que la iglesia de hoy generalmente no tenga en cuenta usar la literatura sapiencial para darles a los jóvenes una base sólida, cuando estos libros fueron especialmente escritos para esa tarea. En nuestros años de ministerio pastoral en muchas iglesias locales, pocas veces nos hemos encontrado con iglesias y organizaciones juveniles que usen estos tres libros como un plan de estudio para el adiestramiento de sus jóvenes. Si bien es importante focalizarse en los evangelios y en las epístolas del Nuevo Testamento para sentar buenas bases en la vida de los muchachos, solemos descuidar lo que el Antiguo Testamento tiene para ofrecer, especialmente estos tres libros de sabiduría. Recomendamos mucho que las iglesias locales recuperen el interés por estos libros sapienciales. Pueden ser muy adecuados y útiles para los jóvenes.

Proverbios

Es muy valioso guiar a los jóvenes por el libro de Proverbios, ya que fue escrito especialmente como una especie de guía para que los jóvenes se preparen para una vida de buenos ciudadanos y miembros responsables de la sociedad. El consejo "paternal" y "maternal" para los jóvenes es importante incluso hoy, ya que son propensos a dejarse llevar por la presión de sus pares o por las tentaciones de este mundo materialista y hedonista (ver Pr 1.10–19).

Anthony Loke escribió un libro sencillo llamado *Proverbs Made Simple* (Los Proverbios simplificados), dirigido a padres y jóvenes, como una breve presentación del libro de Proverbios. El libro no abarca los 31 capítulos de Proverbios. En lugar de ello, explica los primeros nueve capítulos fundacionales y en la sección intermedia explica algunas reglas sencillas sobre cómo interpretar la poesía hebrea, especialmente el paralelismo entre las dos líneas del proverbio. Después, sigue dando pautas para interpretar y apropiarse de los proverbios individuales para uno mismo. Escrito en este formato, el libro se puede usar como una guía de estudio bíblico en las reuniones de jóvenes de la iglesia. Una vez que adquieren la habilidad de interpretar los proverbios, pueden empezar a leer uno o más proverbios por día y meditar en ellos, sacando de a pocos la esencia de su enseñanza y aprendiendo a aplicar su verdad a la vida actual.

Para seguir manteniendo su interés por leer proverbios, puede estimularlos a que aprendan proverbios de memoria. A medida que los jóvenes vayan saboreando la competencia sana, se podría promover un concurso entre ellos para memorizar proverbios, a fin de ver cuántos puede aprender cada uno de memoria.

Durante los últimos años, una serie de libros que publicó Pearson Publishing, llamados *Las reglas de la vida* (*The Rules of Life*), *Las reglas del trabajo* (*The Rules of Work*), *Las reglas del dinero* (*The Rules of Wealth*), etcétera, fueron los más vendidos en las librerías de Malasia y Singapur. El formato de estos libros es atractivo: se enfocan en los enunciados clave, seguidos por una página o dos de comentarios del autor. En nuestra era de MTV y de los mensajes instantáneos de texto, hasta en muchos de los países más pobres el periodo de atención de los jóvenes tiende a ser más corto. Pedirles que lean un libro grueso que habla largo y tendido sobre los proverbios bíblicos podría no ser nada útil. Los libros cristianos escritos a la manera de *Las reglas de la vida*, con un proverbio bíblico acompañado de un devocional corto de uno o dos pasajes sería una lectura diaria más útil para los jóvenes. Para incentivar la cultura de leer proverbios, más escritores locales deberían dedicarse a escribir historias breves basadas en la moral de los proverbios bíblicos, similares al estilo de *Las fábulas de Esopo*. En el contexto malasio, donde hay pluralidad de culturas y razas, ese tipo de historias se mantienen en línea con la tradición largamente honrada de contar una historia que incluya una lección moral. Con las ilustraciones apropiadas, como la muy popular *El Mesías: historietas manga* (*The Manga Messiah*), este formato de volver a contar los proverbios bíblicos se conectará con los jóvenes de hoy.

Job

El libro de Job tiene una inmensa sabiduría para brindar a los jóvenes, en la medida que se embarcan en el viaje de la vida y descubren que el mundo exterior no es precisamente un lecho de rosas. Estarán los "porqué" y las frustraciones que hay en un mundo caído. Muchas veces, nuestros jóvenes se verán en el lugar de Job. Es mejor prepararlos para que lean completo este libro maravilloso como un recurso para hacer frente a las adversidades y los problemas de la vida, con los que naturalmente se encontrarán. El segundo libro de Anthony Loke, *Job Made Simple* (Job simplificado), fue escrito con el fin de dar algunas ayudas a los padres y los jóvenes para trabajar sobre capítulos de este libro que suelen ser confusos. El formato del libro presenta una lectura corta, acompañada de comentarios útiles y algunas preguntas para debatir al final. Se puede usar para pequeños grupos de estudio bíblico o como material personal en el momento devocional diario. Como alternativa, los padres pueden sentarse con sus hijos y trabajar los capítulos con ellos.

Otra manera de presentarles el libro de Job a los jóvenes es usar la literatura secular y las películas que se escribieron y produjeron basadas en el tema de Job. En *Job Made Simple*, Loke indica al final del libro algunos de estos recursos. Por ejemplo, la obra de Robert Frost, *A Masque of Reason* (Un drama de la razón), escrita en 1945, maneja un elenco de tres personajes: Dios, Job y su esposa. Tres jóvenes a quienes les guste actuar podrían representar los tres papeles y leer las partes diferentes. La exquisita obra llamada *J. B.*, de Archibald MacLeish, ha ganado un premio Pulitzer y también se basa en el libro de Job. Se podría alentar a que los jóvenes vean la obra o lean el libro y después debatan cómo retrata MacLeish a cada uno de los personajes principales, y qué pueden aprender ellos de la historia del Job bíblico. Otra manera artística de encarar algunos de los temas difíciles del libro de Job es hacer que los jóvenes estudien los grabados de William Blake, *Illustrations of the Book of Job* (Ilustraciones del libro de Job). Las ilustraciones magistrales de Blake revelan cómo interpretaba éste la historia de Job y su sufrimiento. El crítico literario Northrup Frye dijo que Blake no solamente ilustró, sino que "recreó el libro de Job":

Una imagen vale por mil palabras. Usar estas imágenes para romper el hielo puede ser una forma inestimable de ayudar a los jóvenes a abordar rápidamente los temas difíciles del sufrimiento, el castigo y la teodicea que están en el libro de Job.

Eclesiastés

Convocar a los jóvenes a que estudien el libro de Eclesiastés completaría la trilogía de la literatura sapiencial. Eclesiastés a menudo ha sido incomprendido como un libro *pesimista* que no tiene mucha relevancia en la actualidad. Esta idea es desafortunada, ya que el libro realmente es muy actual por su perspectiva sobre la vida. Escrito probablemente para afrontar el contexto cada vez más materialista de la época del imperio persa, el autor hebreo quiso mostrar que uno puede procurar riqueza, fama, placer y cosas materiales, pero que esas cosas no son más que la vida "bajo el sol". Ésta es una vida sin Dios y sin la búsqueda de la sabiduría divina que conduce a Él. También los jóvenes del siglo XXI están cada vez más en el carril rápido, corriendo detrás del dinero y trepando la escala social en una carrera de locos. Éste es el tipo de vida a la que le falta el elemento divino que retrata Eclesiastés, y, en definitiva, una vida así no puede ser gratificante. Muchos jóvenes de hoy, cuando se les pregunta qué quieren hacer en la vida, responden diciendo: "No sé". Muchas veces se dejan llevar sin ningún sentido de propósito ni objetivo en la vida. Desperdician mucho tiempo pasándolo con sus amigos y dando vueltas en los centros comerciales para "matar el tiempo", en vez de "redimir el tiempo". Los padres cristianos o los líderes de jóvenes de la iglesia deberían hacer el esfuerzo de sentarse con ellos y trabajar juntos sobre el libro de Eclesiastés para que puedan ver el verdadero mensaje que encierra el libro. El tono pesimista no es más que un contrapunto para lograr la atención del lector. El verdadero mensaje, que es muy positivo sobre la vida, se puede encontrar en siete "perlitas de oro" esparcidas por el autor a lo largo de los capítulos (Ec 2.24–26; 3.12–13, 22; 5.18–20; 8.15; 9.7–10 y 11.7–10). Estas perlitas le dicen al lector que, aunque la vida humana en la tierra es breve, igual vale la pena vivir cada momento de ella.

Los primeros dos capítulos de Eclesiastés son especialmente apropiados para comenzar con los jóvenes, ya que abordan sistemáticamente la pregunta de por qué la vida sin Dios parece tan sin sentido:

* Nada tiene sentido (1.1-11).
* La sabiduría no tiene sentido (1.12-18).
* El placer no tiene sentido (2.1-11).
* El sabio y el necio no tienen sentido (2.12-19).
* El trabajo no tiene sentido (2.20-26).

Los padres pueden lograr que los jóvenes se hagan las preguntas pertinentes sobre la vida y comparar sus respuestas con lo que Eclesiastés tiene para decir. Se les puede mostrar la verdad de Eclesiastés 12.1 a los jóvenes: *Acuérdate de tu Creador en los días de tu juventud.* La juventud es una etapa maravillosa que no debería ser desaprovechada y, aun así, cuántos jóvenes de hoy desperdician esta oportunidad de oro que tienen en la vida de conocer y amar a Dios y de buscar y hacer tanto bien como puedan.

Un día, todos envejeceremos y no podremos disfrutar la vida como lo hacíamos cuando éramos jóvenes. La vida que se consume, muchas veces no se puede recuperar ni volver a vivir. A los jóvenes se les puede recordar desde Eclesiastés que precisamente porque la vida es corta y hay una sola por vivir, tienen que vivirla lo mejor posible o, según las palabras estimulantes de Oswalt Chambers,¡"En pos de lo supremo"! El tercer libro de Anthony Loke, *Ecclesiastes Made Simple*, está próximo a imprimirse.

Conclusión

Como familias de la comunidad de fe que buscan usar la Biblia para sí mismas y nuestros hijos y jóvenes, todos estamos llamados a ser el "mensaje", el "evangelio" o la "buena nueva" en forma humana. Al serlo, nos estimularemos unos a otros a vivir de acuerdo con los límites que Dios nos ha puesto y a sacar fuerzas e inspiración de la Palabra viva. ¡Que Dios nos ayude a no fallar en esta urgente tarea!

Sugerencias para el estudio

1. Si tuviese que elegir veinte pasajes bíblicos (que principalmente fueran historias) para incluirlas en un libro para niños, con el fin de ayudarlos a entender su mensaje general, ¿cuáles serían y por qué?

2. ¿De qué maneras aprovecharía los ministerios de la iglesia para incentivar a que la familia extendida use la Biblia? (Por ejemplo, para preparar a las personas para el bautismo, la confirmación o el matrimonio)

3. Estudie el libro de Proverbios y haga una lista de todos los versículos relacionados con la familia. ¿Qué principios expresan?

4. Lea el Salmo 119. ¿De qué maneras su enseñanza sobre el valor de la Palabra de Dios se relaciona con las circunstancias particulares de las familias?

Referencias y lecturas recomendadas

The Lion handbook to the Bible, eds. David Alexander y Pat Alexander (Oxford, Lion Publishing, 2002, 3.ra ed.)

Attending to Scripture: a Course of six Studies on How We Read The Bible, Jonathan Baker (Cambridge, Grove Books, Grove Spirituality Series, 2002)

The Adventure Begins, Terry Clutterham (Milton Keynes, Scripture Union, 1996)

Using the Bible with Children, Rosemary Cox (Cambridge, Grove Books, Grove Biblical Series, 2000)

The Bible from Scratch, Simon Jenkins (Tring, Lion, 1987)

Proverbs Made Simple, Anthony Y. F. Loke (Petaling Jaya, SUFES, 2003)

Job Made Simple, Anthony Y. F. Loke (Petaling Jaya, SUFES, 2006)

Know the Truth: A Handbook of Christian Beliefs, Bruce Milne (Downers Grove, IVP, 1999). Hay trad.: *Conocerán la verdad: Un manual para la fe cristiana.*

Knowing God, J. I. Packer (London, Hodder & Stoughton, 1975). Hay trad.: *El conocimiento del Dios santo.*

Understanding the Bible, John Stott (Grand Rapids, Zondervan, 1999). Hay trad.: *Cómo comprender la Biblia.*

Capítulo 10

El uso de la Biblia en la predicación

Jonathan Lamb

En la introducción de *Twelve Books that Changed the World*, Melvyn Bragg imagina a Isaac Newton sentado en silencio en su casa, una granja en Lincolnshire, Inglaterra, elaborando pensamientos que eventualmente cambiarían el mundo. Bragg escribe sobre ese personaje solitario trabajando en la producción de un objeto de aspecto amigable, un libro, que produjo una explosión en la mente de hombres y mujeres entonces y ahora. "¡Que un simple libro pudiera tener tanto poder!", comenta. Y si eso es cierto sobre el libro de Newton, *Principia Mathematica*, ¿cuánto más podríamos decir sobre el extraordinario impacto de un libro que es *Palabra de Dios, la cual actúa en ustedes los creyentes* (1Ts 2.13)? Ya que hemos venido estudiando la naturaleza de la Biblia y hemos explorado las posibilidades de su uso en una variedad de contextos, confiamos en que cada lector haya aumentado su convicción sobre el papel dinámico que la Biblia debe tener en todas las áreas de nuestra vida. Debe ocupar el centro de la existencia, de la familia, de la adoración, de nuestro crecimiento personal y de nuestra misión. ¿Y qué de nuestra prédica?

Somos conscientes, por supuesto, de que no todos los que lean esta Guía de Estudio son o serán pastores ordenados en ejercicio de su ministerio en el púlpito de la iglesia. Sin embargo, en muchas iglesias se cuenta con el servicio de predicadores laicos, y muchas otras congregaciones utilizan la Biblia habitualmente en contextos más informales, por ejemplo como coordinadores de grupos caseros o grupos de estudiantes, o en campamentos para jóvenes, etc. Esperamos que las lecciones bosquejadas en este capítulo sean de beneficio para cualquiera que use la Biblia, aunque estamos en este caso pensando particularmente en las personas llamadas por Dios a la tarea de predicar su Palabra. Y en esa tarea de predicación, igual que en las demás áreas que hemos considerado en este libro, la Biblia debe ser lo central. La Biblia misma, como también la historia de la iglesia primitiva, el relato de los avivamientos, el diseño de las sociedades, la transformación de los individuos —todo da testimonio de la verdad de que la predicación solo es eficaz cuando la Biblia ocupa el centro de ella—.

Pero algunos lectores quizás se acerquen a este capítulo preguntándose por qué estaría incluido en la Guía de Estudio: ¿No es de esperar que todo predicador predique desde la Biblia? ¿Por qué dedicar un capítulo a algo tan obvio? Es una pregunta legítima. En cualquier congregación, tradición, país, quien predica seguramente considera que su tarea es explicar la Biblia. Conocemos la fuerza de los mandatos del Nuevo Testamento de *predicar la Palabra*, y cuando vamos al culto en la iglesia damos por sentado que, una vez que se ha leído el pasaje de la Biblia, el predicador se pondrá de pie delante de la congregación, con su Biblia abierta, con la intención de proclamar la Palabra del Señor. ¿Acaso no hará eso todo predicador?

Me temo que no. Recientemente hablé con un pastor que nos dijo que en su país los pastores y predicadores escriben su sermón y solo entonces buscan un texto bíblico para ilustrarlo. Dondequiera que comparto este relato, se escucha una risa incómoda, lo cual sugiere que aquel pastor no está solo en esa experiencia. Con demasiada frecuencia, no es la Biblia la que define el proyecto; es apenas la música de fondo. Y en muchos países, el estilo principal de predicación es la predicación temática —a menudo basada ligeramente sobre una secuencia de referencias bíblicas. El riesgo de este tipo de predicación es que no le permite que la Biblia sea la que hable, y fácilmente pretende reemplazar el poder de la Palabra con anécdotas entrelazadas en torno a algún tema popular y superficial. Hay una epidemia de lo que podríamos caracterizar como "predicación baja en calorías": una prédica que carece de poder transformador porque se la ha desprovisto de su autoridad bíblica.

Permítame, entonces, establecer una afirmación clave: la única forma fiel de predicar es la predicación bíblica. Y por ésta entendemos aquella prédica que coloca a la Biblia en el centro, que expone la fuerza y el poder de la Palabra de Dios, aun cuando se predique sobre algún tema o tópico. En casi todos los casos me gustaría dar un paso más: la predicación bíblica es la prédica que expone un pasaje de la Biblia. Más adelante explicaré en qué consiste esto; pero, debido a que hay tanta predicación que trata con liviandad a la Biblia, me gustaría que nos mantengamos enfocados en este concepto.

Este asunto es decididamente importante. Muchos años atrás, Jim Packer habló acerca de la importancia de la Biblia, y comenzó su sermón haciendo una referencia a las secuoyas del norte de California. Estos magníficos árboles están cuidadosamente preservados detrás de una alambrada, porque si bien son árboles enormes, tienen raíces muy superficiales. Cuanto más y más visitantes los rodean, el suelo queda suelto alrededor de las raíces y eso los vuelve vulnerables. Bastaría un poco de viento para derribarlos. Packer comentó que aunque se ven muchas señales de crecimiento en la iglesia evangélica, también hay inconfundibles rasgos de superficialidad. Y la principal falencia, sugirió, es la inseguridad y la confusión respecto a la naturaleza y al uso de la Palabra de Dios. Y debemos sospechar que este fenómeno se repite en todo lugar. Es una paradoja que, cuando la Biblia está cada vez más disponible en muchas versiones y formatos, ésta permanece sin tener impacto sobre muchas áreas de la vida de la iglesia.

Hay en la actualidad menos compromiso con la lectura personal de la Biblia, menos tiempo dedicado a la lectura de ella en los hogares y en los servicios de la iglesia, e incluso queda marginada en el acto de la predicación. Todo este descuido tiene graves consecuencias, especialmente si adherimos a todo lo que se ha presentado en los capítulos anteriores de este libro. Si las iglesias han de mantenerse firmes contra viento y marea, si los discípulos de Cristo Jesús van a ser maduros en su fe, entonces sus raíces deben estar profundamente nutridas por la Palabra de Dios. Como lo dijo en alguna ocasión Jim Packer: "La iglesia debe subsistir alimentada por la Palabra de Dios como alimento esencial, y debe guiarse por esa Palabra como su estrella polar. Si este objetivo no es suplido por la predicación, es poco probable que se alcance". La principal labor del ministerio pastoral, entonces, es asegurar que el ministerio de la Palabra (lo cual incluye pero es mucho más que la prédica) sea el corazón de la vida y la obra de la iglesia. Necesitamos encontrar maneras de integrar la prédica de esa Palabra en la adoración, ubicar a la Biblia en el centro del ministerio de los grupos pequeños, usarla en la consejería pastoral, proclamarla en la evangelización, vivirla como testimonio de nuestra vida y nuestra familia.

Para entender la importancia del uso de la Biblia en la predicación, fundamentaremos nuestro estudio en tres temas que emergen de un ejemplo dramático, cuando la Palabra de Dios causó un impacto poderoso en el pueblo de Dios en un momento crítico de su historia. Este caso se registra en las memorias de Nehemías.

Por favor, tenga abierta su Biblia en Nehemías 8.1–12 mientras prosigue a lo largo de este capítulo, y lea el texto a medida que avancemos. Al hacerlo, pregúntese: "¿Qué factores en esta historia demuestran lo que sucede cuando la Biblia se abre y presenta a las personas en la manera en que debe hacerse?". Examinaremos tres temas principales, y en cada una de ellas encontramos lecciones útiles sobre la prédica bíblica en nuestros días.

La Palabra de Dios y el corazón de la prédica

Nehemías 8 nos introduce a una sección del libro que trata sobre la restauración espiritual del pueblo de Dios. El lugar que ocupa, en el centro del relato de Nehemías, es teológicamente significativo. Señala que, ahora que se ha completado la construcción de los muros de Jerusalén, el fundamento genuino para la comunidad restaurada será la Palabra de Dios. Nehemías sabía lo estratégico que esto sería, y por eso se asegura de ubicar al escriba y maestro Esdras delante, en el foro. Hay dos rasgos del texto que demuestran que tanto Esdras como Nehemías consideraban a la Palabra como el fundamento de todo lo que vendría después.

La centralidad de la Palabra

Para el pueblo de Dios, el séptimo mes era un mes de extraordinaria festividad religiosa, y la primera acción fue acercar la Palabra. Nehemías 8.1 describe el deseo que había en la comunidad de base de que se leyera la Ley: *Entonces todo el pueblo, como un solo hombre, se reunió en la plaza que está frente a la puerta del Agua y le pidió al maestro Esdras traer el libro de la ley que el Señor le había dado a Israel por medio de Moisés.* La Ley requería la atención de todos los oyentes: *Todo el pueblo estaba muy atento a la lectura del libro de la ley* (v. 3); y en el versículo 13, *Al día siguiente, los jefes de familia, junto con los sacerdotes y los levitas, se reunieron con el maestro Esdras para estudiar los términos de la ley.* Y sigue hacia el versículo 18: *Todos los días, desde el primero hasta el último, se leyó el libro de la ley de Dios.*

El Libro mantuvo su lugar central, día tras día, hasta el final de ese mes, como podemos ver en Nehemías 9.3: *Durante tres horas leyeron el libro de la ley del Señor su Dios, y en las tres horas siguientes le confesaron sus pecados y lo adoraron.* La Palabra de Dios les dio los artículos de base, la nueva constitución del pueblo de Dios. Definió su identidad y fue clocada en el centro mismo del programa de restauración al que Esdras y Nehemías los estaban convocando. Para una nación que estaba buscando su identidad y elaborando su programa de restauración, la Palabra de Dios era algo esencial. Y hasta encontramos un simbolismo en el hecho de que no se leyera en el templo sino en el centro de la ciudad: [Esdras] *la leyó en presencia de ellos en la plaza que está frente a la puerta del Agua. Todo el pueblo estaba muy atento a la lectura del libro de la ley* (Neh 8.3).

¿Y qué de la predicación? Nuestra tarea no es colocarnos por delante del texto bíblico sino detrás de él, asegurándonos de que sea la Biblia la que hable. Con demasiada frecuencia parece que a Biblia fuera más periférica que central, y en nuestros intentos por ser relevantes colocamos el texto como plataforma de lanzamiento pero de ahí en más el resto del sermón hace muy poca alusión al mismo. Una de las cuestiones a las que no enfrentamos hoy en la iglesia y en los seminarios en todo el mundo, es la siguiente: ¿Cómo devolvemos a la Biblia su rol dinámico? La razón por la cual es tan importante se vincula con el segundo aspecto de la Palabra de Dios que vemos reflejado en Nehemías 8.

La autoridad de la Palabra

En relación con esto observaremos solamente el énfasis del versículo 1: *le pidió al maestro Esdras traer el libro de la ley que el Señor le había dado a Israel por medio de Moisés*. Se reconoce en varios momentos la autoría humana: leían de los libros de Moisés. Pero se enfatiza su autoridad divina: la Ley de Dios, la revelación dada por Él. La Ley era *enseñanza* dada por el propio Dios. Sin este sentido de autoridad divina, sería solamente la veneración de un libro. En 1 Tesalonicenses encontramos una maravillosa explicación de esta realidad, cuando Pablo describe la manera en que los creyentes en Tesalónica recibieron el evangelio.

> *Así que no dejamos de dar gracias a Dios, porque al oír ustedes la palabra de Dios que les predicamos, la aceptaron no como palabra humana sino como lo que realmente es, palabra de Dios, la cual actúa en ustedes los creyentes.*
>
> (1 Ts 2.13)

Podemos extraer varias implicancias sobre la Biblia de esta afirmación de Pablo.

➤ **Su autoridad**: es la Palabra *de Dios*. Es muy enfática la manera en que Pablo lo expresó. El mensaje de los apóstoles tiene autoridad porque se origina en Dios mismo.

➤ **Su poder** *actúa en ustedes los creyentes*. Es poderosa precisamente porque es la Palabra de Dios. Nunca deberíamos calzar una cuña entre la Palabra escrita y el Dios viviente que pronunció esa Palabra. Por medio del Espíritu Santo es un texto poderoso, que da vida y la transforma, que continúa obrando.

➤ **Su recepción**: Pablo agradece a Dios que los creyentes la aceptaran como palabra de Dios. Usa dos palabras en el versículo 13: primero la oyeron, pero luego *la aceptaron*, la recibieron. Le tomaron para sí y continúa actuando en ellos.

➢ **Su impacto**: reconocemos esto en lo que Pablo ya había dicho sobre el efecto de la Palabra de Dios, ya que en 1 Tesalonicenses 1.9 Pablo describe la manera en que *se convirtieron a Dios dejando los ídolos para servir al Dios vivo y verdadero*. Y en 1.8, *el mensaje del Señor se ha proclamado no sólo en Macedonia y en Acaya sino en todo lugar; a tal punto se ha divulgado su fe en Dios que ya no es necesario que nosotros digamos nada.*

Éste es un maravilloso ejemplo de la acción transformadora de la Palabra de Dios, obrando entre los tesalonicenses de la misma manera en que lo había hecho en el pueblo de Dios que escuchaba de pie en la plaza en Jerusalén, en tiempo de Nehemías. La Palabra de Dios no se compone solamente de proposiciones distantes y frías, sino que es una palabra dinámica que por el poder del Espíritu de Dios nos convierte para servir a Dios y diseña la forma en que hemos de vivir. De hecho, todo lo que hemos considerado a lo largo de este libro sobre la autoridad y el poder de las Sagradas Escrituras resulta fundamental en la tarea del predicador. Ésta es la base de la autoridad, la convicción y la pasión del predicador.

Implicancias de Nehemías para los predicadores

Éstos son los primeros tres de nueve principios que podemos extraer de Nehemías 8:

1. La predicación bíblica debe estar centrada en la Palabra de Dios

Como lo expresó en una oportunidad David Day, la mayoría de nosotros estamos familiarizados con la práctica de tomar un pasaje de la Biblia "con el propósito de extraer la primera lección predicable que surja del texto" (Day, 2001: 15). En otras palabras, el texto nos ofrece el pretexto. Es una excusa que disponemos para predicar sobre un tema o un tópico que es caro a nuestro corazón, y que, por un golpe de suerte, aparece en el pasaje. Pero esto es usar la Biblia como un gancho del cual colgar nuestros pensamientos. Si lo hacemos, no estamos permitiendo que la Biblia sea quien hable. Como hemos visto en Nehemías, la Palabra debe estar en el centro de la escena. David Day nos alienta a "predicar el pasaje, todo el pasaje, y nada más que el pasaje" (Day, 2001: 13). Ésta es la principal tarea de cualquier predicar que de verdad cree en la autoridad de la Biblia y en la del Dios que habla por medio de ella.

Hay dos razones importantes por las que debería ser así. Primero, **el texto de la Biblia respalda nuestra autoridad**. La predicación no tiene autoridad por causa de nuestra personalidad, nuestros estudios académicos o nuestras destrezas para la comunicación. El gran predicador Campbell Morgan estableció con claridad este concepto: "Mi sermón no tiene autoridad en absoluto, excepto como una interpretación o una exposición o una ilustración de la verdad que se encuentra en el texto. El texto lo es todo. Ésa es la base de la autoridad". Predicar sin esa convicción no es una genuina predicación bíblica: puede tratarse de un buen discurso, un perspicaz acto de comunicación, pero no tiene autoridad en sí ni transforma la vida. Segundo, **el pasaje de la Biblia define y limita el mensaje**. Determina el tema de la prédica y define lo que debemos decir. Es el plano del arquitecto. En conclusión, la predicación bíblica debe estar centrada en la Palabra de Dios.

2. La predicación bíblica debe estar inmersa en la Palabra de Dios

Para que la predicación tenga esta dinámica bíblica, quienes predicamos debemos estar comprometidos con todo nuestro ser a sumergirnos en las Escrituras. Creo que Michael Quicke está acertado cuando sugiere que el mandamiento "Ama al Señor tu Dios con todo tu corazón, con todo tu ser y con toda tu mente" se aplica también a nuestra relación con la Palabra de Dios. Continúa:

Esa relación abarca no solo el conocimiento de las Escrituras, la percepción de sus contenidos, sino el estar inmersos en su vida, atrapados por su poder, envueltos en su historia, convencidos por su mensaje. La relación de un predicador con las Escrituras es interactiva y necesita un vocabulario que incluya términos como sumergirse, escuchar, preguntar, visualizar, entrar, gustar, experimentar, amar, y obedecer. (Quicke, 2003: 38)

En esto no hay atajos. Existen muchas otras cuestiones que tratarán de interponerse para desplazar el estudio, la oración y la meditación que una buena prédica requiere. No tengo la menor duda de que se trata de un desafío constante. Conozco ministros a quienes se les critica por estar encerrados en sus oficinas, "seis días sin ser vistos, un día incomprensibles". Pero los apóstoles en el Nuevo Testamento pronto descubrieron que había muchas cosas que podían distraerlos de la prioridad de la Palabra y la oración (Hch 6.1–7), y que debían intervenir para asegurar que lo prioritario ocupara el primer lugar. Ese mismo compromiso se destaca en el estímulo que el apóstol Pablo hace en las epístolas pastorales: [...] *dedícate a la lectura pública de las Escrituras, y a enseñar* [...] *Sé diligente en estos asuntos; entrégate de lleno a ellos, de modo que todos puedan ver que estás progresando. Ten cuidado de tu conducta y de tu enseñanza* [...] (1Ti 4.13–16). La predicación bíblica requiere que estemos inmersos en las Escrituras, que leamos libros completos de la Biblia, que leamos varias veces el pasaje del que vamos a predicar, que estudiemos con diligencia, que escuchemos en silencio, que nos comprometamos en oración con el Señor y con su Palabra (la predicación reclama las mismas cosas que ya hemos estudiado en profundidad en el capítulo 4).

3. La predicación bíblica debe exponer la Palabra de Dios

Cuando investigamos en el Nuevo Testamento los términos que se aplican a la predicación, queda claro que apuntan a lo siguiente: predicar no es anunciar nuestras propias ideas sobre la base de nuestra autoridad personal, sino proclamar la Palabra de Dios con su autoridad. Muchos años atrás, Edmund Clowney subrayó cuatro grupos de palabras que nos ayudan a entender la naturaleza de la predicación (Clowney, 1962: 54). El primero de ellos es el grupo de palabras que significan **"declarar como heraldo"**. Predicar es proclamar el mensaje con la autoridad del Dios que nos envía. El mensaje no está generado por el mensajero, sino que viene de Dios mismo. La segunda palabra está relacionada con el anuncio de **la buena noticia**. No se aplica solamente a la tarea de la evangelización, aunque la incluye. Aquí también las buenas noticias son las de Dios, no las nuestras. El tercer grupo de palabras se vincula con la tarea de **testificar** o dar testimonio de los hechos. Y el cuarto término, a menudo traducido como **enseñar**, se refiere a presentar la información tal como Dios la ha revelado. Algo importante que debemos observar es no solo la manera en que con frecuencia estas palabras se colocan juntas (lo cual significa que el acto de predicar puede contener todos estos variados elementos, y no debe ser definido de manera estrecha), sino el modo en que se enfatiza el carácter *dado* o recibido de este mensaje. Nuestra tarea es proclamar la Palabra del Señor.

Más aún, si consideramos las instrucciones de Pablo a Timoteo, vemos su insistencia en que la tarea pastoral incluye la lectura y la proclamación fiel, urgente, constante de esa Palabra (1Ti 4.11–16; 2Ti 4.1–5). *Predica la palabra*: Pablo está enfatizando el papel del heraldo en la proclamación de lo que Dios nos ha revelado en las Escrituras. Los verbos adicionales (corrige, reprende, anima) indican que ésta es una tarea que tiene un propósito; exponemos la Palabra de Dios con el propósito de producir un cambio, como veremos más adelante. En el párrafo anterior, Pablo subraya esta idea, con la afirmación clarísima de por qué debemos confiar en las Escrituras y exponerlas con fidelidad (2Ti 3.14–17). Como ya hemos visto, las Escrituras tienen autoridad porque fueron inspiradas por Dios (v. 16), y por lo tanto son la única fuente de revelación respecto a la mayor necesidad que tienen los seres humanos (*la sabiduría necesaria para la salvación*). Pablo subraya el concepto: nuestra tarea es proclamar la Biblia. No hay nada que lo suplante, porque ninguna otra fuente revela los propósitos de Dos, ninguna otra cosa tiene ese poder transformador.

Permítame ser claro: no me estoy refiriendo aquí a un particular *estilo* de predicación. La exposición bíblica no es un particular estilo cultural, con un comentario detallado versículo por versículo, argumentos lineales y tres puntos nítidos. Eso puede funcionar bien en algunos contextos, pero las culturas son muy diferentes entre sí y tienen diferentes maneras de comunicarse con eficacia. Más bien, la buena predicación bíblica surge de una actitud mental, de un acercamiento sumiso a la Biblia y al Dios que habló por medio de ella. La intención es comprender el énfasis de un pasaje bíblico y exponer con fidelidad ese mensaje a nuestra particular audiencia. El estilo en que lo hagamos o la estructura que utilicemos serán variados, según nuestra cultura, nuestra tradición y nuestra personalidad. Pero el compromiso esencial es el mismo para todos.

Cualquiera sea el estilo cultural que se haya elegido, al terminar nuestra prédica, la pregunta realmente importante es: ¿Han escuchado los oyentes el mensaje que les da el texto de la Biblia? Y si bien he enfatizado la importancia radical de predicar desde un pasaje de la Biblia, es indudable que habrá momentos en que nuestro enfoque será diferente. En algunas ocasiones, cuando estemos hablando sobre un tema particular y útil a la vida de la iglesia, necesitaremos recorrer más de una sección de la Biblia. Pero incluso entonces es sabio anclar nuestro sermón en un texto bíblico significativo, permitiendo que nuestros oyentes puedan mantenerse enfocados y ayudándolos a entender que no estamos simplemente predicando nuestras opiniones sobre cierto tema, sino descubriendo lo que Dios dice sobre el asunto en su Palabra.

En conclusión, las tres primeras prioridades respecto de la predicación bíblica son: está centrada en la Palabra de Dios, se halla inmersa en la Palabra de Dios y expone la Palabra de Dios.

El maestro y la tarea de predicar

Volviendo a Nehemías 8, podemos observar por lo menos tres aspectos de la obra del maestro en su objetivo por asegurar que la Palabra de Dios llegue al pueblo de Dios.

Hacer accesible la Palabra

Las memorias de Nehemías son extremadamente claras al respecto. La Palabra de Dios habría de ser el fundamento de sus familias, de su vida cotidiana, de la relación entre ellos y de la sociedad; por lo tanto, debería ser accesible a todos. Lo vemos en los primeros versículos. *Todo el pueblo* [...] *se reunió* [...] (v. 1); la versión en hebreo dice *como un solo hombre*. Esdras leyó ante la asamblea, que estaba *compuesta de hombres y mujeres y de todos los que podían comprender la lectura* (v. 2, repetido en el v. 3). *Esdras, a quien la gente podía ver porque él estaba en un lugar más alto, abrió el libro y todo el pueblo se puso de pie* (v. 5). *Al oír las palabras de la ley, la gente comenzó a llorar* (v. 9). *Al día siguiente, los jefes de familia, junto con los sacerdotes y los levitas, se reunieron con el maestro Esdras para estudiar los términos de la ley* (v. 13).

Por la repetición, queda claro que Esdras quería asegurar que todos —varones y mujeres, adultos y jóvenes— tuvieran acceso a la Palabra de Dios. También vale la pena observar que el versículo 4 muestra que Esdras eligió a un grupo de personas para que le ayudara en la lectura. La presentación de la Ley no estaba solo dirigida a los sacerdotes o los levitas. Y cuando vinculamos esto con el sitio elegido (el centro de la ciudad, en lugar del templo), el hecho de que Esdras contara con un equipo de ayudantes laicos pone en evidencia que no tenía en absoluto el prejuicio de que la Ley debía ser entendida o manejada solamente por los profesionales de la religión.

Poniendo luz sobre la Palabra

El relato de este extraordinario acontecimiento destaca el esfuerzo que Esdras y su equipo hicieron para que todos entendieran lo que estaban escuchando. Esto queda claro desde el comienzo: la asamblea incluyó a *todos los que podían comprender la lectura* (v. 2, probablemente aludiendo a los niños que ya no eran párvulos). Pero el equipo de Esdras se esforzó para que el contenido de la Ley fuera claro: *lo interpretaban de modo que se comprendiera su lectura* (v. 8). Y esto produjo una respuesta notable: *Así que todo el pueblo se fue a comer y beber y compartir su comida, felices de **haber comprendido** lo que se les había enseñado* (v. 12, resaltado añadido). ¡La comprensión provocó alegría!

Los ayudantes de Esdras trabajaron duro para traducir, interpretar y explicar lo que se estaba leyendo. Es decir, hay un notable énfasis sobre la intención de que la Palabra de Dios fuera accesible y clara. Esdras y Nehemías sabían lo importante que sería esto para el bienestar de la comunidad a medida que se reubicaba en Jerusalén. Era vital que varones y mujeres, jóvenes y mayores, en cada una de las tribus, escucharan y entendieran esta Palabra provista por el Señor. Nada era más importante que esto.

Sumar a otros en la tarea

Vale la pena tomar en cuenta otro pequeño factor que aparece en el texto. Esdras eligió un grupo de personas para que lo ayudaran en la lectura (v. 4). Los versículos 7 y 8 describen los equipos que ayudaban con la traducción (cuando era necesario), la interpretación y la explicación de lo que se estaba leyendo. ¿Por qué es importante esto? En algunas culturas, sucede que, a veces el predicador o el pastor son considerados como el profesional, el experto. Solo el pastor parece tener el derecho y la autoridad para predicar o enseñar la Palabra de Dios. Pero, como maestros de la Biblia, nos toca la valiosa tarea de ayudar a otros a entender cómo disfrutar de las Sagradas Escrituras, por medio de la manera en que la manejamos y nos involucramos con ella. Debemos encontrar maneras de sumar a otros en la tarea y darles la capacitación necesaria para que lo hagan bien. Un equipo ministerial de esa índole es de enorme valor. Aquí pueden ser de mucha ayuda los ejemplos y sugerencias del capítulo 6.

En nuestro trabajo en Langham Predicación (uno de los tres programas de Langham Partnership International) estamos agradecidos de que haya en todo el mundo una creciente red de clubes o escuelitas de predicadores (pequeñas escuelas de predicadores) o grupos de compañerismo de expositores de la Biblia, con el propósito de alentar al equipo a trabajar en conjunto. Muchos predicadores y pastores son personas solitarias que trabajan por su cuenta con el pasaje bíblico. Debemos encontrar maneras de vincularnos con otros, beneficiarnos de sus percepciones, orar juntos por nuestro trabajo y compartir la misión de compartir la Palabra de Dios.

Implicaciones de Nehemías para los predicadores

4. La prédica bíblica debe estar enfocada

Como hemos visto, Esdras y Nehemías no se sintieron satisfechos al cumplir con la obligación religiosa de leer la Ley. Su preocupación suprema era que todos entendieran. La predicación bíblica también debe concentrarse en esta urgente prioridad. Comienza, por supuesto, cuando el predicador trabaja duro sobre el pasaje. En el capítulo 2 exploramos cómo asegurarnos de que estamos entendiendo el texto. Los predicadores fieles y eficaces estarán atentos a entender el pasaje de la Biblia en su contexto (histórico, literario y canónico), a entenderlo en detalle y en relación con el resto de la Biblia. Nuestro propósito será entender las palabras, las ideas y el significado de cada pasaje. Me gusta la forma en que lo expresa Eugene Peterson: "Hacer exégesis es amar a Dios lo suficiente como para detenernos a escuchar cuidadosamente en lo que él dice". Y agrega: "La exégesis no le impone al texto un conocimiento superior; entra en el mundo del texto y permite que el texto nos 'lea' a nosotros. La exégesis es un acto permanente de humildad" (Peterson, 2006: 55).

Pero hay algo más. Para una prédica eficaz existe algo importante respecto a la comprensión del pasaje: entender su **mensaje primordial**. Los libros sobre predicación usan varias imágenes para comunicar este aspecto: ¿cuál es la idea principal en este pasaje?, ¿cuál es la línea melódica? Personalmente, me gusta la ilustración de Ramesh Richard, que alienta a los predicadores a buscar primero la carne del pasaje (los detalles, las ideas, las palabras, las ilustraciones que aparecen en la superficie), para entonces explorar por debajo de la superficie y descubrir el esqueleto (el esquema, la estructura o el flujo de pensamiento del pasaje), y finalmente descubrir *el pulso del corazón*: la idea central que bombea la sangre a todo el texto, dándole a ese pasaje de las Escrituras una fuerza que genera vida (Richard, 2003). Con el propósito de entender el pasaje y comunicar su sentido a nuestra congregación es fundamental haber descubierto esta idea central, el tema principal que dominará nuestro mensaje. Descubrir el propósito propuesto y la importancia del pasaje es, me parece, el aspecto más importante de mi preparación. A menos que tenga esto claro, no podré predicar con convicción y pasión. Estaré hablando de generalidades o de clichés o de un enjambre de reflexiones, pero no será la Palabra incisiva del Señor.

Esto es central para la exposición bíblica. Como ya hemos enfatizado, exponer no significa que todos los sermones deben ser "exegéticos", avanzando versículo por versículo como si estuvieran proveyendo un comentario. La exposición puede tomar muchas formas culturales diversas y también debe ser apropiada al género literario del pasaje que se expone. La prédica expone el significado fundamental del pasaje, desata su fuerza y su poder, mostrándole a la gente cómo se aplica a ellos y urgiéndoles a aceptar el mensaje y responder a él. Eso significa predicar con un enfoque.

5. La predicación bíblica debe ser clara

Esdras y su equipo trabajaron duro con el objetivo de que la lectura de las Escrituras resultara clara. Hemos considerado las diferentes maneras en que lo hicieron, incluyendo la traducción, interpretación, debate y explicación. El predicador bíblico debe hacer lo mismo. Lamentablemente, sabemos que no es siempre éste el caso. Un miembro de la congregación, hablando con su pastor al final del servicio, le comentó que su sermón le recordaba la paz de Dios que "sobrepasa todo entendimiento". A veces hay mucha niebla en el púlpito. Cuando predican, algunos predicadores dejan a la gente con una comprensión menos clara de la que tenían antes.

Un aspecto clave de la exposición bíblica es predicar conforme al formato del texto y seguir el flujo del género literario, en lugar de imponerle al pasaje nuestra propia estructura. Por ejemplo, debemos permitir que una narración bíblica haga su trabajo, en lugar de aplanarlo reduciendo la presentación a algunos puntos aislados de enseñanza. De manera similar, debemos permitir que una parábola nos sorprenda, que un lamento nos conmueva, que un profeta nos impacte, que un proverbio nos provoque y que los evangelios nos convenzan. En este sentido, no solo buscamos predicar el tema principal del pasaje, sino que procuramos hacerlo de una manera que sea consistente con la forma literaria del pasaje que estamos exponiendo.

En relación con esto, nuestros oyentes entenderán mejor lo que estamos diciendo si les explicamos con claridad la manera en que estamos presentando el mensaje. Siempre es útil que haya alguna estructura. Puede ser la línea argumental del relato bíblico o las estrofas de la poesía en un salmo o la serie de preguntas que le planteamos al texto para descubrir qué está comunicando. Podría enfatizar un tema enfocado desde diferentes ángulos o presentar una construcción progresiva del argumento bíblico (¡quizás hasta con tres puntos!). Cualquiera sea el enfoque, debe mantener un énfasis sostenido en el tema principal o el latido del corazón del pasaje bíblico.

Hay diferentes maneras de presentar un sermón, pero siempre es necesaria alguna clase de estructura. Una estructura clara ayuda al predicar a organizar nuestros pensamientos y presentarlos de manera persuasiva y recordable. También hace evidente a los oyentes que el predicador o la predicadora hicieron su trabajo de comprender el pasaje y de preparar su sermón. Por último, una estructura clara ayuda al oyente a concentrarse y a enfocarse en el pasaje bíblico, así como a recordar más tarde el concepto central.

Por supuesto, para dejar claro el significado de un pasaje bíblico, usted debe usar lenguaje que todos en la congregación puedan entender. No hace falta llenar el sermón con palabras teológicas complicadas o conceptos decisivos que encontró en un manual o en un comentario bíblico. Use el lenguaje común de la gente común, con ilustraciones y aplicaciones tomadas de la vida cotidiana de sus oyentes. Recuerde que la meta es la misma que tenía el equipo de ayudantes de Esdras, que *le explicaban la ley al pueblo* [...] *Ellos leían con claridad el libro de la ley de Dios y lo interpretaban de modo que se comprendiera su lectura* (Neh 8.7–8). Eso es lo que hace una predicación clara.

6. La predicación bíblica debe ser relevante

Además de hacer claro y accesible el texto bíblico, debemos involucrarnos con la Biblia y también con nuestros oyentes. Tenemos que trabajar duro para presentar el material no solo de una manera clara que pueda ser entendida, sino que también pueda hacer eco en su situación. Mientras nos preparamos para predicar, debemos dedicar tiempo no solo a pensar *acerca de qué vamos a predicar*, sino también *a quiénes vamos a predicar*. Lo lamentable es que a menudo nos encontramos con lo que un escritor denominó "la plaga del aburrimiento" en la prédica de algunas personas. Por lo general, esto es el resultado de no ser creativo en cuanto a la manera de atraer el interés de la gente, construir puentes entre el mundo de la Biblia y el mundo actual, y hacer un uso eficaz de las ilustraciones y los ejemplos, antes de pasar a la necesaria aplicación del mensaje.

Si queremos comunicar el dinamismo de cualquier pasaje de las Escrituras, entonces nuestra aplicación debe vincularse con las necesidades que percibimos en nuestra congregación, o con los desafíos de nuestra cultura, o con las circunstancias de nuestro auditorio.

Esto nos lleva al tercer aspecto central de la historia en Nehemías 8. La Palabra era leída y también explicada cuidosamente. Pero, como hemos dicho, la Palabra de Dios es dinámica. Tiene efecto. Alguno ocurría con los oyentes.

La congregación y el propósito de la predicación

Los maestros no deberían pensar que el único factor importante en su tarea es el tiempo dedicado al estudio o su habilidad personal para predicar. Deben procurar que sus palabras lleguen al corazón, a la mente y a la voluntad del oyente. ¿Qué estaba ocurriendo en la asamblea congregada en Nehemías 8?

Se encontraban expectantes

Estaban ansiosos por escuchar la palabra, tanto que, en efecto, fue la gente misma la que tomó la iniciativa de pedirle a Esdras que llevara el Libro (v. 1). Jim Packer hace la sorprendente sugerencia de que pudo haber sido como ocurre con la multitud en un espectáculo de rock: "Imagine a una multitud impaciente en un concierto de rock, que empieza a cantar el estribillo 'Que venga Esdras, que venga Esdras', repitiéndolo una y otra vez, cada vez a mayor volumen, y eso le dará una idea de las emociones que se expresaban en aquel momento" (Packer, 1995: 150).

Este sentimiento de ansiedad y expectativa se expresa en los versículos 3, 5 y 13, los cuales muestran que las personas estaban tan atentas a la lectura de tal manera que se ponían de pie cuando comenzaba y se daban tiempo para estudiarla juntos. Esto nos recuerda el comentario de Lucas en Hechos 17.11, cuando describe a los de Berea, quienes, después de la prédica del apóstol Pablo, *recibieron el mensaje con toda avidez y todos los días examinaban las Escrituras para ver si era verdad lo que se les anunciaba*. Y nos recuerda también que se gana muy poco si se lee la Palabra de Dios sin esa expectativa (como vimos en el capítulo 4). El ministerio de Jesucristo mismo se frustró cuando faltó la expectativa de parte de sus oyentes: comenzó a enseñar en la sinagoga y le respondieron con cinismo e incredulidad. La fe expectante es el suelo en el que la Palabra de Dios puede llevar fruto.

Fueron responsables

Un rasgo más de su hambre espiritual era la responsabilidad con que se acercaron. Estaban dispuestos a enfrentar todo tipo de dificultades a fin de escuchar esta Palabra. Estuvieron de pie en la Puerta del Agua desde el amanecer hasta el mediodía (v. 3), es decir, por lo menos cinco horas sin una pausa para un refrigerio, porque anhelaban escuchar y entender lo que Dios el Padre tenía para decirles. No cabe duda de que esta clase de compromiso está vinculada con el Espíritu de Dios. Hay muchas cosas que debemos hacer para que la Palabra de Dios sea accesible y entendible, como ya hemos dicho. Pero más que ninguna otra cosa, necesitamos que el Espíritu Santo alimente la seriedad de parte de las personas para que anhelen escuchar y responder al mensaje. *Entonces Esdras bendijo al Señor, el gran Dios. Y todo el pueblo, levantando las manos, respondió: "¡Amén y amén!". Luego adoraron al Señor, inclinándose hasta tocar el suelo con la frente* (Neh 8.6). Todos tenemos algo que aprender de la actitud de las personas en Jerusalén en aquel día: el anhelo de que Dios les hable como lo mostraban al elevar sus manos y, con reverencia y respeto, se postraban con sus rostros al suelo. Es posible que éstos sean también requisitos para entender la Palabra de Dios y para estar en su presencia. Por supuesto, la gente no estaba idolatrando al libro en sí mismo, sino al Dios Todopoderoso cuya voz escuchaban por medio de ese texto. Sin duda, este versículo tiene el valor de recordarnos que no veneramos a la Biblia como tal: el propósito de la Biblia es acercarnos a la presencia de su autor, el Señor, el Dios maravilloso.

Nehemías 8 demuestra otro elemento vital en cuanto a la predicación fiel, y es que debe acercarnos a la presencia de Dios. Como lo expresó Packer en una ocasión.

> El gozo de estudiar la Biblia no es el de coleccionar frasecillas esotéricas sobre Gog y Magog, sobre Tubal Caín y Matusalén, la numerología de la Biblia y la bestia, y cosas semejantes; tampoco es el placer, intenso en el caso de los de mente obsesiva, de analizar nuestro texto traducido en bonitos bosquejos de predicación, con encabezamientos numerados prolijamente y ligados entre sí por aliteraciones creativamente dispuestas. Más bien, se trata de la profunda satisfacción que viene de tener comunión con el Señor viviente en cuya presencia la Biblia nos introduce: un gozo que solo conocen sus verdaderos discípulos. (Packer, 1979: 10)

La predicación produce un encuentro no solo con la verdad, sino con Dios mismo. Así, el mensaje que se predica desde el texto reclama una respuesta, se propone la aplicación concreta y, por sobre todas las cosas, tiene el objetivo de alentar el encuentro con Dios.

Fueron obedientes

La gente respondió a la Palabra de Dios de varias maneras. Podemos ver su primera respuesta en el versículo 9: *Al oír las palabras de la ley, la gente comenzó a llorar*. En cuanto la escucharon, la Ley provocó contrición en ellos, al darse cuenta de que sus vidas no habían estado de acuerdo con las pautas que Dios había establecido. Lo impresionante es que Esdras y Nehemías pasaron inmediatamente a colocar ese fracaso en el contexto más amplio de los propósitos de Dios para su pueblo. Alentados por los líderes, la gente pasó entonces a celebrar, a comer y a beber *felices* (v. 12). Habían entendido que el deseo de Dios Todopoderoso era bendecirlos, y a partir de lo leído comprendieron *lo que se les había enseñado* (v. 12). El efecto de la Palabra de Dios, entonces, fue que el pueblo no solo lloró por su arrepentimiento, sino que se regocijó por la gracia de Dios. La buena predicación debería tener este mismo doble efecto.

Lo que resta de los capítulos 8 y 9 pone de manifiesto el impacto de la Palabra de Dios sobre la gente. En primer lugar, vemos que en el segundo día, cuando redescubrieron la ley concerniente a la fiesta de los tabernáculos y se dieron cuenta de que debía celebrarse en esa fecha, entonces lo hicieron (8.14–17). El punto para observar aquí no se refiere a los detalles exactos de lo que realizaron, sino al hecho de que, apenas entendieron lo que decía la Palabra de Dios y comprendieron cómo se aplicaba allí, entonces la obedecieron. Esto nos muestra que su estudio de la Biblia era realmente intencional. De paso debemos observar que Nehemías registra por segunda vez que hubo un gran regocijo (v. 17). Hubo gozo cuando entendieron la Palabra de Dios (v. 12) y también cuando la obedecieron (v. 17). ¿No es ésa la clase de gozo que deberíamos buscar en nuestras iglesias mediante la prédica fiel que produce obediencia? Nehemías, capítulo 9, muestra que el pueblo estableció su obediencia sobre una base firme. Realizaron una gran ceremonia de renovación del pacto, la cual concluyó con estas palabras solemnes: *Por todo esto, nosotros hacemos este pacto y lo ponemos por escrito, firmado por nuestros gobernantes, levitas y sacerdotes* (9.38). Ésta fue una expresión de su compromiso de obedecer la Palabra de Dios. Después de ello, declararon que se habían ligado *bajo juramento, a vivir de acuerdo con la ley que Dios les había dado por medio de su servidor Moisés, y a obedecer todos los mandamientos, normas y estatutos de nuestro Señor* (10.29).

Ahora estaban preparados para la acción. Querían vivir en conformidad con la Palabra de Dios y demostrar en su comunidad que le pertenecían a Él. Ésa es la importancia de la secuencia de estos capítulos. Se trata de escuchar la Palabra de Dios, celebrar la bondad de Dios, conocer la gracia de Dios y entonces obedecer las leyes de Dios. Es la verdad en acción. Como hemos visto, la verdad es dinámica y transforma la vida. Estamos llamados a practicar la verdad, no simplemente a creer en ella. Ése es el propósito de la prédica: guiar a una fidelidad decidida.

Implicancia de Nehemías para los predicadores

7. La predicación bíblica debe convocar al cambio

La predicación eficaz espera una reacción. Toda prédica debe ser transformadora. Sabemos que cuando Jesús predicaba no dejaba espacio para la neutralidad ni el aburrimiento. Y en el registro de variados sermones que Lucas incluye en Hechos, a menudo describe cómo reaccionaba la gente: no de manera pasiva sino con una aceptación gozosa o con alarma, asombro y aun antagonismo. La predicación no busca solamente informar o instruir, sino que procura producir transformación de la vida. Como dijo Pablo acerca de los romanos: *Pero gracias a Dios que [...] ya se han sometido de corazón a la enseñanza que les fue transmitida* (Ro 6.17).

Nosotros deberíamos esperar esto. La Palabra de Dios obra. La Biblia no solo dice cosas sino que las hace. Como pastor y teólogo, Peter Adam enfatizó: "La declaración más importante que hace sobre sí mismo el Nuevo Testamento es su eficacia" (Adam, 1996: 89), de modo que cuando nuestra prédica está enraizada en la Biblia y energizada por el Espíritu, tiene poder para transformar la vida, las familias y las comunidades. Si estamos preocupados por el bienestar de nuestra sociedad, por su bienestar moral y espiritual, y si nos encontramos decididos a cumplir nuestra parte en los propósitos divinos de restauración, entonces debemos ser personas dispuestas a responder a la Palabra de Dios, comprometidas a proclamarla y vivirla con fidelidad. Entonces, para el predicador, cuando piensa acerca del sermón que está por entregar, la pregunta que debe hacerse no es solamente "¿qué enseñaré?", sino "¿qué me propongo que hagamos como pueblo de Dios?". El propósito es presentar la Palabra de Dios con claridad a fin de que, por el Espíritu Santo, los oyentes la comprendan en el marco de su propia situación y entonces la obedezcan. La prédica tiene el propósito de transformar.

8. La predicación bíblica debe comprometer al oyente

Jesús insistía especialmente en que su audiencia verdaderamente escuchara lo que se le estaba diciendo: *El que tenga oídos para oír, que oiga.* Ése parece haber sido uno de sus dichos característicos (Mr 4.9, 23; Lc 8.8).

Los oyentes necesitan ayuda para escuchar. Una buena escucha significa que antes, durante y después del sermón, tendremos responsabilidades. Antes necesitamos encontrar la manera de estimular a nuestras congregaciones a orar y estar expectantes para escuchar lo que Dios el Padre tiene para decir por medio de su Palabra. Siempre que sea posible, debemos ofrecer alguna introducción al pasaje bíblico sobre el cual vamos a predicar. Si hemos planificado una serie de prédicas para varias semanas, es apropiado alentar a la congregación a leer con anticipación el pasaje de cada semana, en caso cuenten con una Biblia. Durante el sermón, invitemos a los oyentes a manejar por sí mismos el texto (siempre que estemos en un país donde los miembros de la congregación puedan disponer de sus propias Biblias). Una de mis hijas disfrutó durante varios años integrar una congregación mientras estaba estudiando, porque el pastor era conocido por una frase típica durante sus prédicas: *¡Fíjense en sus Biblias!* Es un excelente consejo alentar a todos a honrar la autoridad de la Biblia, buscando su mensaje. Por cierto, de ser posible, debemos alentar a la gente a tener la Biblia abierta mientras predicamos sobre determinado pasaje, en caso de que dispongan de una Biblia y sepan leer.

Cualquiera sea el nivel de capacidad que nuestro auditorio tenga para la lectura (incluso, y especialmente, si no saben leer o pertenecen a una cultura funcionalmente oral, como vimos en el Capítulo 8), debemos promover el hábito de esperar, prestar atención, memorizar, analizar, orar y aplicar. En otras palabras, no debemos conformarnos con acomodarnos en el asiento durante el sermón, evaluando el desempeño del predicador. Podemos aprender de la respuesta del pueblo de Dios a lo largo de las Escrituras: esperar un encuentro con Dios, dispuestos a responder a su Palabra y abiertos a ser transformados por su poder. Predicar debe ser un acontecimiento dinámico y divino. Como dijo Lutero: "Tan solo puse la Biblia en la congregación y la Palabra hizo la obra". O como sostuvo Tom Wright: "Predicar tiene el propósito de ser una oportunidad cuando, por así decir, Dios se presente" (citado en Quicke, 2003: 44).

9. La predicación bíblica debe proclamar la gracia de Dios en Cristo

La historia en Nehemías 8 muestra cómo la lectura de la Ley puso de manifiesto el pecado del pueblo (por eso lloraron), pero también les hizo ver la misericordia de Dios (por ello se alegraron). Entonces, en Nehemías 9, el pueblo confesó su pecado, disfrutó de la gracia de Dios y renovó el pacto con Él. La predicación bíblica siempre debe hacer eso. Debe estar llena de gracia. Y en cuanto a nosotros, a la luz del Nuevo Testamento, para predicar la gracia, debemos predicar a Cristo.

Lutero solía describir las Escrituras como una cuna en la que encontramos al bebé. Su propósito no es atraer la atención sobre sí misma, sino sobre la persona de Jesús. Ésta es una conclusión adecuada para un capítulo sobre el uso de la Biblia en la predicación, porque las Escrituras, tanto el Antiguo como el Nuevo testamento, señalan hacia Jesucristo. Pablo explicó sus prioridades en la predicación cuando se defendía de sus críticos en Corinto. En 2 Corintios 4, hace hincapié en que había explicado claramente la Palabra de Dios (v. 2) y presentado a Cristo con fidelidad: *No nos predicamos a nosotros mismos sino a Jesucristo como Señor; nosotros no somos más que servidores de ustedes por causa de Jesús* (2Co 4.5). La predicación cristocéntrica es una prioridad fundamental.

Esa predicación cristocéntrica está en el centro de la declaración misional en Colosenses 1.25–29. En el versículo 25 señala que predicar a Cristo significa predicar con toda la Biblia, ya que su responsabilidad es *la proclamación de todo su mensaje a ustedes* (NTV). En otras palabras, predicar a Cristo no significa forzar cada versículo para que se refiera a Jesús. Es claro que hay muchas partes de la Biblia que no tratan directamente "sobre Jesús", y no deberíamos torcerlas para ver a Jesucristo en ellas. Debemos prestar atención cuidadosa a lo que cada pasaje está diciendo y a lo que Dios quiere enseñarnos por medio de él. Sin embargo, la Biblia en su totalidad da testimonio de Cristo, ya sea como un relato que nos conduce hasta Él (en el Antiguo Testamento) o como el testimonio directo también sobre Él (en el Nuevo Testamento). Ésta no es una agenda menor, por cierto, sino *todo el consejo de Dios* (RVR 95), porque toda la Escritura revela el plan y el propósito de Dios que está centrado en Cristo. Pablo continúa: *A este Cristo proclamamos, aconsejando y enseñando con toda sabiduría a todos los seres humanos, para presentarlos a todos perfectos en Él. Con este fin trabajo y lucho fortalecido por el poder de Cristo que obra en mí* (Col 1.28–29).

Dondequiera que se predica alrededor del mundo, en cualquier contexto cultural, sea un lugar sencillo o grandioso, en una catedral o bajo un árbol, no hay prioridad más urgente que ésta. Toda predicación debe ser predicación bíblica. Una predicación bíblica estará centrada en el evangelio, empoderada por la energía del Espíritu Santo y traerá consigo el desafío de un cambio radical.

Resumiendo, entonces, nuestros nueve principios esenciales:

A. La Palabra de Dios y el corazón de la prédica
1. La predicación bíblica debe estar centrada en la Palabra de Dios.
2. La predicación bíblica debe estar inmersa en la Palabra de Dios.
3. La predicación bíblica debe exponer la Palabra de Dios.

B. El maestro y la tarea de la predicación
4. La prédica bíblica debe estar enfocada.
5. La predicación bíblica debe ser clara.
6. La predicación bíblica debe ser relevante.

C. La congregación y el propósito de la predicación
7. La predicación bíblica debe convocar al cambio.
8. La predicación bíblica debe comprometer al oyente.
9. La predicación bíblica debe proclamar la gracia de Dios en Cristo.

Sugerencias para el estudio

1. Lea Nehemías 8 y 9, observando las reacciones y el impacto en el pueblo cuando se les leyó la Ley de Dios. Dedique un tiempo a examinar cada párrafo de la notable plegaria en Nehemías 9. Intente resumir cada sección en una oración que encierre la actitud del pueblo y la respuesta del Señor. Escriba qué formas concretas de aliento puede recibir de esta plegaria para su propia vida.

2. En los pasajes que siguen hay algunas ilustraciones poderosas sobre la dinámica de la Palabra de Dios. ¿De qué manera afianzan nuestra comprensión sobre la manera en que la Biblia obra en nuestra vida y es eficaz en cumplir los propósitos de Dios, de manera especial por medio de la predicación bíblica?

   Salmos 33.4–9; Salmos 119.11, 89, 105, 130; Isaías 55.11; Jeremías 23.29; Lucas 8.1–15; Juan 8.32; Hechos 12.24; Efesios 6.17; Colosenses 3.16; 2 Timoteo 2.9; Hebreos 4.12, 13; Santiago 1.18; 1 Pedro 1.23–25; 1 Juan 2.14

3. Lea el estímulo que Pablo da a Timoteo en los siguientes textos e identifique lo que cada mandamiento representaba para Timoteo; por último, lo que significan para los predicadores que están sirviendo en la cultura y el contexto donde usted vive.

   * 1 Timoteo 4.11–16
   * 2 Timoteo 3.14–17
   * 2 Timoteo 4.1–5

4. Lea Colosenses 1.28–2.7 y 2 Timoteo 3.36–17, y escriba un párrafo como resumen de los principales propósitos que exponen sobre la predicación bíblica. Luego redacte una serie de pautas prácticas sobre la manera en que puede llevar a cabo esos propósitos a través de su propia predicación bíblica: ¿Qué cambios debería hacer en su enfoque, estilo o contenido? ¿Qué debería enfatizar con más fuerza?

Referencias y lecturas recomendadas

Speaking God's Words, Peter Adam (Leicester, IVP, 1996).

Twelve Books that Changed the World, Melvyn Bragg (London, Hodder and Stoughton, 2006).

Preaching and Biblical Theology, Edmund Clowney (Tyndale Press and Wm. B. Eerdmans, 1962).

A Preaching Workbook, David Day (London, SPCK, 2001).

God Has Spoken, J. I. Packer (London, Hodder & Stoughton, 1979).

A Passion for Faithfulness, J. I. Packer (London, Hodder & Stoughton, 1995).

Eat This Book, Eugene H. Peterson (London, Hodder & Stoughton, 2006).

360 Degree Preaching, Michael Quicke (Carlisle, Paternoster Press and Baker Academic, 2003).

Preparing Expository Sermons, Ramesh Richard (Grand Rapids, Baker Books, 2003).

Índice

Cómo comprender la Biblia
John Stott
Certeza Unida
ISBN: 950-683-120-3
Tapa rústica, 15.2cm. x 22.8cm., 232 páginas

Conocerán la verdad
Un manual para la fe cristiana
Bruce Milne
Ediciones Puma
ISBN: 978-9972-701-47-4
Tapa rústica, 15.2cm. x 22.8cm., 442 páginas

Habacuc
De la crisis a la esperanza
Caleb Fernández Pérez
Ediciones Puma
ISBN: 978-9972-701-64-1
Tapa rústica, 10.8cm. x 17cm., 118 páginas

Rut
Más que una historia de amor
Caleb Fernández Pérez
Ediciones Puma
ISBN: 978-9972-701-65-8
Tapa rústica, 10.8cm. x 17cm., 170 páginas

Santiago
La fe viva que impulsa a la misión
Samuel Escobar y Eduardo Delás
Ediciones Puma
ISBN: 978-9972-701-80-1
Tapa rústica, 13.5cm. x 21cm., 88 páginas

La misión liberadora de Jesús
El mensaje del evangelio de Lucas
Darío López Rodríguez
Ediciones Puma
ISBN: 9972-701-34-4
Tapa rústica, 13.5cm. x 21cm. 190 páginas

www.ingramcontent.com/pod-product-compliance
Lightning Source LLC
LaVergne TN
LVHW011002200726
843509LV00011B/963